KB122462

무가와 천황

이마타니 아키라 지음 | 이근우 옮김

AK

일러두기

1. 이 책의 일본 인명과 지명은 국립국어원 외래어 표기법에 따라 표기하였다.

2. 서양 지명 및 서양 인명은 영어 표기를 기준으로 했다.

3. 책 제목은 『』, 글이나 논문, 소설 등은 「」, 잡지는 《 》, 신문이나 노래, 영화와 드라마 등은 〈 〉로 표시하였으며, 이외의 인용, 강조, 생각 등은 따옴표를 사용했다.

4. 본문 중 각주는 역자가 단 것이다.

5. 이 책은 산돌과 Noto Sans 서체를 이용하여 제작되었다.

목차

이 책의 주요 등장인물

출생순으로 배열하였다. 또 히데요시, 이에야스, 히데타다, 이에미쓰 등 이른바 '천하인'은 생략하였다.

오기마치 천황(正親町天皇, 1517~1593, 재위 1557~1586)

고나라後奈良 천황의 제2황자. 재위기간은 센고쿠 동란에서 노부나가 시대에 해당한다. 조정이 궁핍한 시기였지만, 여러 다이묘大名의 원조를 얻어내어 궁궐의 재건에 힘썼다. 노부나가에게 퇴위를 강요받지만 거절하였다.

난코보 덴카이(南光坊天海~1643)

승려로 무쓰陸奥 아이즈会津 출생. 출생 연도와 계보에 대해서는 여러 설이 있다. 출가하여 히에이잔比叡山에 들어가 현밀의 교학을 배웠다. 노부나가가 히에이잔을 불태운 후 가이甲斐, 에도江戸로 떠돌다가, 가와고에 기타인川越喜多院 시대에 이에야스에게 발탁되어 산문탐제山門探題에 취임. 이에야스 사후 닛코산 관령이 되었다. 히데타다·이에미쓰를 섬겨 막부 종교정책에 큰 영향력을 행사하였다.

기쿠테이 하루스에(菊亭春季, 1539~1617)

공가. 이마데가와 기미히코의 아들. 좌중장左中將에서 누진하여 우대신右大臣에 이르렀다. 노부나가 말년부터 공무 관계의 중개역인 전주傳奏를 맡았다. 히데요시 관백 취임은 그의 주선에 의한 것이라고 한다. 1595년, 사위 히데쓰구의 사건에 연루되어 시나노에 유배되었다. 이듬해인 1596년 사면되어 복직하였으며, 1603년 이에야스의 장군 임명 직전에 사직하였다.

가주지 하루토요(勸修寺晴豊, 1544~1602)

공가. 하루스케晴右의 적남. 종5위상 병위좌兵衛佐에서 누진하여 종1위 준대신准大臣에 이른다. 노부나가와 히데요시 시대에 전주를 지냈고 노부나가를 장군으로 추천한 사실이 그의 일기에 보인다.

사이쇼 조타이(西笑承兌, 1548~1607)

승려. 쇼코쿠지相國寺에서 출가하여, 로쿠온지鹿苑寺 원

주를 거쳐 게이초慶長 연간에 쇼코쿠지 내에 호코지豊光寺를 창건하였으며, 만년에는 이곳에 거주하였다. 히데요시·이에야스의 브레인 중 한 사람으로서 주요 불사를 관장하는 한편, 사찰 행정 및 외교문서 작성에 큰 역할을 했다. 시문이 뛰어나 태장로兌長老라 일컬어진다.

니시노토인 도키요시(西洞院時慶, 1552~1639)

공가. 아스카이飛鳥井 가문 출신. 1564년 가와바타 가문河鰭家을 상속하고 이어서 1575년 니시노토인 가를 계승한다. 좌소장에서 누진하여 종2위 참의參議·우위문독右衛門督에 이른다. 그의 일기『시경경기時慶卿記』는 히데요시·이에야스·히데타다 시대를 생생하게 담은 자료로 중요하다.

도도 다카토라(藤堂高虎, 1556~1630)

무장. 오미近江 이누카미犬上의 지시地侍에서 입신하여 아자이 나가마사淺井長政, 하시바 히데나가羽柴秀長, 히데요시, 이에야스 등을 연이어 주군으로 섬겼으며, 이가伊賀 고즈케上野, 이세伊勢 아노쓰安濃津 성주가 되었다. 후시미伏見·가메야마龜山·시노야마篠山 등을 축성하였고,

또 닛코뵤日光廟 조영에 재간을 발휘하였다. 히데타다의
시대에 공가와 무가 관계 주선에 큰 역할을 하였다.

히로하시 가네카쓰(廣橋兼勝, 1558~1622)

공가. 구니미쓰國光의 아들. 장인두藏人頭에서 누진하
여 종1위 내대신에 이르렀다. 이에야스 장군 취임과 동
시에 전주(傳奏, 1619년 사직). 출두무쌍出頭無双이라고 하
여 모두 그 권세를 두려워하였지만, 반면 간사하고 막부
에 영합하는 도적 같은 존재로 매도되는 인물이기도 하
였다.

호소카와 다다오키(細川忠興, 1562~1645)

무장. 후지타카(藤孝, 유사이幽齋) 아들. 노부나가·히데요
시·이에야스家康를 차례로 섬겼으며, 단고丹後·부젠豊前
을 차지하였다. 부인은 독실한 기독교인으로 유명한 가
라시아이며, 기골 있는 무장으로 알려졌다. 1620년에 은
거, 입도하여 산사이三齋라고 칭한다. 공무 관계의 주선
에 활약하였다.

곤치인 스덴(金地院崇傳. 1569~1633)

　승려. 아시카가 요시테루足利義輝를 가까이에서 모신 잇시키 히데카쓰一色秀勝의 아들. 임제종 승려가 되었고 1605년 난젠지南禪寺 주지. 사이쇼 조타이의 추천으로 이에야스에게 기용되어 승록사僧錄司·사사봉행寺社奉行이 된다. 외교문서 작성을 담당하였으며, 『이국일기異國日記』는 그의 저서다. 호코지方廣寺 범종 명문 사건이나 자의紫衣 사건에서는, 막부의 개로 간주되어 교토에서는 악명이 높았다.

고요제이 천황(後陽成天皇, 1571~1617. 재위 1586~1611)

　오기마치 천황의 적손. 어머니는 가주지 하루토요의 여동생新上東門院. 아버지 사네히토 친왕誠仁親王 급사로 인하여 히데요시의 옹립으로 즉위하였다. 만년은 궁중 풍기의 문란과 이에야스의 압박으로, 실의에 빠져 고미즈노오後水尾에게 양위하였다.

도이 도시카쓰(土井利勝, 1573~1644)

　무장. 도시아키利昌의 아들(다만 다른 설도 있다). 어려서부터 히데타다를 섬겼고, 이에야스 사후에는 히데타다

측근의 제일인자로서 필두 각로閣老의 지위에 있었다. 1633년, 시모사下総 후루카와古河 16만 석을 차지하였다.

다쿠안 소호(澤庵宗彭, 1573~1645)

승려. 다지마但馬 이즈시出石의 아키바秋庭 씨 출신. 어릴 때, 정토종의 승동이 되었고, 1592년에 상경하여 임제종 다이토쿠지의 슌오쿠 소엔春屋宗園에게 사사. 1609년 다이토쿠지 주지. 자의 사건으로 유배되었으나 풀려나 에도·교토에 머물렀다. 1636년 이에미쓰의 귀의를 받고 시나가와品川의 도카이지東海寺를 열었다. 단무지 절임을 창시했다고 알려져 있기도 하다.

쓰치미카도 야스시게(土御門泰重, 1568~1680)

공가. 히사나가久脩의 아들. 아베노 세이메이安倍晴明의 후예로서 음양료陰陽寮 업무를 관장하였고, 장인蔵人에서 승진을 거듭하여 종2위 좌병위독左兵衛督·천문박사天文博士에 이른다. 고미즈노오 천황의 신임이 두터웠고 음양도 재흥再興에 공적이 있었다. 『태중경기泰重卿記』는 그의 일기다.

나카노인 미치무라(中院通村, 1588~1653)

　공가. 미치카쓰通勝의 아들. 우중장右中將에서 누진하여 종2위 내대신內大臣에 이르렀다. 1623년 전주傳奏가 되지만, 메이쇼明正 천황 천조에 대한 책임을 물어 1630년에 파면되었다. 글씨·노래에 능하였으며, 『겐지 이야기源氏物語』 연구로 저명하다.

고미즈노오 천황(後水尾天皇, 1596~1680. 재위 1611~1629)

　고요제이 천황의 제3황자. 어머니는 고노에 사키히사近衛前久의 딸 주카몬인中和門院. 자의 사건 등을 계기로 양위를 강행해, 막부와 사이에 물의를 일으켰다. 양위 후 50년 이상에 걸쳐 상황으로서 원정을 맡아 간에이 연간의 문화 살롱의 중심인물로 활약했다.

고노에 노부히로(近衛信尋, 1599~1649)

　공가. 고요제이 천황의 제4황자(고미즈노오 천황의 동복동생)였는데, 고노에 노부타다에게 후손이 없어서 유자猶子로서 고노에 가문을 이었다. 1612년, 열네 살에 내대신內大臣이 되었고, 우대신右大臣을 거쳐 좌대신左大臣이 된다. 1623년 관백에 취임하였다가, 1629년 퇴임, 1645년에는 입도하여 응산應山이라 칭한다. 『본원자성원기本源自性院記』는 그의 일기다.

메이쇼 천황(明正天皇, 1622~1696. 재위 1629~1643)

고미즈노오 천황의 제2황녀. 어머니는 도쿠가와 마사코(德川和子, 東福門院-원래는 '화자和子'를 가즈코라고 읽었지만, '즈'가 탁음이기 때문에 상서롭지 못하다고 하여 '마사코'로 바꾸어 읽었다고 한다-역주). 나라시대 쇼토쿠稱德 천황 이후 첫 여성 천황으로, 일곱 살에 천조하였다. 1643년, 동생 고코묘後光明에게 양위. 이후 54년간 여성 상황으로서 궁중에 있었다.

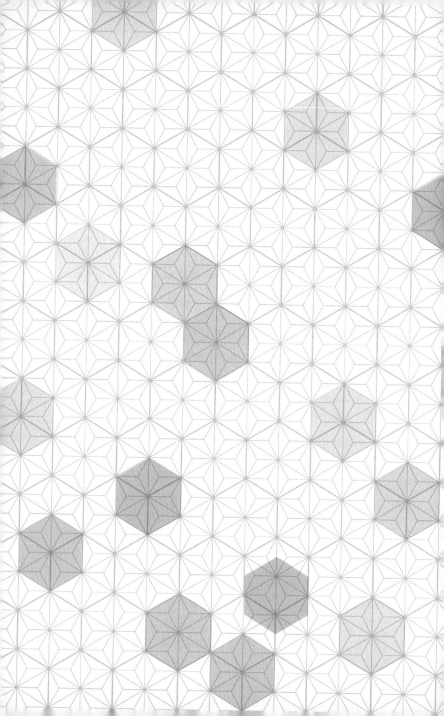

메이쇼 천황 초상

서장.
급작스러운 양위 사건

이례적인 참여 명령

　1629년(간에이 6) 11월 8일 이른 아침 교토의 거리는 초겨울의 추위 속에 아직 잠들어있었다. 추운 거리를 여러 명의 공가公家에 속한 무사들이 빠른 걸음으로 달려가고 있었다.

　내리內裏[1]의 동북쪽, 이시야쿠시문石藥師門이 들어선 곳에 자리한 저택에는 좌위문부의 차관 쓰치미카도 야스시게土御門泰重가 살고 있었다. 그는 요란스럽게 문을 두드리는 소리에 잠이 깼다. "무슨 일이지" 하면서 바깥에 나와보니, 궁궐을 경호하는 번두番頭 나카노미카도 노부히라中御門宣衡의 종복인 아무개가 서 있었다. "알려드립니다. 부자 모두 속대束帶[2]를 갖추고 진시(오전 8시)에 입궐하라는 분부입니다." 빠른 말투로 이렇게 명령을 전달하고 공가 무사는 그곳을 떠났다. 금중의 공사(의식)는 며칠 전에 변관(천황의 명령서 작성 등에 종사하는 관인)이 천황의 명을 받고 쓴 윤지綸志로 부름을 받는 것이 보통이다. 속대를 입어야 하는 중대사인데 윤지가 아니라 번두의 종복이 구두로 명령을 전달하는 것은 매우 이례적이다. "황

---

1) 천황이 거처하는 공간을 말한다. 일본어로는 '다이리'라고 읽는다. -역주
2) 고대 율령법에서 규정한 남성 관인들의 조복朝服을 말한다. -역주

공하옵나이다"라고 명을 받들었다는 뜻의 말을 공가 무사의 등에 내뱉으면서, 야스시게는 서둘러서 저택 안으로 들어왔다. 종복이 서두르는 모습으로 미루어, 집집마다 전달하고 다니는 것 같았다.

세수하고 저택 내 진수사鎭守社에 참배를 올린 야스시게가, 시종들을 재촉하여 가벼운 아침 식사를 하고 있는데, 거기에 가와바타 모토히데川鰭基秀와 야마시나 도키후사山科言總 등이 잇달아 도착하였다. 쓰치미카도 저택은 궁궐에 가까워서 옷을 갈아입는 데 편리했기 때문에 공경들이 하인에게 옷 한 벌을 들려서 옷 갈아입을 장소를 빌리러 온 것이다. 쓰치미카도 저택에서 이시야쿠시石藥師 거리를 약간 서쪽으로 가면 곧 내리의 북문이다. 어쨌든 정장을 갖춘 쓰치미카도土御門, 가와바타, 야마시나 세 사람은 시게노이滋野井, 아스카이飛鳥井, 다케야竹屋, 다카쿠라高倉 등 중하류 공가의 저택이 늘어선 길을, 함께 걸어서 궁궐로 향했다. 어수선한 분위기였다.

진시가 가까워지자 섭관을 비롯한 공경公卿이 한결같이 속대 차림으로 모여들었다. "그렇다고 해도 무슨 사정이 있는지 전혀 알 수 없었고, 저마다 이상하다는 듯 마주 보았다." 궁궐에 도착한 직후의 공경들은 불안한 듯이

와글와글 서로 떠들어대는 모습이었다.

당황한 공경들

대납언 히노 스케카쓰日野資勝는 그해 쉰세 살. 과연 선
례를 속속들이 알고 있는 노회한 공가답게, 통지하러 온
공가 무사에게 "무슨 일이냐"라고 용건을 물었다. 하지만
공가 무사는 "무슨 일인지 모릅니다. 다만 공가중公家衆[3]
은 남김없이 입궐하라는 분부입니다"라고만 대답할 뿐
이었다. 히노 가는 쓰치미카도 저택보다 한층 더 궁궐에
가깝다. 중납언 야나기하라 나리미쓰柳原業光, 같은 중납
언인 히로하시 가네카타廣橋兼賢, 궁내경 다케야 미쓰나
가竹屋光長 등이 관복을 갈아입기 위해, 저택 내의 장소를
빌리러 왔다. 세 사람 모두 물론 전혀 사유를 몰랐다. 황
급히 참석한 집주인과 손님 네 명은 두중장(頭中將, 의식을
주관하는 역)[4]의 소노 모토나리園基音를 붙잡고 사정을 물

3) 조정에 출사하는 귀족 및 상급 관인의 총칭으로, 천황을 근시하거나 천황의 거처에
나아갈 수 있는 주로 3위 이상의 위계를 세습하는 가문 및 그 무리들을 말한다. -역주
4) 일본 율령제의 공가 관직 호칭 중 하나이다. 위계가 4위인 전상인殿上人으로 장인두
(藏人頭, 장인소의 실질적 책임자)와 근위 중장(근위부의 차관)을 겸임한 사람에 대한 통칭이
다. 장인두의 우두머리인 두頭와 근위 중장의 중장中將을 따서 두중장頭中將이라고 한
것이다. -역주

었으나 요령부득이다. 전주傳奏라는 중직에 있는 대납언 나카노인 미치무라中院通村 또한 알고 있는지 모르는지 모르겠다고만 하였다.

내리 동문 옆에 있던 니시노토인西洞院 가에서도 당주 當主인 참의參議 도키나오時直가 황급히 관복을 입고 있었다. 은거 중인 아버지 도키요시時慶는 호기심에서인지 흰 비단으로 만든 법의法衣를 입고 동문 초소까지 가서 상황을 엿보았다. 하지만 도키요시는 도키나오가 물러나온 저녁 무렵까지 일의 진상을 알 수 없었다.

이해 7월에 갓 관백이라는 자리를 물러난 좌대신 고노에 노부히로近衛信尋도 이 소집은 아닌 밤중에 홍두깨였다. 고노에 저택은 내리의 북쪽에 있는데, 쓰치미카도 저택의 몇십 배에 이르는 큰 저택이다. 이곳에 통지하러 온 것은 두중장 소노 모토나리의 사자였다. 황급히 입궐한 노부히로는 좌우의 사람에게 사정을 물었으나 모두 모른다고만 했다. 전 관백에게도 알리지 않은 어떤 일이 일어나려 하고 있었다.

사건의 진상이 판명되다

드디어 궁중에서는 절회의식이 시작되었다. 절회節會
란, 명절(설날, 단오, 중양 등 절기 등의 명절)이나 행사가 있는
날에 천황이 출어하여 여러 신하에게 술과 음식을 하사
하는 연회를 말한다. 우대신 니조 야스미치二條康道가 상
경(上卿, 의식의 책임자)에 지명되었고, 대납언 히노 스케카
쓰 이하, 일곱 명의 공경이 공사公事를 수행하는 '진의 자
리陣の座5)'에 이르렀다. 이윽고 고미즈노오 천황의 뜻을
받은 두중장이 상경上卿 야스미치康道의 팔걸이에 바싹
다가가 천황의 말을 알렸고, 야스미치는 대외기(大外記, 소
납언 아래에서 실무를 담당하는 관)를 불러들여 '명령仰詞'을 엄
숙하게 고했다. "오늘 양위를 할 것이다. 모든 관사에 시
달하도록 하라."

쓰치미카도 야스시게 등은 소노 모토나리가 야스미치
에게 고할 때 내용을 알아들었다. 비로소 이 절회가 양위
를 위한 것임을 안 여러 공경은 얼굴이 창백해져서 부지
불식간에 좌우 사람과 얼굴을 마주 보았다. "나(야스시게)

---

5) 원래 진陣은 조정의 행사 때 무관이 출사하여 정렬하는 곳을 말한다. 궁중의 각종
의식에 참여하는 공경은 본래 의양전宜陽殿에 착석하게 되어있으나, 임시로 무관직을
맡은 공경이 좌우 근위부近衛府 공간을 이용하기도 하였다. 이처럼 대신 이하의 공경
이 앉아 신사神事·절회節會·임관任官·서위敍位 등의 공사를 의론하는 장소를 진의 자
리陣の座라고 하였다. -역주

를 비롯한 여러 공경들은 크게 놀란 기색으로 서로를 바라보았다."

히노 스케카쓰는 의식을 시작하기 전에 니조 야스미치를 붙잡고 집요하게 물어 '양위하시는 이유'를 이미 들었다. 하지만 고노에 노부히로는 의식이 시작된 후에야 비로소 알게 된 것 같다. "놀랍기 짝이 없었다."

이리하여 황위 계승이라는 중대사가 전 관백에게도 알리지 않은 채 극히 일부를 제외하고는 비밀리에 진행되었다. 이때 퇴위한 천황은 '고토히토(政仁, 초훈은 다다히토·고미즈노오 천황)', 새로 천조한 인물은 나이가 일곱 살밖에 안 된 소녀 오키코 내친왕(興子內親王, 明正天皇)이었다.

이례 중의 이례, 천황 교체 소동

지금 1629년 10월 8일 '사건'의 모습을 쓰치미카도 야스시게, 히노 시게카쓰, 니시토인 도키요시, 고노에 노부히로 등의 일기를 바탕으로 재현하였다. 그 모든 일기에서 공경들이 갑작스러운 의식에 놀랐다는 사실, 또 엄중한 함구령이 내려졌었던 모습을 엿볼 수 있다. 요시다 신사吉田神社의 사승社僧[6] 신류인 본순梵舜도 뒷날 "섭가攝家·당상(전상인)도 전혀 알지 못했던 상황이라는 소문이었다"라고 기록하였다. 전 관백인 고노에는 섭가인 데다 고미즈노오 천황 친동생이기도 했기 때문에, 양위를 논의하는 테두리 밖에 놓였다는 사실에 자존심이 상당히 상했던 모양이다(사건의 의미에 대해 자세한 내용은 VI장 3절에서 기술).

그렇다 하더라도 전대미문, 이례적이고도 이례적인 천황 교체 소동이었다. 공가들이 그 양위 의식이 급작스럽게 진행되었다는 사실에 놀랐다는 의미뿐만이 아니다. 무엇보다 중요한 것은, 우선 무가(막부)에 전혀 알리지 않은 채 진행되었다는 점, 또 하나는 나라시대 쇼토쿠稱德 천황 이후 860년 만에 여성 천황이 출현한 사실이다.

본론에서 상세하게 서술하겠지만, 조큐承久의 난(1221)으로 무가武家가 처음으로 천황 폐위와 옹립을 실행한 이후, 막부 동의를 얻지 않고 이루어진 왕위 계승은 사실상 무효라는 관례가 정착되어있었다. 이를 무시한 퇴위 강행이었다. 또한, 무가 세상이 된 이후로 전례 없는 여성

---

6) 신불습합이 이루어진 시대에 일반 절이 아닌 신사에 마련된 절인 신궁사神宮社에 소속된 승려를 말한다. 별당別當·검교檢校·구당勾當의 계급이 있으며, 신사의 신관보다 상위에 있으면 권력을 휘두르는 경우도 있었다. -역주

천황 출현은 남성 원리, 가부장제의 권화權化라고 할 수 있는 에도막부에 있어서 경천동지라고 할 만한 사태였다. 여성 천황 이변, 여성 천황 소동이라고 할 만한 진기한 일이었다. 사실 오키코 내친왕은 대어소大御所라고 불리던 히데타다秀忠의 외손녀였고(어머니는 히데타다 딸 마사코), 이 즉위로 인하여 도쿠가와 씨는 천황의 외척이 되었지만, 마사코의 입궐은 결코 여성 천황의 등장을 기대하고 이루어진 일은 아니었다.

천황과 무가 수장 갈등 관계의 귀결

주모자 고미즈노오 천황은 감쪽같이 막부를 제치고 양위를 감행했으나 이로써 왕위 계승이 확정된 것은 아님을 충분히 알고 있었다. 과거 천조踐祚[7]하였는데도 불구하고 즉위하지 못하고 폐립된 예가 있었기 때문이다.

이례적인 이번 양위를 추인하면 막부의 권위가 실추될 것이 분명했다. 하지만 에도막부는 당황한 나머지 결국 자신들이 알지 못하는 상황에서 이루어진 천조를 인정하

---

7) 천황의 경우 천조와 즉위는 다른 의식이다. 천조는 천황의 신분을 상징하는 칼·거울·옥을 전 천황으로부터 물려받는 것이고, 즉위는 이를 대외적으로 공포하고 공식적인 즉위식을 거행하는 절차다. -역주

게 되었다. 막부는 가히 굴욕적이라고 할 수밖에 없는데도 왜 추인을 한 것일까. 무가 세력을 결집하여 유례없이 전제적인 권력을 분명히 확립한 에도막부가 가마쿠라막부에서도 '하고자 하면 할 수 있었던' 천조 취소라는 결정을 왜 하지 않는 것일까?

즉 막부 추인에 이르는 '급작스러운 양위' 사건의 일련의 경과를 보면 굳이 막부 권위의 실추를 감수하면서까지 유지하지 않으면 안 되는 천황제란 도대체 무엇인가 의문을 품게 된다. 바꿔 말하면 막부가 왜 그렇게까지 천황이라는 존재를 필요로 하였는가 하는 질문을 하지 않을 수 없다. 즉 이 사건은 센고쿠시대 말기 이후로 음으로 양으로 이어져 온 천황과 무가 수장 간의 긴장 관계의 하나인 귀결을 상징하는 위치를 점하고 있다.

이 책에서는 센고쿠시대 말기부터 에도 초기와 근세 통일 권력 성립기에 초점을 두고, 조정과 막부 관계를 가능한 한 구체적으로 검토할 것이다. 그러한 검토 과정에서, 후에 존왕론이 전개되고 왕정복고를 통하여 메이지 유신을 맞이하는 전제가 되는 천황 – 무가 관계의 귀결점이 떠오르게 될 것이다.

아시카가 요시미쓰의 목상

I장. 천황 권위의 쇠퇴와 회복
- 조큐의 난부터
센고쿠 동란까지

1. 무가가 황위 결정권을 장악하다

원정의 등장과 왕권의 소재

일본 역사에서 천황은 과연 실질적인 국왕이었는가? 즉 지속적으로 집정하는 왕으로서 군림하고 있었는지에 관해서는 예로부터 시끄러운 논란이 있었다. 역사상 집정 왕으로 군림한 것은 덴무天武, 지토持統, 고다이고後醍醐라는 천황 세 명뿐이며, 나머지는 대개 누군가의 허수아비에 지나지 않았다는 극단적인 주장마저 존재한다.

하지만 이 문제를 판단하기 위해서는 왕권의 소재를 분명히 해둘 필요가 있다. 헤이안시대 중기 이른바 왕조시대까지는, 설령 대신이나 섭정·관백이 권력을 좌우하였다고 하더라도, 명목상 주권자는 항상 천황 한 사람이었다. 하지만 11세기 이후부터 왕권의 소재가 복잡해졌다. 즉 1086년(오토쿠 3년)에 시작된 시라카와白河 상황上皇의 원정院政[1]이 그 계기가 되었다. 원정을 행하는 상황(본원本院)의 명령을 전달하는 원선院宣이 천황이 발행하는 문서인 윤지綸旨를 대신하여 최고의 문서가 되었고(상

---

[1] 천황이 퇴위하고 상황이라는 신분으로 그 거처인 원院에서 정사를 집행하기 때문에 원정院政이라고 한다. -역주

황의 뜻을 조·칙이라 부르기에 이른다), 집정인 상황은 '치천의
군'(혹은 치천治天)이라고 하여, 국왕에게 한없이 근접하는
실태가 성립된 것이다. 시라카와를 이은 도바鳥羽 상황
의 원정기에는 본원=‘치천의 군'으로서 섭정과 관백 직책
을 사실상 임면하게 되면서, 도바 상황은 명실상부한 전
제군주로 군림했다.

천황·상황을 통틀어 천황가의 지배라는 관점에서 일
본 정치를 볼 경우, 이 헤이안시대 말기가 천황가의 권력
이 가장 두드러지는 정점이었다고 할 수 있다. 이 당시
“천황은 동궁東宮과 마찬가지다”라고 하여 천황은 조정
의 신하들로부터 '군주 견습'으로 간주되는 존재에 불과
했다. 권력·권위 모두 상황 즉 '치천의 군'이 완전히 장악
하고 있었다.

천황가의 격변, 조큐의 난

1185년(분지 원) 동국東國에 무권정부武權政府, 즉 무사의
정청政廳으로서 가마쿠라막부가 성립된 이후에도 위와
같은 사정은 크게 달라지지 않았다. 막부는 '서쪽 지역西
國 일대의 일은, 군주가 판단해야 한다'라고 주장하며, 국

사國司와 영가領家에 대한 결정에는 간토關東의 간섭이 미치지 못한다고 하였다. 서국의 일은 막부가 관여하는 바가 아니며, 국사나 장원영주 결정에는 관여하지 않는다며, 원의 권력이나 공가 사회의 지배에 개입하는 일은 극력 회피했던 것이다. 개략적으로 말하자면, 막부 권력은 무사의 일부인 여러 지역의 어가인御家人 지배와 수호守護·지두地頭를 통한 경찰권 발동에 머무르고 있었다. 막부의 수장인 장군(또는 가마쿠라도노鎌倉殿)을 두고 "왕조국가의 사무라이 대장"이라고 극언하는 연구자도 있을 정도이다.

하지만 1221(조큐 3년), '치천의 군'인 고토바後鳥羽 상황이 막부 토벌이라는 무모한 군사행동을 일으킨 조큐의 난으로 인해, 천황 가문은 격렬한 지진이라고 할 만한 진통을 겪었다. 막부는 그때까지는 자제하고 있었지만, 왕조에 대한 실력 행사에 나섰다. 상황 쪽의 군세를 무찌르고 입경한 호조 야스토키北條泰時는 주모자이자 부자간인 고토바·준토쿠順德 두 상황을 유배 보내고, 막 천조한 가네나리 왕懷成王도 황위에서 끌어내렸다(더욱이 막부 타도 계획과 관계없는 쓰치미카도 상황도 유배되었다). 천황이 된 적이 없는 모리사다守貞 친왕(고토바의 왕자)을 '치천의 군'으로 추대하고 그 아들을 즉위시켜 새로운 천황으로 삼았다(고호리카와後堀河 천황).

무가, 황위계승자 결정권을 장악하다

이 난 이후 막부는 일단 가마쿠라 반대 세력京方 영지 3천여 곳을 몰수하고, 새로 지두를 두었으나(신보지두新補地頭라고 한다), 결국 천황가의 영지를 모리사다守貞, 後高倉院에게 반환함으로써, 천황가의 경제적 존속을 보장하고 있다. 이 난의 가장 큰 결과는 황위 계승자 결정권을 무가武家가 장악한 사실이었다.

'조큐의 난'으로부터 20년 후인 1242년, 고호리카와를 이은 시조四條 천황이 요절하고 고타카쿠라後高倉의 혈통이 단절되었을 때, 그 역학관계가 여실히 드러났다. 다음 천황으로 교토 공가들이 준토쿠의 아들인 사도인노미야佐渡院宮를 추천했고 가마쿠라막부는 쓰치미카도의 아들인 아와인노미야阿波院宮를 왕위에 올리려 했다. 가마쿠라막부가 우려한 것은 사도인이 즉위함에 따라 사도로 유배되어있던 준토쿠가 교토로 돌아가서, 그가 다시 원정을 시작하는 것이었다. 아와인의 천조를 강제로 거행하려고, 집권 호조 야스토키는 아다치 요시카게安達義景를 교토에 급파하였다. 이때 일단 상경하는 길에 올랐던 요시카게는 다시 가마쿠라로 돌아가 호조에게 "상경하는 시간이 맞지 않아서 준토쿠의 아들이 천조踐祚했다면 어떻게 해야 하겠습니까"라고 조치를 물었다. 야스토키는 태연히 다음과 같은 말을 내뱉었다.

달리 무슨 말이 필요하겠는가. 그런 일(사도인의 천조)이 있으면, 끌어내려야 할 것이다.

결국 요시카게의 우려는 기우에 그쳤다. 교토에서는 구조 미치이에九條道家 이하, "대신들의 논의群議에 의하지 않고 이역異域 번류蕃類의 신분으로 이 일을 결정하는 것에 대하여, 종묘 혼령들의 생각이 어떠하겠는가" "제위帝位의 일을 여전히 동쪽 오랑캐들이 결정하고 있다. 말세에 벌어지는 일이니, 슬퍼해야 할 것인가"라고 하여, 막부의 판단을 기다려 비로소 황위 계승자가 결정된다는 사실에 비분강개하면서도 막부의 내락內諾을 기다렸던 것이다. 천조 취소 사태에 이르지는 않았지만, 막부에 알리지 않고 무단으로 행한 황위 계승은 사실상 무효라는 관례가 정착된 것은 분명하다(덧붙여서 조큐의 난에서 천조가 취소된 가네나리 왕은 메이지시대에 이르러 '주쿄仲恭 천황'으로 황통에 올려지지만, 그 이전에는 황통보에서 천황으로 간주되지 않았다).

외교권을 상실하다

다음의 큰 변화는 분에이文永·고안弘安의 전쟁(몽골 전쟁)을 계기로 한 천황가의 외교권 상실이다. 막부의 규슈 지배기관인 대재부수호소(大宰府守護所, 진서봉행鎭西奉行)는 몽골에서 온 첩장을 일단 교토 조정으로 보냈으나, 원 권력은 이에 대한 조치를 막부에 맡기려고 가마쿠라로 다시 보냈다. 즉 천황가는 자발적으로 외교권을 포기한 것이다. 또한 이 쟁란을 통해서 막부가 종래 막부 지배권 바깥에 있었던 사사寺社 본소일원지(本所一圓地, 무가들의 지두가 임명되지 않은 장원)의 군사력 동원권을 획득한 사실도 무가의 권력 확장을 보여주는 것이었다.

2. 아시카가 요시미쓰의 황위 찬탈 계획

천황 친정인가 원정인가

1336년(겐무 3)부터 시작된 남북조南北朝의 동란은 공가公家가 아닌 천황가의 권력을 최종적으로 붕괴로 이끄는 역할을 하였다.

이 난은 예로부터 전해져 온 것처럼, 궁방宮方=공가방公家方과 무가방武家方=막부 사이의 싸움이 아니라, 천황 친정天皇親政이냐 원정院政이냐 하는, 천황 지배 방식(일명 왕권의 양태)을 둘러싼 이념 싸움이었다. 아시카가 다카우지足利尊氏가 고곤光嚴 상황을 '치천의 군'으로 추대하고, 그의 동생인 고묘光明 천황을 옹립하여 '공가백관公家百官'을 온존시킨 사실에서 잘 드러난다. 따라서 다카우지를 조정의 반역자로 취급하며 혐오했던 2차 세계대전 이전의 사관은 심각한 사실의 오인이자 일종의 착각이었다. 다카우지만큼 존왕적 입장을 취한 인물은 당시에 없었다고 해도 무방하다.

모양새는 따지지 않은 북조 재건

이 동란이 한창이던 1352년 윤2월, 교토 쟁탈을 둘러싸고 남북조 양군이 격투를 벌였을 때, 패색이 짙어진 남군이 고겐, 고묘, 스코崇光의 세 상황과 나오히토 친왕 등을 납치하는 사건이 일어난다. 북조의 모든 남자 황족이 남조의 거점인 아노우賀名生에 끌려가 유폐되었던 것이다(간노觀應의 요란擾亂).

무로마치막부는 궁지에 빠졌다. 고겐의 막내아들로 어린 나이였던 이야히토 왕彌仁王이 절에 숨어있던 것을 찾아내 천황 후보는 확보하였지만, 이야히토에게 황위를 전해줄 수 있는 상황 즉 '치천의 군'이 없었다. 황위 계승에 필요한 세 가지의 신기神器는 남조가 가지고 가버렸으므로, 신기가 없는 상태로 황위 계승을 할 경우에는 치천의 군으로부터 황위를 계승한다는 수선受禪의 의식이 필요했다. 이때의 '치천의 군'을 '나라를 물려주는 자讓國者'라고 한다. 헤이케 일문이 안토쿠 천황과 신기를 가지고 서해에 빠져 죽었을 때 고토바 천황이 즉위할 수 있었던 것은 '양국자'로서 고시라카와後白河 상황이 교토에 있었기 때문이었다.

신기도 없고 양국자도 없는 사면초가의 상황이 되어

도, 막부는 황위 계승 형식 그 자체에 신경을 쓰지 않을 수 없었다. 막부가 생각해낸 궁여지책은 고후시미 천황의 중궁中宮 고기몬인(廣義門院, 西園寺寧子, 이야히토의 조모)을 '치천의 군'으로 세워 '양국자'로 삼는 것이었다. 이렇게 이야히토는 즉위하였고(고코곤後光嚴 천황) 북조는 재건되었다. 모양새에 개의치 않고 양국자를 세운 이유는, 그렇게 하지 않으면 막부가 가장 두려워하는 친정 이념이 부활할 수도 있었기 때문이지만, 동시에 이러한 이야히토 옹립 소동은 천황제도라는 것이, 무가 정권에 있어서 얼마나 필요불가한 것인가를 잘 보여준다. 천황이 없는 상태로는 권력의 정통성을 의심받게 된다고 인식하였기 때문이다.

치천의 군 취임의 선례

원정의 구조란 공가公家·사사寺社·무가武家 등 국정에 참여하고 있는 여러 세력權門 위에 총괄적인 조정자의 성격을 가진 국왕으로서 '치천의 군'이 위치하는 것이다. 가마쿠라시대 이후에는 무가幕府 또한 이 시스템에 편입되었으며, 군사적 지배권을 강화하면서도 '권문權門[2]' 중 하나에 머물러있었다.

고다이고後醍醐 천황의 겐무신정은 이 시스템(권문체제)을 해체하고 천황을 정점으로 하는 새로운 전제 지배를 구축하려는 것이었지만, 원리적으로 무가를 배제하려는 정치체제였던 만큼 시대착오적인 성격을 벗어나지 못하였고 단시일 내에 붕괴되었다. 다카우지足利尊氏가 원정을 부활한 것은 이 치천의 군주를 정점으로 하는 권문체제가 무가의 실질적인 지배에 가장 적합했기 때문이었다.

하지만 원정의 전국 지배도 가마쿠라와 남북조시대를 거치면서 천황제도를 부식腐蝕시킬 위험 요소를 안고 있었다. 죠큐의 난(1221년) 후에 치천의 군으로 추대된 고타카쿠라인後高倉院은 천황 자리에 오른 경험이 없었고, 앞서 말한 간노의 요란(1352년) 때 추대된 고기몬인에 이르러서는 사이온지西園寺 씨 출신으로 황위 경험은커녕 황족이지도 않았다. 즉 치천의 군이라는 자리는 천황 경험자가 아니더라도 심지어 황족 이외에도 이에 오를 수 있

2) 고대 말기부터 중세까지 사회적인 특권을 가진 세력을 말한다. 원정기에 들어서면 치천의 군, 고호쿠지 및 엔랴쿠지와 같은 사찰·사원 세력, 무사단을 배경으로 무가세력이 새로운 권문으로 부상하였다. 이들 공가권문, 종교권문, 무가권문이 서로 대립하면서 상호보완적인 관계를 가지면서 권력을 행사하는 중세국가를 권문체제라고 부르기도 하며, 오닌의 난을 계기로 권문체제가 붕괴하였다고 본다. - 역주

다는 '선례'가 마련된 것이다.

공가의 세계에서는 한 번이라도 예외가 생기면 그 예외가 선례가 되고 훌륭한 고실故實이 된다. 고코곤 천황 옹립을 추진한 무로마치막부는, 좋든 싫든 간에 신하가 치천의 군에 취임할 수 있는 길을 터준 셈이다. 이 점을 노려 무가에 의한 황위 박탈이라는 미증유의 야망을 실행에 옮기려 한 것이 바로 아시카가 요시미쓰足利義滿였다.

남북조 시대 후반기, 즉 고코곤 천황 즉위 이후 무가의 공가에 대한 우위가 급속하게 진행된다. 공가령公家領의 재판에 대하여 막부가 판결을 내리는 것은 이미 간노(1350~1352) 이전부터 시작되었지만, 요시미쓰가 친정을 개시한 고랴큐康曆 정변이 일어난 1379년경에는 모든 재판권을 거의 막부가 장악하게 되었다. 남북조 시대 말기에는 과세권과 경찰권을 포함하여 왕조의 아성이었던 교토 지배도 무가에 넘겨주게 되었고, 남북조 합일(1392) 무렵에는 무로마치막부가 거의 국토의 전 영역에 대한 일원적인 지배권을 확립했다.

이리하여 천황가의 손에는 연호의 제정이나 제사의 주최권, 또 형식적 관위 임면권 등 성적·종교적 권위 혹은 국가 의례적·형식적인 부분만 남게 되었다. 하지만 요시미쓰는 시세에 편승하여 그런 권위를 차례로 빼앗아갔다.

우선 관위 서임의 핵이라 할 수 있는 소절지(小節紙, 인사 원안)의 작성은 신한宸翰 즉 천황이 직접 작성하는 것이었지만, 요시미쓰가 직접 서명하게 되면서 서임되는 공경의 배하주경(拜賀奏慶, 사례 인사)이라는 의식을 천황 앞이 아닌 기타야마다이(北山第, 요시미쓰의 저택)에서 행하게 되었다. 즉 요시미쓰는 실질적 임명권자일 뿐 아니라 형식적으로도 임명권자의 지위를 차지하기에 이르렀다. 이어서 국가 안녕을 비는 의식인 순회기도廻祈禱를 실정제室町第에서 행하는 것을 정식화시켜(매월 7일간). 밤에는 쓰치미카도 가문에서 음양도제陰陽道祭를 지내면서 국가의 기도권을 궁중으로부터 빼앗았다. 여기에서 요시미쓰는 세속왕과 더불어 사제왕으로서의 면모도 함께 가지게 되었다. 요시미쓰는 다른 어떤 무가와도 달리 공가로서 그 정상에 올랐을 뿐만 아니라 천황 고유의 영역을 파고들어 천황 가문의 권위를 유명무실하게 만드는 데 성공한 것이다.

요시미쓰는 실질상으로뿐만 아니라 형식상으로도 천황을 넘어서지 않으면 황위 찬탈에 성공할 수 없음을 잘 알고 있었다. 그래서 1395년(오에이 2) 6월 태정대신太政大

臣을 사퇴하고 출가하자 스스로를 법황法皇에 비유하여 법황으로서의 예우를 조정의 신하들에게 요구하였다. 그리고 전주傳奏라고 하는 섭관에 딸린 조정 측 신하를 봉자(奉者, 비서관)로 삼아 어교서御敎書를 발급하였는데, 그 효력은 상황의 윤지綸旨를 초과하게 되었다. 이는 요시미쓰의 '원선院宣'이라고도 하고 '일본 국왕 어교서'라고도 불렀다. 요시미쓰의 사찰 참배는 모두 천황 등의 행행行幸에 준하였고, 남도북령(南都北嶺, 고후쿠지와 엔랴쿠지)에서의 수계는 고사가後嵯峨·가메야마亀山 두 상황이 행한 절차를 따르고, 기타야마다이에서 천황을 맞아들였을 때는 스스로 화려한 비단으로 가장자리를 장식한 자리(천황·상황·친왕만이 사용하였다)에 앉아 상황으로서 대면하였다.

황위 찬탈 계획의 좌절

요시미쓰의 최종 계획은 차남 요시쓰구를 황위에 앉히는 것이었다. 1406년 말, 정실 히노 야스코日野康子를 준모(准母, 의식을 치르는 데 필요한 천황의 임시모)에 앉히는 데 성공하였고, 1408년 4월, 내리에서 행해진 요시쓰구의 원복元服 의식은 친왕의 원복 의식을 준거로 하였다고 기록되었다. 즉, 천황의 아들인 친왕으로 대우한 의식이다. 공경公卿의 기록에 원복한 이후 요시쓰구를 가리켜 와카미야若宮이라 칭하고 있는 사실은 중요하며, 요시쓰구의 천조가 멀지 않았다는 것은 공공연한 비밀이었다. 하지만, 요시쓰구가 원복한 지 불과 사흘 뒤, 요시미쓰는 급작스럽게 병에 걸려 죽음을 맞이하였다. 이렇게 전무후무한 천황위 찬탈극은 미수로 끝났다.

그런데 미수에 그친 궁중정변 과정에서 요시미쓰의 찬탈노선을 지지한 것은 공가·사사라는 중세적 세력이었고, 수호守護 다이묘 등 유력 무사층은 그 반대, 즉 찬탈 반대로 돌아섰다고 한다. 역설적인 현상이라고 하지 않을 수 없다. 이는 다음과 같이 설명할 수 있을 것이다. 공가·사사 등 남북조의 동란을 통해 끊임없는 부침을 거듭한 과거의 권문은 무엇보다 강대한 왕권이 출현하기를 학수고대하였고, 반면 숙로宿老라고 불리는 유력 수호들은 아시카가 씨가 절대적인 권력을 갖는 것을 두려워하여 한결같이 천황가를 유지하려 했던 것이다.

일본 국왕, 무로마치도노

요시미쓰가 기타야마다이에서 '원정(국왕정치)'을 시작했을 무렵이 천황가의 권위는 밑바닥이었던 때이다. 찬탈 미수로 천황가가 가문으로서 존속할 수는 있었지만, 황권은 요시미쓰에 의하여 이른바 골수까지 빨려버린 상황이었다. 이 시기는 고코마쓰後小松 천황의 친정, 이어서 원정(천황은 쇼코稱光)을 행한 시기에 해당하지만, 천황이 확보하고 있던 상징적 행위로는 아시카가 씨의 장군직 교체에 있어서 무가의 수장 후보를 정이대장군征夷大將軍에 임명하는 것뿐이었다. 연호의 개정부터 관위의 수여까지 모든 공적인 정사 행위는 무로마치도노(아시카가 가독=무가의 수장)의 승인 없이는 아무것도 진행될 수 없는 상황이 계속된다. 그리고 궁궐 조영을 비롯하여 조정의 연중행사·의례 등에 필요한 각종 경비도 막부의 지원에 의존하였다.

1402년(오에이 9), 요시미쓰가 명나라 건문제로부터 일본 국왕으로 책봉되고, 대외적으로나 국제적으로나 일본 국왕이라는 호칭이 성립되었다. 마찬가지로 명나라에 책봉되어있던 조선·류큐 등 동아시아 각국은 일본에 국왕(아시카가 씨)이 있다는 사실을 알고 있었으나, 천황이라는 존재가 있다는 것은 알지 못했다. 요시미쓰 사후 제4대 장군이 된 요시모치는 명나라와 단교하였지만, 제6대 장군이 된 요시노리(요시미쓰의 셋째 아들)가 부활시켜 원래대로 국왕호를 사용하게 되었다. 1434년(에이쿄 6) 막부 회의에서 국왕호가 문제가 되었을 때, 회의의 좌장인 호지승護持僧 만사이萬濟는 "왕이라는 호칭을 사용하시는 데 무슨 지장이 있겠습니까. 이미 장군가는 집정의 신분이며 말할 필요도 없이 패왕覇王이십니다"라고 의견을 제시하였고, 이는 그대로 받아들여졌다. 국내에서도 무로마치도노가 국왕이라는 사실은 아무도 의심하지 않았다.

치벌 윤지의 부활

하지만 요시미쓰가 달성한 '천황 권위의 초극'은 오래가지 않았다. 일반적으로 요시미쓰, 요시모치, 요시노리의 3대 약 60년간이 무로마치시대 최성기라고 하지만, 그 기초를 무너뜨리는 불안정이라는 맹아는 요시미쓰의 말년에 이미 싹트고 있었다(또한 요시모치는 장남 요시카즈에게 장군직을 물려주고 있지만, 요시모치는 전과 마찬가지로 막부의 권력을 계속 장악하고 있었다. 요시카즈가 일찍 죽은 후에는 장군의 자리를 비워놓고 막부의 행정을 보았으므로, 요시모치가 죽을 때까지 요시모치의 집정하에 있었다고 보아도 좋을 것이다).

요시노리는 요시미쓰의 아들로 요시모치의 동복동생이다. 요시모치가 차기 장군을 지명하지 않았기 때문에, 1428년 1월, 신 앞에서 추첨을 한 결과, 요시노리가 무로마치도노(장군 계승자)가 되었다. 하지만 그해 9월, 앞에서 언급한 대로, '일본 개벽 이래'라 불리는 츠지잇키(쇼초 츠지잇키正長土一揆)가 일어났다. 그 이후로 반란이 연이어 발생한다.

1438년(에이쿄 10) 남조의 황족 등을 주축으로 한 '후남조後南朝', 야마토 지역의 토호土豪, 나아가 간토공방關東公方 등 여러 세력이 연합하여 에이쿄永享의 난을 일으켰다. 요시노리는 새로운 천황 후보·장군 후보를 앞세운 이 모반을 토벌하기가 쉽지 않다고 보고, 고하나조노後花園 천황을 압박하여 조적 정벌을 명하는 윤지, 즉 치벌의 윤지와 비단 깃발을 받아냈다. 1378년(에이와 4)을 마지막으로 발급된 적이 없었던 '치벌'의 윤지가 부활한 것은 막부에 있어서 매우 중대한 정책변경을 의미한다. 판도라의 상자를 연 것처럼, 봉인해두었던 천황 권위가 부활하는 계기가 된 것이다.

악한 군주라고 모두 두려워했던 전제적인 장군 요시노리는 치벌을 위한 윤지의 부활이 자신이 밟고 서 있는 막부의 권위에 치명타가 될 수 있음을 잘 알고 있었다. 그래서 요시미쓰는 윤지가 발급된 사실을 교토에서는 시종 일관 은닉하고자 하였다. 알고 있었던 사람은 토벌군 사령관과 일부 무장들뿐이었다. 하지만 그러한 요시노리가 가신 아카마쓰 미쓰스케赤松滿祐에게 암살되었고(1441년) 아카마쓰 토벌을 위하여 다시 치벌 윤지를 사용하게 되면서, 조적제도朝敵制度는 완전히 부활하여 정착되기에 이르렀다. 이후, 크고 작은 반란 사건에 대해 막부는 빠짐없이 '치벌'의 윤지 혹은 원선을 받들었으며, 천황의 명령에 의거한 조적 평정 전쟁이 당연해졌다. 요시노리가 치벌 윤지를 요청한 1438년부터 마지막 치벌 윤지가 발급되는 1501년(분키 원)까지 치벌 윤지(또는 원선)는 무려 열세 차례나 발급되었다.

수호 다이묘의 가독家督 다툼, 다이묘 상호 간의 세력 다툼으로 촉발된 오닌의 대란(1467~1477)도 예외는 아니었다. 난이 발발한 직후, 고하나조노 상황은 하타케야마 마사나가畠山政長를 추토하라는 원선을 하달하였고, 이에 더해 고후쿠지에 무력 발동을 재촉하는 원선院宣을 교부하였다. 이를 동군 총수 호소카와 가쓰모토細川勝元는 '치벌治伐'의 원선이라고 바꾸어 해석하여, 서군 토벌의 칙명이라 주장하며, 각지에 뿌렸다. 윤지·원선의 효력은 이미 움직이기 어려운 것이 되었다.

3. 되살아나는 천황 권위

사적 토벌의 윤지

센고쿠시대에 들어서면서 일방적인 '정벌'을 수행하는 전쟁이란 사태는 없어졌지만, 특정 다이묘가 자신의 영지 내 또는 인접 지역의 적대세력을 토벌하는 경우에도 사적 추토의 윤지가 발행되었고, 또한 특정 다이묘에게 전공을 칭찬하고 고무하는 다양한 윤지가 종종 발급되었다.

에치고의 우에스기 데루토라(上杉輝虎, 謙信) 등은 이를 간토 공략의 보증수표로 삼고, 윤지 입수를 하기 위해 두 번이나 스스로 상경할 지경이었다. 오다 노부나가도 두 번째 상경 때에는 이런 종류의 윤지를 손에 넣었고 (1568), 그것을 유력한 명분으로 삼았다.

관위 서임권의 부활

센고쿠시대 이후 특히 눈에 띄는 것은 관위 서임권의 부활이다. 막부에서 행하는 배하주경은 이미 요시모치義持 때 폐지되었으므로, 천황은 형식적인 서임권을 다시 얻기에 이르렀지만, 무가의 관위는 무로마치도노의 무가 집주(막부의 천거)라는 원칙이 엄격하게 지켜지고 있었다. 오닌의 난 이후에도 실질적인 서임권은 여전히 무가 측에 있었다. 지방의 무장이 막부를 거치지 않고 직접 천황에게 관위를 주청하는 일(직주直奏)은 엄격히 금지되어있었다.

그런데 장군 요시타네義稙가 재위하는 시기(1508~1521) 무렵부터 이 직주 금지가 엄격하게 지켜지지 않게 된다. 그다음 장군 요시하루義晴 이후가 되면 장군 자신이 교토에 있지 않는 경우가 많은 데 대하여, 천황은 늘 도성에 머물러있었기 때문에 실질적인 서임권도 회복하게 되었다. 오우치 요시타카大內義隆가 1536년(덴분 5) 대재대이大宰大貳에 취임하고 모리 모토나리毛利元就가 1553년에 우마두右馬頭에 임관한 것은 모두 막부를 경유하지 않은 직주의 결과였다. 장군가는 이러한 움직임을 방해하거나 정지하거나 할 의욕조차 상실하고 있었다.

원격지 다이묘들은 공가 관위에 대하여 믿기 어려울 정도로 집착하고 있었다. 무쓰陸奧 나미오카성(浪岡城, 현 아오모리현 나미오카쵸)의 나미오카 도모나가浪岡具永와 도모모치具運 부자는 1552년(덴분 21), 아버지에게 종4위하, 아들에게 식부소보式部少輔라는 관위와 관직을 수여한 다는 구선안(口宣案, 사령)을 받기 위하여, 먼 길을 아랑곳하지 않고, 굳이 스스로 상경하였다. 또한 이보다 앞선 1445년, 히고肥後 후루후모토성(古麓城, 현 구마모토현 야쓰시로시)의 성주 사가라 나가타다相良長唯와 다메키요爲清 부자는 아버지가 궁내소보宮內少輔, 아들이 우병위좌右兵衛佐라는 관직을 받기 위해서, 태정관 변관국의 관무(官務, 사무장)인 고즈키 고레하루小槻伊治를 칙사로서 자신들의 성으로 직접 맞이하였고, 대대적인 임관任官의 의식을 행하였다. 칙사 고레하루는 구선안에 더해서 천황이 부자에게 하사된 종5위하의 예복(禮服, 衣冠束帶)을 지참하고 멀리 규슈九州까지 내려왔던 것이다.

전국 다이묘들의 신분 표지

여러 다이묘들의 간절한 바람에 따라, 무가 관위의 등

급은 자꾸만 높아져갔다. 무로마치막부 전성기에는 시소중侍所衆이라고 하는, 최상위 무가에게만 허용되었던 좌경대부라는 관직이, 다케다·호조·다테·유키·이와키·다이호지·오사키 등 동국의 다이묘와 쇼묘에게 주어졌고, 마찬가지로 막각의 중신에게만 주어졌던 수리대부라는 관직이 아마코·미요시·시마즈·오토모·아리마·메이와·사가라 등 서국 지역의 다이묘와 쇼묘에게 허용되었다.

더욱이 중요한 변화는 센고쿠시대 중반부터 다이묘의 영국領國에서 유래한 영역적인 관직이라고 할 만한 것이 등장했다는 점이다. 오우치 요시타카의 대재대이·축전수筑前守·이예개伊預介, 오다 노부히데織田信秀·이마가와 요시모토今川義元·도쿠가와 이에야스德川家康의 삼하수三河守, 오다 노부나가織田信長의 미장수尾張守 등이 대표적인 사례들이다. 이른바 천황이 율령제의 국사國司로 다이묘를 임명하는 현상이다. 이러한 현상은 무로마치막부가 임명하는 수호守護라는 지위가 구심성을 잃고 천황이 여러 다이묘 사이에서 새로이 구심력을 가지기 시작했음을 말해준다. 즉 오로지 율령적 관위만이 센고쿠시대 다이묘들의 신분 표지가 될 수 있었다고 하겠다.

상승세를 탄 천황가의 위세

이처럼 센고쿠시대에는 천황이라는 존재가, 지극히 중대한 국정상의 권능을 회복하고 획득하고 있었음을 알 수 있다. 정벌과 사적 추토에 대한 윤지는 이른바 교전권의 승인으로, 크게 천황의 권위를 높였지만, 실질적 관인 서임권 등은 권위라기보다는 오히려 권력 일부라고 할 수도 있다. 15세기 이후는 천황의 권위회복 과정으로 볼 수 있으며, 제시한 모식도模式圖에서도 알 수 있는 것처럼, 실제로 일부 권력이 회복되고 있음을 알 수 있다. 봉건제의 진전에 따라 천황은 일방적으로 무력화했다거나 센고쿠시대에 천황제가 몰락했다는 등의 학설은 피상적인 견해라고 할 수밖에 없다. 오다 노부나가·도요토미 히데요시·도쿠가와 이에야스 등 통일 정권은 잇코잇키一向一揆 등 기타 중세적 지역 권력을 탄압하는 한편, 상승세를 타고 있는 천황가의 위세에 대응하지 않을 수 없었다.

노부나가와 천황의 관계

1568년(에이로쿠 11) 오다 노부나가는 아시카가 요시아키足利義昭를 거느리고 상경한다. 당시 노부나가는 천황이 발령한 기독교를 금제하라는 윤지를 태연히 뒤집는 등 천황에 대해 그다지 경의를 표하지 않는 무장이었다. 동맹자인 도쿠가와 이에야스가 삼하수로 임관된 데 자극을 받은 듯, 상경하기 전년인 1567년에 미장수라는 관직을 받기도 하였으나, 천황의 이용 가치에 대해서는 가볍게 생각한 흔적이 엿보인다.

그런데 결정적인 순간에 노부나가도 역시 천황의 권위에 의지하게 된다. 1570년(겐키 원) 말, 잇코잇키, 산문(히에이잔 엔랴쿠지), 아사쿠라淺倉, 롯가쿠六角 등에 반노부나가反信長의 대연합이 성립되어 교토와 본거지인 기후岐阜 사이의 연락망이 위태롭게 되면서 노부나가는 존망의 위기에 놓였다. 이때 노부나가는 칙명을 이용한다. 천황의 이름으로 대연합과 강화함으로써 위기를 벗어난 것이다 (강농월일화江濃越一和). 노부나가는 안전권으로 도망친 후 1년도 안 되어 엔랴쿠지를 남김없이 불태우고 칙명으로 이룬 강화를 유린하였다. 그러나, 1572년 가을 다케다 신겐이 상경을 개시하고, 이에 호응하여 장군 요시아키까지 반기를 들게 되자 안전한 피난처로 삼을 수 있다는 듯 다시금 천황의 권위를 빌어, 천황의 칙명으로 요시아키와 강화를 맺게 된다.

노부나가는 1580년(덴쇼 8) 3월, 이시야마石山의 혼간지本願寺와 화평할 때에도 천황의 권위를 끌어온다. 이때는 모리의 수군을 격파하여 오다군이 절대적으로 유리한 상황이었으므로 칙명을 빌리지 않고 강공을 할 수 없는 정세는 아니었지만, 예정된 모리·초소카베 씨에 대한 정복 전쟁에 이시야마의 혼간지를 이용하기 위해 무혈 접수하려 했던 것이다(결과적으로는 상처 없는 접수에는 실패했지만).

이처럼 칙명이 '도깨비 방망이'처럼 갈등을 조정하는 데 효력을 발휘할 수 있었던 것은, 천황 측의 힘이라기보다는 센고쿠시대 다이묘들 사이에 천황이 일정한 구심력을 가지고 있었기 때문이다. 다이묘들이 천황을 초월자로 여기고 있는 것이지 결코 천황 자신의 힘에 의한 것은 아니었다. 헤겔의 말을 빌리자면 복종자가 지배자를 지배자로 만들고 있다는 셈이다.

노부나가 정권하에서, 제사권의 부활도 현저해졌다. 요시미쓰 시대 무로마치도노室町殿가 확보하고 있었던 제사와 의식이 천황의 주최로 거행되기 시작한다. 1570년 4월, 천황은 노부나가의 북국北國 공세의 전승을 기원하기 위해 궁중에서는 천도불제千度祓祭라는 신사를, 이와시미즈신사石清水社에 법악法樂 신사를 지냈다. 또한 1576년(덴쇼 4년) 6월에는 혼간지本願寺를 조복調伏시키기 위해서 세이료덴清凉殿에서 부동호마법富動護摩法[3]을 행하도록 하였다.

노부나가, 조정 대책에 실패하다

혼간지와의 전쟁이 끝난 후 노부나가는 본격적으로 조정 대책에 착수한다. 장군 아시카가 요시아키에 대해서도 그랬던 것처럼 노부나가는 자신에게 충실한 꼭두각시인 한에는 정중하게 대접하지만, 그렇지 않으면 용서하지 않는다. 1576년경부터 노부나가는 오기마치 천황과 사이가 나빠져서, 여러 차례에 걸쳐 오기마치 천황의 양위를 재촉하였다. 천황의 적자인 사네히토誠仁를 옹립하려고 했던 것이다.

하지만 오기마치 천황은 애매한 태도로 노부나가의 요청을 얼버무렸다. 격렬하게 분노한 노부나가가 1581년(덴쇼 9) 2월부터 3월에 걸쳐 궁궐 부근에서 두 차례에 걸

---

3) 제단에 불을 피우고 불 속에 공물을 던져넣고 이어서 호마목을 던져넣어 기원하는 밀교적인 의식을 말한다. 호마는 산스크리트어에서 공물·공물을 바치다·희생 등을 의미하는 말이다. -역주

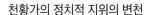

천황가의 정치적 지위의 변천

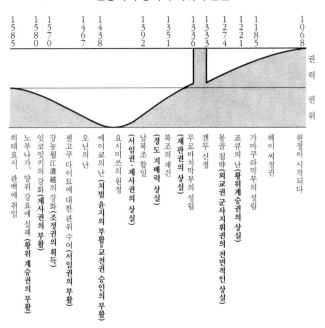

처 대규모 열병식을 거행하며 압력을 가했는데도 불구하고, 노회한 오기마치 천황은 끝내 양위 거부를 관철했다.[4]

공가들조차도 죠큐 연간 이래 (황위는) 무가에서 주선하

---

[4] 당시 이세신궁의 식년천궁도 할 수 없을 정도로 왕실의 재정이 궁핍하였다. 따라서 천황이 양위하여 상황이 되면 새로운 거주지와 운영비용, 경호비용 등이 들기 때문에 천황이 양위를 하고 싶어도 할 수 없는 상황이었다는 견해도 제시되어있다. 또한 오다 노부나가의 관병식이 궁궐 영역 내에서 이루어졌고, 공가도 관병식에 참여한 점으로 미루어 노부나가와 천황이 대립하고 있었다고 보기 어려운 면도 있다. -역주

는 세상이 되었으므로(후시미노미야 사다나리伏見宮貞成의 회상기)라고 말할 정도로 의심하지 않았던 중세 이래의 관행으로 볼 때, 노부나가 정도의 권세를 가진 자가 황위를 좌우할 수 없다는 것은 놀라운 사건이다. 천황가는 죠큐 3년 이래 상실되었던 황위 결정권을 자신의 손에 다시 갖게 된 것이다.

앞 페이지의 그림은 이 장에서 서술하고 있는 천황의 권위와 권력의 변천에 대해 정리한 것이다. 요시미쓰의 '원정院政' 시기에 권위와 권력 모두 최저가 되었지만, 15세기 이후 천황 권위가 회복되는 과정을 거쳐 센고쿠시대가 종식될 무렵에는 천황의 권위는 확고해졌다.

선교사들의 기록에 따르면 양위 강요에 실패한 직후인 1581년 4월경 노부나가는 아즈치성安土城 내에 총견사摠見寺를 설치하고 자신의 신격화를 도모하였다. 이것은 나로서는 천황에게 패배하고 굴욕감을 이기지 못하고 정신에 이상을 일으켜 범한 덧없는 행동으로밖에 생각되지 않는다.

이후의 경위는 거의 오기마치 천황이 의도하는 대로 전개된다. 1582년 3월에 다케다 가쓰요리武田勝賴를 공격해 멸망시키고 개선한 노부나가는 4월 25일 칙사에게 스스로를 장군, 관백, 태정대신 중 한 관직에 임명해줄 것을 요청했다(노부나가의 의중은 장군이었다). 오기마치 천황이 양위를 거부하면서 두려워하고 있던 것은 단 하나, 요시미쓰가 범한 것과 같은 엄청난 '불령' 행위를 노부나가가 시도하지 않을까 하는 것이었으므로, 노부나가의 장군 임관에 문제는 없었다. 천황은 즉시 내락하는 문서를 발급하였고, 오다 막부 성립을 위한 본격적인 궤도에 올랐다(노부나가가 장군이 되려 했던 사실은 최근 밝혀지고 있다. 이 책 96~97쪽 참조). 하지만 바로 그 순간 노부나가는 방심하여 자신의 중신 아케치 미쓰히데明智光秀에게 암살을 당한 것이다.

고마키·나가쿠테 전투도 병풍
(부분, 도쿠가와 미술관 소장)

II 장.
히데요시는 왜 관백이 되었는가
- 통일전쟁과 천황

1. 히데요시, 두각을 나타내다

히데요시 대두의 궤적

히데요시는 왜 정이대장군이 되어 막부를 열지 않고 관백에 취임하는 길을 택했을까. 여기에 답하기 전에 히데요시가 수행한 통일전쟁의 궤적을 되짚어보고자 한다.

1582년 6월, 혼노지本能寺의 변이 일어났을 때 히데요시는 모리 데루모토毛利輝元 휘하의 시미즈 무네하루清水宗治를 비주備中 다카마쓰성(高松城, 현 오카야마시 다카마쓰)에서 에워싸고 있었다. "노부나가가 죽었다"라는 소식을 들은 히데요시는 그 사실을 감춘 채 무네하루의 자살만을 조건으로 즉시 모리군과 강화하고 군사를 되돌렸다(이른바 중국대반中國大返[1]). 그리고 아케치 미쓰히데를 무찔렀다. 히데요시는 기민한 행동으로 노부나가의 유신들 사이에서 벌어진 쟁패전의 주도권을 잡았던 것이다.

오다 가문의 가독家督과 노부나가의 영지에 대한 처분을 결정하는 기요스淸洲 회의에서는 노부나가의 적손 히

---

1) 1582년 히데요시가 중국中國 즉 현재의 오카야마현 일대를 공략하기 위하여 통솔하고 있던 3만여의 병력을 교토 쪽으로 이동시킨 군사행동을 말한다. 6월 4일부터 13일까지 불과 열흘 동안 230킬로미터를 이동하여 교토의 서쪽에 있는 야마자키山崎에서 아케치 미쓰히데의 병력과 대적하였다. -역주

데노부(秀信, 산보시마루三法師丸)를 오다의 가독으로 정했다. 이에 불만을 품은 노부나가의 3남 노부타카信孝는 시바타 가쓰이에柴田勝家, 다키가와 가즈마스滝川一益와 반 히데요시동맹을 맺고 히데요시에 대해 반기를 든다. 하지만 1583년 4월, 히데요시군의 공격 앞에 시바타는 멸망하고, 거성居城인 기후성岐阜城을 포위당한 노부타카도 5월, 자살을 피할 수 없게 된다. 노부나가의 원수를 갚기 위하여 군사를 되돌렸던 히데요시는 1년도 안 되는 사이에 자기 주군의 3남을 죽이게 된 것이다. 오다 가 숙로宿老[2]의 한 사람이었던 니와 나가히데丹羽長秀는 어느 틈엔가 히데요시의 속료라는 지위에 만족하고 있었고, 북이세 지역을 근거지로 히데요시에게 저항하던 다키가와 가즈마스도 시바타 멸망 후 얼마 지나지 않아서 항복함으로써, 히데요시의 기나이畿內 주변 지역의 제압은 일단 완료되었다. 이리하여, 기요스 회의로부터 불과 1년도 되지 않아, 회의 참가자로서 사실상 살아남은 것은 히데요시 단 한 명뿐이었다.

그 사이에 도쿠가와 이에야스는 호조 씨北條氏와 전투

---

2) 숙덕로성宿德老成한 사람을 뜻하는 말로, 센고쿠시대 다이묘 가문 내에서 중신重臣을 가리키는 일상적인 용어로 사용되었다. -역주

를 개시하였다가 강화하여 가이甲斐·시나노信濃 두 지역을 손에 넣는 데 거의 성공하였다. 기요스 회의에 불참한 이에야스가 호조 우지마사北條氏政와 동국을 분할한 사실은 중요하다. 미카와三河·도토미遠江·스루가駿河·가이·시나노·고즈케 6개국은 혼노지의 변까지는 오다의 영국이자 노부나가가 고후甲府까지 직접 정벌하여 획득한 지역들이었지만, 기요스 회의에서는 오다 가문의 영지 처분에서는 제외되었다. 그 처리를 도쿠가와, 호조 두 사람에게 맡긴 것은 히데요시 입장에서 본다면 미카와 동쪽의 여러 지역에 대한 발언권을 상실했음을 의미한다.

기나이 주변 지역을 제압한 히데요시의 눈은 동국으로 향했다. 충돌이 곧 벌어질 것이 분명했는데, 이때 그 발화점이 된 것이 노부나가의 차남 노부카쓰信雄였다.

불안에 떠는 오다 노부카쓰

오다 가문의 가독 계승자인 산보시마루三法師丸의 후견역을 자처하던 노부카쓰는 패자의 지위를 노리는 히데요시와는 서로 용납할 수 없는 입장에 있었다. 사이가 좋지 않았던 노부타카를 제거하기 위하여 히데요시와 공모하기는 했지만, 오사카성 축성에 착수하였고, 니와 나가히데와 같은 과거의 숙로마저도 턱 끝으로 부릴 수 있게 된 히데요시의 모습을 보고는, 자신 또한 노부타카와 같은 운명의 길을 걸어야 할지 모른다는 불안을 느끼지 않을 수 없었을 것이다.

노부타카가 자살을 강요당했던 1583년(덴쇼 11) 5월 마에다 겐이前田玄以가 소사대(所司代, 교토봉행직[3])에 취임했을 때 노부카쓰가 보임장(임명서)을 내리기는 하였으나, 히데요시의 압력이 있었을 것이다. 이 글의 한 곳에 '큰일에 대해서는 히데요시의 지시를 받으라'라고 되어있다. 조정 또한 노부카쓰를 이세伊勢·오와리尾張 두 지역의 다이묘라고 여기기는 했지만 천하인天下人으로 보지는 않았다. 시바타 가쓰이에를 멸망시킨 북국 정벌 직후부터 전공을 기리는 칙사를 히데요시에게 파견하고 있었고, 같은 해 7월 오미近江 이시야마데라石山寺의 사령 안도를 명한 윤지 또한 노부카쓰가 아닌 히데요시에게 내려졌다.

---

3) 무로마치막부의 직명으로 시소侍所를 통솔하는 소사(所司, 頭人)의 대관代官이었으나, 후에 교토의 치안을 담당하는 지위가 되었다. 오닌應仁의 난 이후 두인頭人을 임명하지 않고 시소의 기능이 정지된 뒤에도 소사대所司代는 시소와 무관하게 경도의 치안을 담당하는 지위로 존속하였다. 오다 노부나가 정권 때 무라이 사다카쓰村井貞勝, 도요토미 히데요시 정권 때 아사노 나가마사淺野長政·마에나 센이, 도쿠가와 정권 때 이타쿠라 가쓰시게板倉勝重가 소사대가 되었다. -역주

1584년에 들어서자 새해 인사를 하러 문적門跡과 공가들이 교토의 히데요시 저택(묘켄지)을 찾는 형국이 되었다.

전운이 감돌다

마침내 1584년 3월, 노부카쓰는 히데요시에 대하여 유화적이었던 노신 세 명을 직접 처단하고, 이에야스와 손을 잡으면서 히데요시와 절교한다. 또한 시코쿠四國의 조소카베 모토치카長宗我部元親에게 격문을 보내, "그래서 하시바羽柴는 천하의 일을 자기 뜻대로 처리하여, 어찌할 수가 없습니다"라고 히데요시의 전횡을 토로하고 있다. 후에 주전장의 지명을 따서 '고마키小牧·나가쿠테長久手 전투'라고 불리는 히데요시 대 이에야스·노부카쓰 연합군의 전쟁이 이로써 막을 올렸다.

나이 많은 신하 세 명을 참살했다는 소식에 접한 히데요시는, 즉시 여러 부대에 북이세로 출동할 것을 명령하는 동시에, 북쪽 지방과 동해를 연결하는 요충지 미노美濃의 여러 다이묘에 대하여 공작을 펼치기 시작하였다. 전략상 중요한 위치에 있는 만큼, 기후岐阜 오가키大垣의 성주인 이케다 쓰네오키池田恒興·모토스케元助 부자, 가

네야마성兼山城 성주인 모리 나가요시(森長可, 모리 란마루森
蘭丸의 형)의 동향은 큰 의미를 지녔기 때문이다. 노부카
쓰 역시 자기 진영에 속하도록 권유를 하였으나, 이케다
쓰네오키 부자는 히데요시를 따르겠다고 서약했고 이어
서 모리 나가요시 역시 히데요시 요청에 따랐다. 이리하
여 초반 우위는 히데요시가 갖게 되었다.

3월 중순, 전황은 갑작스럽게 유동적으로 변했다. 노
부카쓰는 이세의 가메야마성龜山城을 공격하고 이에야스
는 대군을 이끌고 오와리尾張로 들어가 기요스에서 합류
한다(13일). 하지만 같은 날 이케다-모리 연합군은 히데
요시의 도착을 기다리지 않고, 오와리 이누야마성犬山城
을 공격하여 이를 함락시켰다(덧붙이자면, 이누야마성은 16세
기 중반에 착공되었다고 전해지며, 현존하는 성곽 중에서 가장 오래
된 천수각이 남아있어 국보로 지정되었다). 이누야마성의 함락
은 히데요시 세력이 기소가와木曾川강 남부에 이르렀음
을 의미하며, 노부카쓰의 오와리 전역이 위기에 직면한
셈이었다. 쉽지 않은 사태라고 판단한 이에야스와 노부
카쓰는 이누야마 서남쪽 100킬로미터 지점에 있는 노비
평야濃尾平野에 있는 천혜의 천연 요충지인 고마키산小牧
山으로 부대를 급히 이동시켰다. 이어서 이에야스·노부

카쓰의 본영도 고마키로 옮겼다.

양군의 병력과 외교술

히데요시는 히젠備前 이동에 있는 14개국 영국領國을 배경으로 하였으며, 이에야스의 세력권은 미카와, 도토미, 스루가, 가이, 시나노의 5개국, 노부가쓰의 이세·오와리를 합쳐도 7개국에 불과했다. 또 산지에 위치한 지역인 가이, 시나노 양국으로부터의 군병 조달은 어려웠기에 이에야스와 노부가쓰 연합군의 병력은 최대 3만을 넘지 않았고, 반면 히데요시는 10만의 병력이었다고 한다.

이에야스는 우선 병력의 열세를 원교근공의 병법으로 보완하고자 하였다. 멀리 시코쿠의 조소카베 모토치카, 엣추의 삿사 나리마사佐佐成政, 기이의 사이카雜賀·네고로根來의 잇키一揆, 승병 세력 등에 격문을 띄워, 히데요시군의 배후를 공격하도록 요청하였다. 그 효과는 이미 3월 중순부터 나타나고 있었다. 사이카와 네고로의 잇키군이 와이즈미和泉의 기시와다岸和田·오쓰大津를 습격했고, 그로 인하여 히데요시는 오사카의 기즈우라木津浦에 병선을 집결시켜 방비를 하지 않을 수 없었다.

미카와 침입을 꾀하다

　그런데, 이누야마성 탈취의 수훈자였던 모리 나가요시로서는 고마키의 전선에서 당한 패배는 굴욕적이었다. 공적을 세우고 싶었던 그는 히데요시에게 미카와를 침입할 작전을 제시했다. 이에야스가 병력 대부분을 고마키에 모으고 있는 이상 오카자키성은 텅 비었을 것이 틀림없다고 보고, 산속으로 난 길을 우회하여 오카자키를 기습하려는 작전이었다(후에 '미카와 나카이리三河中入'라고 불리게 된다). 하지만 구릉지와 골짜기를 지나야 했으므로 골짜기 입구를 막으면 독 안에 든 쥐가 될 위험성이 있었다. 히데요시는 당초 이 계책을 허락하지 않았으나 나가요시와 이케다 쓰네오키가 간청하자 마침내 허락한다. 이러한 결정을 내린 것이, 히데요시에게 있어서 뼈아픈 실수가 되지만, 다음 절에서, 나가쿠테의 싸움과 그 의의에 관해 기술하겠다.

2. 나가쿠테의 패전-무력 재통일 전선의 파탄

히데쓰구 부대 괴멸하다

　미카와 침입 작전을 맡은 오카자키 기습부대는 미요시 히데쓰구(훗날 히데요시의 양자로 관백이 됨)를 대장大將으로, 이케다 부자·모리 나가요시, 호리 히데마사의 각 장수를 대장隊長으로 편성되었다. 1584년 4월 7일에 기습부대가 움직였다. 고마키 산상에 진을 치고 있던 이에야스 노부카쓰에게 그 소식이 전해진 것은 다음날인 8일이었다. 히데요시도 기습부대 엄호를 위해 본진을 옮겼으므로, 그 의도는 누가 봐도 분명해졌다. 경악한 이에야스는 그날 밤 이시카와 가즈마사 등 소수 심복들로 하여금 자리를 지키게 하고 스스로 군사 1만 수천을 이끌고 은밀히 고마키에서 오바타성小幡城으로 옮겼다. 이동이 얼마나 교묘하게 진행되었던지, 히데요시도 그 움직임을 전혀 전혀 간파하지 못한 것 같다. 이에야스의 전술은 3만여 기습부대의 가장 후방에 위치할 것으로 생각되는 대장 미요시 히데쓰구 부대를 습격하는 것이었다.

　9일 이른 새벽, 이케다 쓰네오키가 니와 우지시게가 지키는 이와사키성(岩崎城, 현 아이치현 닛신마치)을 공격하고 있을 때, 가장 후방에 있던 미요시 히데쓰구는 이와사키보다 6킬로미터나 북쪽에 위치한 곳에서 아침 식사로 군량을 먹고 있던 중이었다. 이미 이날 새벽, 이에야스군은 우회하여 히데쓰구 부대에 근접해있었다. 휴식 중인 히데쓰구 부대에 덤빈 것은 별동대인 미즈노 다다시게水野忠重와 사카키바라 야스마사榊原康政의 병력이었다. 전투는 총포로 서로를 사격하는 것으로 시작되었으며, 맞붙어 장창에 의한 백병전을 벌였으나, 불의의 공격을 받은 히데쓰구의 병력은 시간이 흐를수록 피해가 커져 북쪽으로 패주하였다. 그런데 미즈노와 사카키바라군은 패주하는 히데쓰구 부대를 내버려둔 채, 이번에는 주력 부대인 호리, 모리, 이케다 부대를 향하여 남하하였다.

히데쓰구 부대 괴멸 소식은 즉각 전해졌고 남하하던 히데요시 측의 각 부대는 방향을 바꾸어 북상하여, 미즈노와 사카키바라군을 맞받아쳤다. 이케다, 모리, 호리의 순서로 나아가고 있었기 때문에, 우선 호리의 부대가 전면에 서서 격돌하였다.

나가쿠테 전투에 대해서는 전투에 참여한 오쿠보 히코자에몬 다다타카大久保彦左衛門忠教와 안도 나오쓰구安藤直次의 회상기가 남아있다(『미카와 이야기三河物語』, 『안도 나

오쓰구의 각서安藤直次覚書』). 군기류軍記類 중 비교적 신뢰할
만한 이들 사료에 따르면, 전투의 두 번째 단계에 해당하
는 호리 부대와 미즈노·사카키바라 부대의 전투에서는,
만반의 준비를 하고 기다리던 호리 부대의 공격을 받고
미즈노와 사카키바라 부대는 뿔뿔이 흩어지게 되었다.

　적은 새로운 병력을 계속 보충하면서 매복한 상태로
싸웠기 때문에 아군의 대열은 무너져 사방에서 패배하
였다. 적은 승세를 타고, 나가쿠테를 향하여 추격해왔
다. -『안도 나오쓰구의 각서』

　이 위기를 구한 것은 대기하고 있던 이에야스 본군과
이이 나오마사 부대로, 북상하는 호리 부대의 배후로 돌
아가 공격했기 때문에 호리 부대는 무너졌고, 호리 히데
마사는 이누야마 방면으로 탈출하였다.
　이와사키성을 함락시켜 개가를 올리던 이케다 부대와
나가쿠테-이와사키의 중간에 있던 모리 부대도 급작스
럽게 북상했지만, 이미 선전한 호리 부대를 물리치고 태
세를 재정비하고 있었던 이에야스군의 적은 아니었다.
나가쿠테 일대는 복잡한 작은 구릉들이 펼쳐져 있어 시

야가 나쁘고 또한 행군하기도 쉽지 않아, 기다리는 쪽이 압도적으로 유리한 곳이었다. 히데요시 측 각 부대는 잇달아 이에야스군의 일제사격에 노출되었고, 모리 나가요시는 이미 총상을 입은 상태에서 창에 찔려 죽었다. 이케다 쓰네오키는 의자에 걸터앉아 전투 지휘를 위해 깃발을 흔들다가 창에 찔려 전사하고, 모토스케 역시 창에 찔려 쓰러졌다.

이에야스의 대승리

이렇게 해서 나가쿠테의 싸움은, 9일 오전 중에 결말이 났다. 이에야스의 대승리였다. 그리고 신속하게 병력을 되돌려 재빨리 오바타성으로 들어가게 하였다(『미카와 이야기』)라고 기록되어있는 것처럼, 이에야스는 승리의 함성을 지를 틈도 주지 않고, 전군을 기민하게 전투 장소에서 철수시켜 오바타성에 집결시켰다. 승리에 취해 나가쿠테에서 우물쭈물하고 있었다면 귀중한 대승리가 참담한 패배로 끝날 수 있었기 때문이다. 이러한 점이 이에야스가 군략가로서 비범한 점이라고 할 수 있다. 그렇다고 해도, 3월 말에 막 완성한 오바타성이 이 정도로 큰 도움이 될 줄은, 이에야스도 예상하지 못하였을 것이다.

그렇다면 히데요시는 어떻게 하고 있었을까? 히데쓰구 부대가 괴멸하였다는 소식은, 정오 전에 이미 본진에 도달하였다. 히데요시는 뒤늦은 후회를 하면서 곧 휘하를 이끌고 출발했다. 하지만 나가쿠테 전장까지는 직선거리로 20여 킬로미터나 되었다. 말을 재촉하여, 겨우 오바타성 근처 류센지竜泉寺까지 왔을 때는 날은 이미 기울었고, 정찰병의 보고로 이에야스의 전군이 이미 오바타성에서 다시 농성하고 있다는 사실을 알게 되었기 때문에, 히데요시는 승패가 결정되었음을 깨달을 수밖에 없었다. 게다가 이에야스는 물샐틈없는 신중함으로 이날 한밤중에 군사 대부분을 고마키의 본영으로 옮겼다. 히데요시는 어쩔 수 없이 그냥 이누야마로 되돌아갈 수밖에 없었다.

교토에 패전 소식이 전해지다

1584년 4월 9일, 이날 일어난 불과 반나절 동안의 전투는 이에야스가 좀처럼 잡기 어려운 기회를 십이분 활용하여 완벽에 가까운 승리를 거둔 싸움이었다.

히데요시 자신이 "한 차례 싸움에 이르러, 승리를 잃었다" "승리를 잃었다"(11일자 기소 요시마사木曾義昌 앞으로 보낸 서신 등)라고 패배를 인정하지 않을 수 없었다. 한편, 이에야스는 이미 9일 저녁, 가신 히라이와平岩와 도리이鳥居 등에게, "이시자키石崎의 어귀에서 전투를 벌였는데 (중략) 대장(이에야스)이 치른 전투에서는 병사 수 1만 여를 남김없이 토벌하였다. 곧 상경을 달성할 것이므로, 본래 바라던 바를 살펴야 할 것이다"라는 등의 의기양양한 내용을 써 보내기도 하였다.

중요한 것은 교토로 전해진 정보였다. 13일에는 나가쿠테 전투 패전 소식이 전해졌는데, "지쿠슈(筑州, 히데요시) 측이 패전하여, 이케다 부자와 모리 가쓰미가 전사하였다고 한다. (중략) 교토, 예상치도 못한 일이 일어나서 동요가 끊이지 않았다"(『겸견경기兼見卿記』), "이번 전투는 이에야스家康가 이겼다"(『다몬인 일기多聞院日記』), "지난 9일, 오슈(尾州, 오와리)에서 있었던 전투에서는, (중략) 군병 1만여 명이 전사하여, 곧 패전하였다"(『현여상인패총어좌소일기顕如上人貝塚御座所日記』) 등과 같이, 히데요시가 패전하였다는 소식이 공가와 사사 사이에 두루 알려지게 되었다. 보름 무렵에는 당장이라도 이에야스군이 교토에

난입한다고 하여 가재도구를 실어 나르는 사람들로 교토
안이 큰 혼란에 빠졌다고 한다(『겸견경기』).

히데요시와 노부카쓰의 강화

그 후에도 고마키에서의 대치가 계속되는 한편 히데요
시는 노부카쓰의 영국인 이세伊勢 공략에 전념하였고, 이
에야스와 노부카쓰는 이세를 포기하고 오와리를 고수하
는 방침으로 돌아섰다. 전선이 교착상태에 이른 가운데
강화의 기미가 짙어졌으며, 9월에 강화 교섭이 시작되었
다. 히데요시와 노부카쓰가 회견을 하여 정식으로 강화
가 성립된 것은 11월 중순이었다. 강화 조건은 노부카쓰
의 분국 중 이가伊賀 및 이세 남쪽 지역을 히데요시에게
할양하고, 오와리는 이누야마성과 고다성甲田城을 제외
하고 노부카쓰 측이 확보하는 것이었다. 강화 조건만 보
면 나가쿠테의 패전에도 불구하고 히데요시가 얻은 것
은 적지 않았다고 할 수 있다. 하지만 이에야스가 미카와
동쪽으로 히데요시의 침입을 허락하지 않은 사실은 헤아
리기 어려운 중요한 의의를 가지고 있었다. 이에야스는
1582년 10월 호조·도쿠가와 동맹에 의한 동국東國의 질

서 유지 체제를 확보하여 히데요시에게 동국에 대한 간섭의 여지를 주지 않았다.

히데요시의 분노는 이만저만이 아니었다. 노부카쓰와 강화한 사실을 알리는 주인장朱印狀에 "히데요시, 이에야스에 대하여 감정이 많았으므로, 생각이 아직 안정되지 않는다. 용서한 채로 내버려 둘 수 없으므로, 평소의 분노를 풀고자 하는 마음이 비록 있지만" "연내에라도 이에야스의 영지에 난입하여 군데군데 불을 놓아 평소의 억울한 마음을 풀고 싶은 마음이지만" "이에야스의 일, 히데요시가 분노가 남는 것에 대하여 혼신의 힘을 다해서, 동조자가 없다고 하더라도" 등등, 미련이 가득하게 술회하고 있는 것으로 보아도, 그 일단을 짐작할 수 있다. 어쨌든 나가쿠테의 패전은 히데요시로 하여금 동국 지역을 정복하려는 꿈을 단념시킨 것이며, 동시에 정이대장군(장군) 임명의 희망도 꺾인 것이다.

무력에 의한 재통일이 좌절되다

혼노지의 변으로 인한 노부나가의 죽음은 다케다武田 씨에 대한 정복으로 일단 유지되고 있던 동서 일본 통합이 다시 무산되어버렸다. 고마키·나가쿠테 전투는 동서 두 세계의 필연적인 충돌이었다. 동쪽, 즉 미카와 동쪽, 도네가와利根川강에 이르는 지역은 도쿠가와, 호조 두 가문이 질서 유지를 담당하는 세계, 서쪽은 기요스 회의[4]에서 배분된 기나이 주변 지역을 히데요시가 무력으로 통일한 세계였다. 이 둘을 또다시 무력으로 재통일하려는 히데요시의 시도는 좌절되었다. 무력 일변도에만 의존하지 않는 새로운 통합 방안을 모색해야 하는 과제가 히데요시에게 부과된 것이다.

3. 율령 관위를 높여가다

고마키에서 대적하고 있는 사이에 교토에서는 한 사건이 일어났다. 5월, 교토 이치조一條町에 거주하는 사쿠마

---

4) 1582년 6월 27일(양력 7월 16일)에 오다 가문의 계승자 및 영지 분배 문제를 논의하기 위하여 열린 회의이며 기요스회의淸須會議라고도 한다. 시바타 가쓰이에柴田勝家, 단바 나가히데丹羽長秀, 하시바 히데요시羽柴秀吉, 이케다 쓰네오키池田恒興가 참여하여, 오다 노부나가의 손자인 산보시三法師를 후계자로 삼고, 노부나가의 차남인 오다 노부카쓰와 삼남인 오다 노부타카織田信孝를 후견인으로 결정하였다. 영지 분배에서는 노부카쓰信雄가 오와리尾張, 노부타카가 미노美濃, 사남이자 히데요시의 양자인 하시바 히데카쓰가 아케치 미쓰히데明智光秀의 영지였던 단바丹波를 상속하게 되었다. -역주

도토쿠(佐久間道徳, 시바타 가쓰이에柴田勝家 편에 서서 전사한 사쿠마 모리마사佐久間盛政의 동생)이라는 자가 히데요시에 대한 모반을 꾀하다가 발각되었는데, 이 사건과 관련하여 체포된 사람들 가운데는 가주지勸修寺 이하 여러 공가의 속관被官에 해당하는 주민 열한 명이 포함되어있었다. 이는 공가와 무가 관계에 파문을 일으킬 수 있는 사태였으며, 조정을 뒤흔들었다.

즉시 칙사 몇 명이 체포에 나섰던 요도성淀城 성주 오노키 히데쓰구小野木秀次에게 주민들의 석방 교섭을 시도하였으나 결말이 나지 않았고, 소사대 마에다 겐이의 권유로 이누야마성에 머무르던 히데요시에게 칙사가 찾아갔다. 하지만 모반을 심각한 사건으로 판단한 히데요시는 칙사와 대면하지 않았고, 칙사는 아무런 소득 없이 귀경하였다. 이렇게 이 사건은 점차 공가와 무가 간의 심각한 문제가 되었다. 마침내 7월, 황족인 쇼고인聖護院 도초道澄가 조정자가 되어 히데요시와 천황의 사이에서 주선함으로써, 문제가 해결되었다. 오미近江 사카모토성坂本城에 머물던 히데요시와 도초와 히노日野 이하 칙사 다섯명이 대면하였고, 히데요시는 천황이 '분부하신 뜻'을 받들어, 연좌되어있던 주민들을 모두 사면하게 되었다.

관위 승진에 집착하다

자기에게 대항하는 사람을 용서하지 않는 성격의 히데요시에게 있어서 이 타협은 예외적인 사건이었다. 게다가 그때까지 히데요시는 이에야스나 노부나가와 달리 천황과의 관계에 대하여 극히 냉담하였다. 예를 들면, 관위에 대해서는 노부나가의 의견을 그대로 따랐으며(축전수筑前守라는 관직을 아무런 생각 없이 계속 유지하고 있었다), 앞서 기술한 것처럼 시바타 가쓰이에를 멸망시킨 직후에 천황이 보낸 칙사가 찾아와서 전공을 치하하기까지 했는데도, 히데요시가 그러한 오기마치 천황의 시그널에 적극적으로 대응하려고 한 흔적은 전혀 보이지 않는다.

그런데 고마키 대진 말기 무렵부터 천황을 대하는 히데요시의 자세에 미묘한 변화가 나타나기 시작한다. 우선 관위의 승진에 집착하기 시작하였다. 1584년 10월에 종5위하 좌소장左少將이 되었고, 노부카쓰와 강화하게 되어 교토로 개선한 11월에는 종4위하 참의, 같은 달 하순에는 일거에 종3위 대납언으로 월계(越上, 율령 관위의 단계를 뛰어넘는 것)하는 등 말 그대로 율령제 관위를 급격히 높여갔다. 참으로 서두른 서임이라고 하지 않을 수 없으며, 그 승진해가는 모습은 요리토모賴朝와 다카우지尊氏 이래 무가 임관 사례로도 너무나 이상하고 부자연스럽기 짝이 없었다. 아사오 나오히로朝尾直弘가 이미 지적한 것처럼, 1584년 7월의 종5위하 좌소장 서임을 2년이나 거슬러 올라가 1582년 10월에 있었던 일인 것처럼 꾸민 작위(『공경보임公卿補任』·『죽내문평씨소장문서竹內文平氏所藏文書』)도 이러한 부자연스러움을 감추기 위한 목적일 것이다. 덧붙여, 상경한 히데요시에게 기쿠테이 하루키菊亭春期 이하 칙사로부터 종3위 대납언에 임명한다는 천황의 명령이 전달된 것은 11월 22일이었는데, 그 의례는 "당일의 의례가 섭가攝家가 행하는 의례와 같다"라고 일컬어졌다. 섭가, 즉 최상급의 공가와 동등한 의식이었다.

천황이 퇴위를 승낙하다

고마키 대진 중에는, 관직 임명과는 무관하지만, 천황과 히데요시의 관계에서 간과할 수 없는 사건이 일어났다. 오기마치 천황의 양위 문제였다. 앞서 설명한 바와 같이 노부나가와 대립한 이래 천황은 완강히 양위를 거부했지만 1584년 10월 초, 천황은 적남 사네히토에게 천황의 자리를 양보하겠다고 하고 곧바로 선동어소(仙洞御

所, 상황이 머무는 궁궐) 조영을 위한 작업에 착수하였다.

노부나가의 노골적인 양위 요청에 계속 높은 산처럼 버티고 있었던 오기마치 천황이 고마키 전투가 한창인 때 갑작스럽게 퇴위를 승낙한 이유는 무엇일까. 천황의 진의를 명확히 전해주는 사료는 현존하지 않지만, 양위 방침이 결정되자 히데요시는 선동어소의 조영과 즉위 의례에 필요한 비용을 위하여 1만 관을 갹출하기로 결정하였고, 나아가 야마시나山科[5] 7향을 금리료소禁裏料所[6]로 헌상한 것으로 알려졌다. 이로 미루어볼 때 이 양위는 히데요시의 강요에 의한 것이 아니라 천황과의 합의하에 진행된 것으로 추측된다(실제로는 이때 양위는 실현되지 않았다, 127쪽 참조).

오기마치 천황은 노부나가에 대해 갖고 있던 감정과는 전혀 다른 느낌을 히데요시에게 받았던 것 같다. 그러한 일면은 조정의 주도로 진행되고 있던 산문山門 재흥사업에 대해(엔랴쿠지延曆寺를 불태운 것은 노부나가이다) 히데요시가 적극적인 대응을 보인 사실에서 충분히 짐작할 수 있

5) 교토 분지 동쪽에 위치한 야마시나山科 분지 일대를 말한다. 현재도 교토시를 구성하는 열한 개 행정구역 중 하나. 히가시야마東山에 의하여 교토 분지와 구분되고 오토와야마音羽山와 다이고잔醍醐山으로 오미近江 분지와 구별된다. 에도시대에는 천황가의 금리어료지禁裏料地로서 궁중에 바칠 각종 작물을 재배하는 곳이었다. -역주
6) 금리는 궁중을 뜻하고 요소는 필요한 경비를 제공하는 곳이라는 뜻이다. -역주

다. 그 경위를 기록한 『천정본산재흥지기天正本山再興之記』를 보면, 히데요시는 조정의 방침에 전면적인 찬의를 표하는 한편 재정적으로도 원조하려는 자세를 취하면서 다음과 같이 말하였다.

주군(노부나가)의 뜻을 잇는 것은 한 가문의 사사로운 일이다. 간악(艮岳, 산문)이 행하는 진호鎭護 역할은 곧 국가의 공무이다. 사사로운 일로써 조정이 행하는 공무를 막을 수는 없다. 산문이 요청하는 바를 허락하고자 한다.

이런 히데요시의 자세가 천황에게 모종의 안도감을 준 것은 상상하기 어렵지 않다. 또한 앞서 서술한 것처럼, 모반에 연좌된 이치조 마을의 주민들을 모두 석방한 사실도 천황의 마음을 편하게 만들었을 것이다.

공가와 무가의 융화가 진전되다

노부나가 말년과는 완전히 달라졌다. 공가와 무가의 융화 분위기 속에서 노부카쓰 - 히데요시의 강화가 이루어졌고, 히데요시의 관위 승진도 이루어진 것이었다.

1585년(덴쇼 13)에 들어서면 히데요시의 의도는 한층 뚜렷해진다. 2월 노부카쓰를 오사카성에 머물게 하는 동시에 조정에 주청하여 정3위 대납언에 천거하였던 것이다. '천하인天下人'[7] 이외에 대납언이라는 고관에 임명된 것은 유례가 없었고, 관위에 있어서도 히데요시(종3위)보다 윗자리에 오른 노부카쓰는 대단히 기분이 좋았을 것이다. 이는 고마키 전투의 강화 결과를 조금이라도 확실히 하려는 것이었다. 율령제적 관위 체계 속에 노부카쓰를 옭아맨 셈이다. 히데요시 자신은 3월, 정2위 내대신內大臣이 되어, 한층 더 높은 관위와 관직에 위치하게 된다.

이에야스와 화의 성립

히데요시와 노부카쓰의 강화가 맺어짐으로써(1584년 11월), 이에야스 혼자 히데요시에 대항할 명분은 없어졌다. 이에야스와의 화의는 12월 중순, 이에야스가 차남 기

---

7) 천하인은 일본 중세 이래 무력을 배경으로 무가정권을 일으킨 사람을 지칭한다. 미나모토노 요리토모源賴朝·아시카가 다카우지足利尊氏·도쿠가와 이에야스처럼 정이대장군과 같은 무관직을 갖는 경우와 오다 노부나가·도요토미 히데요시처럼 우대신右大臣·관백과 같은 직책을 맡기도 하였다. -역주

이마루(義伊丸, 후에 유키 히데야스結城秀康)를 히데요시의 유
자猶子[8]로 오사카성에 파견하는 것으로 일단 마무리된
다. 유자라고는 하지만 이름만 그럴듯한 인질이다. 하지
만 이에야스는 히데요시의 지배하에 반드시 들어갔다고
인식하지 않았고, 이후로도 쉽게 상경하려 하지 않아 히
데요시는 크게 애를 먹게 되었다. 히데요시는 노부카쓰
와 마찬가지로 이에야스도 율령제적 관위 체계의 기반
속으로 끌어들이려고 획책하게 되는데, 이에 대해서는
다음 장에서 다루고자 한다.

---

8) 실제 부모 자식 사이가 아닌 사람이 부모 자식을 관계를 맺은 경우, 그 자식을 일컫
는 말이다. 중국에서는 형제의 자식을 말하였다. 신분이나 가격이 높은 사람의 자식
이 됨으로써 사회적인 지위를 높이거나, 일족·동족 혹은 다른 씨족 간의 결속 강화를
위해서 유자제가 이용되었다. 양자는 재산이나 가문의 우두머리家督의 상속·계승 등
을 목적으로 하는 것이지만, 유자는 성을 바꾸지 않으며 형식적인 부모가 일종의 후견
인 역할을 하는 등, 양자보다는 단순하고 느슨한 의제적 부모 자식 관계이다. -역주

4. 무가 관백의 등장

관백직을 둘러싼 분쟁

히데요시가 내대신에 오른 지 두 달 후인 1585년 5월, 관백직을 둘러싼 분쟁이 일어났다. 고노에 사키히사의 적자 노부타다가 관백의 지위를 바랐고, 천황에게 칙허를 구하는 글을 올렸는데도, 현직 관백인 니조 아키자네二條昭實는 사임을 수긍하려 하지 않았기 때문이다. 하지만 아키자네의 입장에서 보면 관백이 된 것이 불과 서너 달 전의 일이었으며, "도리에 전혀 맞지 않는 상황이라, 드릴 말씀이 없습니다"라고 천황에게 하소연한 것도 오히려 당연한 반응이었다. "1년 이내 이 자리(관백)를 사퇴한 예가, 우리 가문(니조 가문)에 전례가 없다"라고 하는 이유였다. 아키자네는 천황의 애첩 조로노쓰보네上﨟局가 숙모였던 관계로 친히 숙모의 처소까지 나아가서 사임하고 싶지 않다는 청을 하였고, 한편 노부타다는 가주지 하루토요·히로하시 가네카쓰廣橋兼勝 두 전주를 통해서 성화같이 재촉을 거듭하였다. 결국 천황은 5섭가(고노에·구조·니조·이치조·다카쓰카사)[9]와 협의하여 타개하고자 하였다.

히데요시, 관백에 취임하려는 의사를 표명하다

6월 초, 전주 중 한 사람인 하루토요는 고노에 가의 승소로 끝날 것으로 예상하고 있었다. 제정신이 아니었던 니조 아키자네는 스스로 오사카로 내려가 소사대所司代 마에다 겐이[10]를 직접 만나서 히데요시에게 잘 주선해줄 것을 간청했다. 하지만 마에다 겐이는 진작부터 고노에 가와 절친한 사이여서 니조 아키자네가 호소한 내용을 서신으로 노부타타에게 알려주었다. 니조 가의 오사카 공작 내용은 고노에 가로 고스란히 빠져나간 것이다.

그것이 계기가 됐는지 쟁론의 풍향이 묘한 방향으로 기울기 시작했다. 얼마 있지 않아 고노에 가에 마에다 겐이로부터 편지가 도착했는데, 고노에 노부타다의 아버지

---

9) 고노에近衛·구조九條·니조二條·이치조一條·다카쓰카사鷹司의 다섯 가문으로 섭정과 관백이 될 수 있는 가격을 갖춘 집안이다. 원래는 고대 이래로 왕비를 배출해온 후지와라藤原 씨에서 분화된 가문들이다. -역주
10) 오다 노부나가 명령으로 오다 노부타다織田信忠 가신이 되었으며, 1582년 혼노지의 변 때는 노부타다와 함께 니조성二條城에 있었으나, 노부타다의 명령으로 성을 빠져나가 노부타다의 적자 산보시三法師를 미노美濃의 기후성岐阜城에서 오와리尾張의 세이스성清洲城으로 옮겼다. 1583년에는 교토 소사대京都所司代에 임명되었고, 1584년에는 히데요시의 가신이 되어 조정과 교섭하는 역할을 맡았다. -역주

사키히사가 소지하고 있는 '미쓰타다의 칼'[11](오다 노부나가의 유품이라고 할 수 있는 것이었다)을 히데요시가 보고 싶어한다는 내용이었다. '보기'를 원한다는 것은 실제로는 가져와서 바치라는 뜻이었다. 노부나가의 유품을 양도하는 것에 대하여 사키히사前久는 불쾌한 일이라고 미적거렸지만, 노부타다는 "히데요시의 기분을 상하게 해서는 안 된다"라고 아버지에게 넌지시 간했다. 사키히사는 혼노지의 변 이후 히데요시의 미움[12]을 사고 있었기 때문에, 칼을 바라고 있다는 사실은 오히려 히데요시의 악감정이 희석되었음을 보여주는 조짐이라고 노부타다는 설득했던 것이다.

이번에는 고노에 노부타다가 해명을 위해 오사카大坂로 내려갔고, 사키히사도 황급히 다음날 칼을 지참하고 오사카로 내려갔다. 마에다 겐이의 중개로 하여튼 미쓰타다의 칼은 히데요시에게 진상되었다.

칼을 헌상하던 날, 기분이 좋아진 히데요시는 잡담을

---

11) 가마쿠라시대 중기를 대표하는 일본도로 널리 알려진 히젠備前 나가부테 다다미쓰長船忠光가 만든 칼을 말한다. 오다 노부나가는 다다미쓰가 만든 칼을 좋아하여 스무 점 이상을 모았다고 전한다. 현재 세 점이 국보, 열다섯 점이 중요문화재로 지정되어있다. -역주

12) 혼노지의 변 당시 고노에 사키히사 집의 지붕에서 오다 쪽에 총격을 가했다는 소문이 있었고, 변 직후에 출가하여 교토를 떠난 행동도 의심을 사게 되었다. -역주

나누다가 마에다 겐이에게 "그러고 보니 고노에 가와 니조 가의 쟁론은 어떻게 되었는가?"라고 중얼거렸다. 그래서 겐이가 논란의 경과를 설명하자 히데요시는 전혀 의외의 말을 꺼냈다. "어느 쪽이 이기든 간에, 패배한 쪽은 일가가 파멸을 맞는 것과 같은 결과가 될 것이야. 그렇게 되면 어찌 조정을 위하는 일이라고 할 수 있겠는가. 차라리 내가 관백이 되는 것은 어떨까. 어쨌거나 고노에 가문의 의향을 확인해주지 않겠는가?"라고 하였다.

마에다 겐이가 히데요시 속내를 교토의 노부타다에게 전하자 노부타다는 경악했다. 그는 관백이라는 지위에 대하여, "소선공(昭宣公, 후지와라 노모토쓰네藤原基經) 이래 지금까지 5섭가 이외의 인물에게 직책을 맡으라는 분부를 받은 적은 없습니다. 아버지께 여쭤볼 필요도 없습니다"라며 부친 사키히사에게 상의하지도 않고 거절하였다.

오사카성으로 돌아온 마에다 겐이는, 히데요시와 상의한 결과, 다시 고노에 저택을 방문해 대략 다음과 같은 내용으로 열변을 토했다.

그렇다면, 내부(히데요시)께서 먼저 사키히사공의 유자가 되고, 노부타다공과 형제의 맹서를 하신 후, 관백의 지위를 물려주시는 것은 어떨까요. 관백 임관과 관련된 예우로서 내부께서는 당가(고노에 가)로 천 석, 다른 4섭가(구조, 니조, 이치조, 다카쓰카사)에 500석씩을 영원히 가문의 영지로 기진하겠다는 뜻을 밝히셨습니다. 내부께서 고노에 가문의 이름을 더럽히는 일은, 부자父子 관계에 있는 자로서 뜻하는 바가 아닐 것이며, 1년간은 관백을 다른 가문에 넘길 수 없다고 주장하는 니조 가문의 말도 쓸모없이 될 것이고, 결과적으로 고노에 가문이 다툼에서 이긴 것과 같은 결과가 될 것입니다.

히데요시를 양자로 삼으라는 것이다. 너무도 뻔뻔스러워서 노부타다도 어이가 없었겠지만 별실에서 아버지 사키히사와 상의를 하였더니, 사키히사는 히데요시의 관백 취임을 깨끗이 승락하고, 다음과 같이 말했다.

곰곰이 생각해보니, 관백이란 원래 천하의 일을 떠맡아서關 판단하여 아뢰는白 자리이다. 그런데 지금 히데요시 전하는 온 세상을 손아귀에 쥐고 계신다. 그 위세로 5섭가 가문을 남김없이 없애버리는 일이 생기더라도, 우리는 막을 수가 없는 일이다. 히데요시 전하께서는 여러 차례 인사하고 정중하게 이 집안의 양자가 되려 하시고 있다. 이런 상황이라면 옳고 그름을 따질 일이 아니다.[13] 필경 우리가 관백 지위를 니조 가와 다투면서 욕심을 낸 것이 소동의 근원이다. 적인 니조 쪽에서 1년 내에는 물려주지 않겠다고 주장하고 있지만, 히데요시 공이 관백으로 임관이 되면 쓸모없는 말이 될 것이고, 그들의 체면이 깎인 셈이니 우리 집안도 만족해야 할 것이다. 더구나 이 집안은 파격적으로 많은 지행지知行地를 얻게 되었다. 어차피 히데요시가 꾀하는 대로 그리고 다시 예려(천황의 의사)에 맡겨야 할 것이다.

노부타다는 마에다 겐이에게 이러한 뜻을 전하였고, 겐이는 오사카로 돌아와 히데요시에게 복명하였다. 다음날 노부타다는 정식으로 히데요시와 면담하였다. 히데요시는 노부타다에게 "천황의 허락이 내려오게 되는 날에는 모든 일에 있어서 고노에 가문에 소홀히 하지 않겠다"라고 약속했다. 그리하여 7월 6일경 히데요시 관백

---

13) 원문은 "こうなれば是非に及ばず"이다. 이 말은 혼노지의 변에서 오다 노부나가가 마지막으로 남긴 말이라고 한다. 주도면밀한 아케치 미쓰히데가 일으킨 일이므로 어쩔 수 없다는 체념의 말이라고도 하고, 옳고 그름을 따지지 말고 끝까지 싸우라는 뜻이라고 해석하기도 한다. -역주

취임이 내정되었고, 11일 "정사의 크고 작은 일은, 모름지기 내대신(히데요시)에 맡겨서關 아뢰도록白 해야할 것이다"라는 천황의 명령이 내려와, 정식으로 결정되었다. 이날 히데요시는 다이라平라는 성姓에서 후지와라藤原라는 성으로 개성되었고 동시에 종1위라는 관위에 오르고 후지와라 씨의 씨장자藤氏長者[14]가 되었다.

후지와라 씨 이외의 사람이 관백이라는 지위를 차지한 초유의 사태에 대하여, 섭관가의 씨사氏寺인 야마토의 고후쿠지에는 "전대미문의 일이다. 중언부언할 것도 없는 일이다"라고 울분을 토로한 문서가 남아있다. 히데요시를 섬기기도 했던 연가사 마쓰나가 사다노리松永貞德의 저서 『대은기戴恩記』에서는 "관백을 다른 집에 넘기는 일, 그런 예가 없다. 반드시 가스가묘진春日明神의 벌을 받게 되리라"는 구조 우에미치(九山公, 구산공)의 말을 전하고, 또한 후에 히데쓰구 사건에 연루돼 노부타다가 사쓰마로, 기쿠테이 하루키가 시나노로 유배된 것은 신벌 때문

---

14) 등씨장자藤氏長者는 후지와라 씨藤原氏에 분화된 5섭가五攝家 전체의 장자 즉 5섭가 중 최고 관위자로서 해당 씨족의 구심점 역할을 대표자를 말한다. 가마쿠라시대에 들어서 후지와라 씨가 분열하여 장자의 지위가 부자간에 계승되기 어려워졌다. 그래서 장자의 지위 계승에 천황의 허락이 필요하게 되었다. 후지와라 씨의 씨장자는 장원 및 동산의 관리, 씨사氏寺인 고후쿠지와 씨사氏社인 가스가신사春日社와 오하라노신사大原野社 등의 관리 등을 담당하였다. -역주

이라고 하였다. 이는 공가 세력들의 비판을 암시하는 내용일 것이다.

또한 전주인 기쿠테이 하루스에는 히데요시에게 빌붙어 관백 임명 공작을 펼친 악한 공경으로서, 『대은기』나 근세에 편찬된 역사서 『속사우초續史愚抄』에서 지탄받고 있다. 신빙성에 문제가 있는 사료이지만 『도요토미 히데요시 보』에 따르면, 하루스에가 히데요시에게 "관백은 인신으로서는 높은 지위이고, 사민의 경앙을 받는 자리이며, 장군보다 훨씬 귀한 자리입니다. 공께서 그 관백에 취임하셔야 합니다"라고 권유하였다고 한다. 아무튼 그가 노부타다와 함께 히데요시 임관 후 당일로 종1위로 승서된 사실은, 이러한 전승을 입증해주는 듯하다.

5. 히데요시 정권의 성격

관백의 지위를 선택한 이유

히데요시는 왜 노부나가가 걷고자 한 장군 임관의 길을 택하지 않고, 무가 관백이라는 새로운 선택을 했을까?

아사오 나오히로朝尾直弘 씨는 다음과 같이 지적한다. "고마키·나가쿠테 전투는 동국東國을 평정하여 정이대장군의 자리에 오르고자 한 히데요시의 권력 구상(노부나가의 계승)으로부터 전환하지 않을 수 없도록 만들었다." 또한 가사야 가즈히코笠谷和比古 씨도 말한다. "이에야스를 굴복시킬 수 없었던 히데요시는, 비로소 조정의 관위에 눈을 뜨게 되었다." 관백 정권이라는 구상은 비록 기쿠테이 하루스에의 헌책이 있었다 하더라도, 고마키·나가쿠테 전투의 필연적인 결과라는 두 사람의 주장에 나도 찬의를 표하고 싶다. '천하인' 히데요시에게 고마키·나가쿠테의 패전은 실로 중대한 의미를 지닌 것이었다.

어떤 문서를 발급하였는가

그렇다면 무가 관백 정권이란 어떤 성격의 정권이었을까? 히데요시가 관백으로서 발급한 문서부터 검토해보자. 관백이 된 히데요시가 7월 25일 시모쓰케누下野의 다카다高田 센주지專修寺에 내린 봉서(奉書, 천황의 뜻을 받들어 내는 문서)는 다음과 같다.

시모쓰케누노쿠니 다카다 센주지 주지 자리의 일 및 제국諸國 제문도諸門徒의 일, 윤지綸旨에 따라, 지나온 과거와 같아서 다르지 않아야 할 것입니다. (중략) 뜻하는 대로 자유롭게 지배해야 할 것이다. 그러므로 문서의 내용과 같이 실행하도록 하라.

덴쇼天正 13년 7월 25일 화압(花押, 히데요시)

다카다 센주지 주지 스님

우선 이 문서의 수신처가 히데요시의 지배권 바깥인 시모쓰케누 지역의 사원이라는 점에 주목할 필요가 있다. 나가쿠테 패전으로 극복하지 못한 서국과 동국이라는 장벽을 천황의 뜻 즉 '윤지綸旨'의 집행이라는 방식으로 돌파한 것이다. 봉서奉書라는 문서 형식을 취한 점에서 판단하면, 히데요시가 천황의 봉행奉行[15] 또는 비서관의 지위에 있음을 천하에 명시하고 있는 것이었다. 히데

---

15) 원래 상사·상관의 명령을 받들어奉 집행한다行는 뜻을 가진 말이었으나, 특정한 직무를 수행하는 직명을 지칭하는 말로 사용되기에 이르렀다. 특히 무가 사회에서 규슈 지역의 통제를 위해 파견된 진서봉행鎭西奉行, 도요토미 정권하의 5봉행, 에도시대의 사사봉행寺社奉行 등과 같이 빈번하게 사용되었다. 히데요시 휘하에 사법·공가 및 종교·행정·토목·재정을 담당하는 5봉행이 있었는데, 히데요시가 발행한 문서의 형식으로 보면, 자신이 천황의 봉행과 같은 역할을 한 셈이다. -역주

요시가 관백 정권이라고 하는 정치체제를 구상한 의도가 어디에 있는지를 명백히 드러내 보이고 있는 것이다.

하지만 뒤집어 생각해보면 이 문서 형식은 두 가지 면에서 극히 이례적이라고 하지 않을 수 없다. 우선 하나는 관백이 발행하는 문서로서는 관례를 벗어나는 양식이다. 관백은 천황의 직무를 대행하는 지위로서 공사만단公事萬端에 대해서, 조정을 지도하기는 하지만 천황의 비서관과 같은 지위는 아니다. 따라서 이러한 형식의 문서를 발행한 일이 없다.

또 하나는, 무가 문서로서도 이례 중 이례이다. 아시카가 요시미쓰 이후, 무가 수장인 무로마치도노室町殿가 천황이 발행하는 문서의 준행(遵行[16], 대리집행)을 의미하는 문서를 발급한 일은 결코 없었다. 오닌의 난(1467~1477) 무렵부터 고하나조노 천황(後花園天皇, 상황)의 윤지(綸旨, 院宣)가 빈번히 발행되면서, 무가가 발행하는 문서의 보완을 의미하는 '무가가 하지下知하는 뜻에 따라서'라는 문

---

16) 원래 준행은 중세에 막부의 명령이나 판결을 집행하는 수속의 하나였으며 수호守護의 직권 중 하나이자 영역 지배의 중심이 되는 것이었다. 막부가 영지 압수나 위란 정지 명령을 수호에게 내리면, 수호는 이 명령을 수호대守護代에게 내리고, 수호대는 그 집행을 수호사守護使에게 전달하였다. 이러한 수호와 수호대의 행위를 준행이라고 하였다. 또한 막부의 명령을 받은 수호가 수호대에게 하달하는 문서를 준행장遵行狀이라고 한다. -역주

구가 들어간 윤지는 많이 남아있다. 하지만 그 반대의 사례, 즉 막부가 천황의 문서를 보완하는 형태의 문서를 발행한 적은 없다. 이는 요시미쓰 이후 무가로 완결되는 일원적 지배문서를 발급하는 체제가 정착되어있었음을 의미하며, 영역 통치에 관해서는 무가가 전적으로 책임지는 문서 체계가 성립되어있었음을 말해준다. 그런데 히데요시는 무가의 수장임에도 불구하고 무로마치막부가 이룩한 성과를 뒤집어버렸다. 형식상으로는 스스로 천황의 아랫사람이 되어 왕조에 충실한 무사의 대장이 되는 방향을 선택한 것이다.

천황의 권위에 의지하는 히데요시

실은 히데요시가 이처럼 천황의 의사를 전제로 한 문서를 빈번히 발급하기 시작한 것은 1585년(덴쇼 13) 3월에 내대신으로 임관했을 때부터이다. 이때부터 관백 취임 직후의 기간에 걸쳐서 발행한 문서 중에서 주요한 것을 아래에 열거하였다.

그러므로 후대를 위한 내용이므로, 윤지를 만들어 내

려주신다면 도리에 합당하겠습니다. (1585년 6월 8일, 『고야산문서高野山文書』)

문서로 예려叡慮에 주달奏達하였으므로, 지금부터 당사의 태도가 히데요시에 대해서 소홀하지 않아야 할 것임. (6월 13일, 『고야산문서』)

전 관백前關白과 승려 신분法中의 준후准后는 각각 따로 앉도록 해야 할 일.[17] (중략) 이러한 취지로 칙서를 작성하였고, 또한 정착되어야 할 사안이므로 제가제문諸家諸門에게 고하여 알리노라. (7월 15일, 『친왕준후좌차관계문서親王准后座次関係文書』)

친왕과 준후의 다툼에 관한 일. (중략) 이러한 취지로 칙서를 작성하였고, 또한 정착되어야 할 것이므로, 제가제문에게 고하여 알린다. (7월 15일, 『산젠인문서三千院文書』)

---

17) 신하들 중에서 조정에서 가장 윗자리에 앉는 것을 일좌一座라고 한다. 원래는 태정대신·좌대신·우대신의 순서로 일좌에 앉을 수 있다. 그러나 관백·섭정을 두면 이들이 일좌에 앉게 된다. 하지만 관백 등이 가지고 있는 대신직보다 높은 대신직을 가진 사람이 있거나, 관백이 대신직을 갖고 있지 않은 경우에는 일좌선지一座宣旨를 내어 일좌를 정한다. 준후准后에 해당하는 승려는 조정의 좌차는 정해져 있지 않기 때문에 각좌各座 즉 전관백前關白과 준후인 승려는 정계와 종교계의 일좌로 간주한다는 판단을 내린 것으로 보인다. -역주

이번 니조전(二條殿, 아키자네)과 관백직關白職을 둘러싼 다툼에 대하여 (중략) 예려에 따라서 승낙을 받았습니다. (7월 18일, 『근위가문서近衛家文書』)

이번 이세내궁伊勢內宮과 외궁外宮의 정례적인 천궁遷宮의 선후를 둘러싼 다툼에 대한 사안을 가지고 예려叡慮를 여쭈어본 바 (중략) 윤지를 작성한 이상에는 말대末代에 있어서도 어긋남이 없어야 할 것이다. (윤8월, 『등파문서藤波文書』)

히데요시는 왜 이처럼 비굴할 정도로 윤지와 칙서를 빌어 천황의 권위를 휘두른 것일까? 동시대의 기록이 아니고 후세의 편찬물이기는 하지만, 『단우역대연보丹羽歷代年譜』에 다음과 같이 기재되어있다. 에치젠越前 국주 니와 나가히데丹羽長秀가 히데요시의 지배를 받는 것을 마땅하지 않다고 생각해서 상경하지 않는 사실에 대해서, 히데요시가 화가 나서 다음과 같이 말했다고 한다.

지금 나는 천하를 제패하였다. 궁중을 수호하고 칙허를 받아 병권을 장악하고 있다. 그런데 나가히데는 약속

을 어기고 지금까지도 상경하지 않는다. 무슨 까닭으로
와서 보좌하지 않는 것인가.

히데요시는 자신의 군사력 때문에 패자가 된 것이 아
니라 야마시로山城[18]의 국주로서 '금리수호禁裏守護' 즉 천
황을 섬기기 때문에 칙허를 받아 다른 다이묘들보다 우
위에 선다는 논리이다. 이와 같은 히데요시의 언사의 구
석구석에서 이에야스에 대한 강렬한 콤플렉스가 숨어있
다. 천황의 위광을 등에 업을 수밖에 없는 입장에 놓인
것은 모두 나가쿠테 전투 패배 때문이었다.

6. 겐페이 교체설의 허구성

다이라 씨는 장군이 될 수 없는가

그런데 히데요시는 다이라平(헤이) 씨이지 미나모토源
(겐) 씨가 아니었기 때문에 장군이 되지 못했고, 따라서
막부를 개설할 수 없었다는 설이 있다. 이른바 '겐페이源

---

18) 천황의 거처가 있는 교토가 속한 지역이 산성국山城國이다. -역주

平 교체설'로서, 미나모토 씨인 아시카가足利 씨·도쿠가 와德川 씨가 막부를 개설한 반면, 그 사이에 위치한 오다 織田 씨·도요토미豊臣 씨가 막부를 개설할 수 없었던 것은 다이라 씨였기 때문이라는 것이다. 시대 소설가들 사이에서는 아직도 굳건히 지지를 받고 있으며, 일반인을 위한 역사 잡지에서 센고쿠시대를 소재로 특집을 기획할 때는 종종 이러한 주장이 등장한다. 일부, 전문 연구자 중에도 이 설을 주창하는 분이 있지만, 그렇다면 그 근거가 무엇일까? 고개를 갸웃거리지 않을 수 없다. 이하, 이 문제를 검토해보자.

이에야스가 미나모토 씨를 자칭한 이유

먼저 1566년(에이로쿠 9) 12월, 마쓰다이라 이에야스松平 家康가 도쿠가와 이에야스라고 이름을 고치고 미나모토 씨를 칭한 사정을 살펴보자. 궁중 궁녀의 일기인『어탕전산일기御湯殿上日記』와 관직 서임에 관련한 비망록인『역명토대歷名土代』를 보면, 이에야스는 천황에게 허가를 받은 다음에 미나모토 씨를 칭하고 있다. 이 시기는 장군 아시카가 요시테루足利義輝가 암살된 이듬해로, 아시카가 씨의 명운이 쇠퇴하고 있는 사실은 누가 보더라도 분명했다. 겐페이 교체 사상이라는 것이 만약 당시에 있었고, 그것을 무가 사회에서 인식하고 있었다면, 이에야스는 다이라 씨를 칭하는 편이 오히려 당연한 것으로 생각되는데, 왜 미나모토 씨를 선택한 것일까?

사실관계로 판단하면 이에야스의 미나모토 씨 개성(혹은 미나모토 씨와 연결되는 도쿠가와 개성)은 겐페이 교체설 때문이 아니라 다른 이유로 보는 편이 자연스럽다. 당시 이에야스는 수년 전 오케하자마桶狹間 전투[19] 결과 겨우 이마가와今川 씨 굴레에서 벗어나서, 오다 씨와 동맹 관계를 맺은 다음 잇코잇키를 탄압하는 등 영지인 미카와의 기반 확립에 부심하고 있었다.

미카와는 가마쿠라시대에는 아시카가 씨의 분국分國이었고, 무로마치시대에는 잇시키一色·호소카와細川와 같은 아시카가 일문의 영국이었으며, 또한 영국 내에 기라吉良·잇시키 등 미나모토 씨 일족인 현지의 토호가 도사리고 있었기 때문에, 미카와 내부에서는 미나모토 씨라

---

19) 1560년에 오다 노부나가와 이마카와 요시모토今川義元 사이에 있던 전투다. 25,000명의 병력을 이끌고 오와리尾張를 쳐들어온 이마카와 요시모토에 대하여, 노부나가가 본진을 기습하여 승리를 거두었다. 이 전투로 도카이 지방東海地方을 제압하고 있던 이마카와 가가 몰락하였고, 오다 노부나가는 오와리를 완전히 장악한 이후 기나이로 진출할 수 있는 계기가 되었다. -역주

는 성 자체가 권위를 가질 수 있었다. 즉, 미나모토 씨라고 자칭한 것은 미카와 한 지역 내에서 패권을 확립하는 수단이었다. 또한 이에야스가 개성과 동시에 미카와국三河國의 국수國守 겸 좌경대부左京大夫에 임관된 사실도 이를 뒷받침한다.

이는 오다와라小田原를 점거한 이세 소즈이(伊勢宗瑞, 훗날 호조 소운北條早雲·우지쓰나氏綱 부자가 우에스기上杉 씨) 등 기존의 다이묘들로부터 '타국의 흉도'라고 매도당한 사실에 대항하기 위하여 간토 지역에서 유서 깊은 '호조北條'라는 성으로 고칠 수 있도록 조정에 공작을 펼쳐 성공한 것과 궤를 같이하는 행위로 보아야 할 것이다.

노부나가에 대한 장군 임명 칙허

다음으로 오다 노부나가의 다이라 씨에 대해서 살펴보자. 노부나가는 처음에 후지와라 씨를 칭하였고 나중에 다이라 씨로 바꿨다. 오쿠노 다카히로奧野高廣 씨의 연구에 의하면 다이라 씨를 사용한 첫 사례는 1571년(겐키 2) 6월이라고 한다. 이는 엔랴쿠지에 화공 작전을 펼치기 3개월 전으로, 장군 요시아키와의 대립 등은 전혀 생각할 수도 없었으며, 아시카가 씨의 뒤를 이으려는 의도를 가지고 다이라 씨로 바꾸었다고는 도저히 생각할 수 없다. 유감스럽게도 노부나가가 후지와라 씨에서 다이라 씨가 된 이유는 현재로서는 불분명하다고 할 수밖에 없지만, 겐페이 교체설의 핵심은 장군으로 임명되려면 세이와 천황淸和天皇 계열의 미나모토 씨여야 한다는 데 있으므로, 그에 대해서는 유력한 반증이 제기되고 있다.

노부나가에게 천황이 장군에 임명하겠다는 의사를 전한 사실은 비교적 최근까지 알려져 있지 않았으나, 이와사와 도시히코岩澤愿彦 씨가 1968년, 『천정십년하기天正十年夏記』(내각문고 소장)라고 부르는 일기 중에서 천황과 노부나가 사이에 장군 임명에 관한 교섭이 행해진 경과가 적혀있다는 사실을 발견하였다. 이 일기는 전주傳奏 가 주지 하루토요가 쓴 것으로 이와사와 씨의 해석에 따르면 다케다武田 공격에서 승리하고 돌아온 노부나가에 대해 장군·태정대신·관백 중에서 원하는 대로 직함을 주자고 천황 측이 제안했다고 한다. 1997년에는 다치바나 교코立花京子 씨가 새로운 해석을 제창하였다. 노부나가가 세 자리 중 어느 하나에 임명해줄 것을 요구하였고, 노부나가 의중은 장군에 있었다는 것이다. 현 단계에서는 다치바나 씨 해석이 학계에서 유력하다. 어느 쪽이든 노부나가에게 장군 임관을 칙허하고자 했다는 사실에서는 일치한다. 이러한 사료를 통해서 '세이와 천황 계열의 미나모토 씨 이외에는 장군이 될 수 없다'라는 속설은 완전히 부정되었다.

장군에 임명될 수 있는 조건이란

어쩌면 다이라 씨를 칭하고 있던 노부나가는 장군 임명과 동시에 미나모토 씨로 성을 바꿀 생각이었을까? 그럴 리는 없을 것이다. 1582년 10월에 행해진 고 노부나가에 대한 증관증위(태정대신 종1위)를 행하는 천황의 명령서에서도 수신자의 명의가 '평조신平朝臣'으로 되어있고, 노부나가가 후계자를 자처한 노부타카信孝의 서명도 변함없이 '평조신'이었다.

요컨대 조정에서는 미나모토 씨이건 다이라 씨이건 어떤 조건만 충족되면 장군에 임명할 수 있던 것이다. 그 조건이란 무엇일까. 아즈치 성安土城에 찾아간 칙사 하루토요는 노부나가에게 이렇게 말했다.

간토關東를 모두 정벌하여 진중珍重하게 되셨으므로, 장군이 되셔야 합니다.

즉 '간토'를 어떠한 형태로든 제압하고 있는 것, 그것이 조건이었다. 그렇다면 히데요시가 나가쿠테 전투에서 통한의 패전을 당한 이상, 장군직에 임명해달라고 신청할 수 없었을 뿐만 아니라, 당시의 일반적 인식으로 보아도 장군이 될 수 없는 것이 당연한 일이었다.

겐페이 교체설의 근거 중 하나는 『도요토미 히데요시보』이다. 여기에 세이와 미나모토 씨밖에 장군이 될 수 없기에 장군 임관을 원했던 히데요시는 고노에 요시아키近衛義昭의 양자가 되려다가 거절당하자 관백으로 진로를 바꾸었다고 되어있다. 하지만 앞서 기술한 바와 같이 이 사료는 후세 편찬물로서 믿을 수 없다. 나가쿠테에서 패한 것이 무엇보다 그의 손발을 묶은 셈이 되었다고 보아야 할 것이다.

도쿠가와 씨에게는 어떤 의미일까

여기서 문제가 되는 것은, 왜 에도시대에 와서, 겐페이 교체설이 두루 논란거리가 되었는가 하는 점이다. 일찍이 1566년에 미나모토 씨(도쿠가와)가 된 이에야스로서는 세키가하라 전투 후 같은 미나모토 씨로서 '아시카가 씨의 계승'을 표방하는 편이 더욱 유리하였을 것이다. 하지만 설령 이에야스가 미나모토 씨가 아니라 마쓰다이라의 본성인 가모(加茂, 藤原) 씨 그대로였다 하더라도 장군 취임에 지장이 있었다고는 볼 수 없다. 하지만 도요토미 씨를 생트집을 잡아 멸망시킨 도쿠가와 씨로서는 겐페이 교체설이 자기 정권의 정통성을 주장하기에 유리한 것만은 분명하다. 세이와 미나모토 씨야말로 무가의 정통이라는 속설이 유포된 것은, 어쩌면 바로 그러한 사정이 관계되어있는 것은 아닐까.

마쓰다이라 씨는 어디에서 왔는가

　마지막으로 이에야스의 본래의 성인 마쓰다이라 씨가 과연 정통 세이와 천황 계열의 미나모토 씨인 닛타新田 씨 후예라고 할 수 있는지를 검토해보자. 종래, 계보에 관한 기록의 고증에 의거하는 한, 닛타 씨와 마쓰다이라 씨의 연속성은 증명하기가 곤란하다는 사실을, 선학들이 지적하였다. 이 글에서는 이에야스와 동시대에는 그 점을 어떻게 인식하고 있었는지를 확인해보고자 한다.

마쓰다이라 씨의 먼 조상으로 간주되고 있는 닛타 요시시게新田義重는 미나모토노 요시이에의 둘째 아들인 요시쿠니 아들이다. 1612년(게이초 16) 3월 당시 대어소(大御所, 퇴임한 장군의 거처 혹은 그러한 장군 자체를 뜻하는 말이다) 이에야스는 고요제이 천황의 양위를 계기로 먼 조상 닛타 요시시게에게 진수부장군鎭守府將軍, 아버지인 히로타다廣忠에게는 대납언이라는 관직을 추증할 것을 조정에 주청武家執奏하여 칙허를 받아냈다(덧붙이자면, 히로타다는 에도시대 말기인 1848년[가에이 원], 태정대신 정1위에 추증되었다). 그리고 같은 해 12월, 도쿠가와 가문의 위패를 모시는 장소를 조성하기 위해 고즈케 도쿠가와향(得河鄕, 현 군마현群馬縣 오타시太田市의 서남쪽) 세라타世良田[20]에 요시시게義重 관련 유적지를 탐문하도록 하였다. 그 지역 노인들의 이

---

20) 미카와(三河·參河) 지역의 다이묘 마쓰다이라 씨는 마쓰다이라 기요야스松平淸康 때 미나모토 씨에서 유래한 세라타世良田 씨의 후예로 자칭하게 되었다. 기요야스는 미카와의 지배층인 아시카가 계열의 기라吉良 씨와 대립하는 과정에서 자신을 세이와 미나모토 씨 계통의 닛타 씨에서 분립된 세라타라고 한 것이다. 기요야스의 손자인 이에야스도 세라타 씨를 칭하고 있었으나 1566년 미카와의 국수國守에 임명해줄 것을 조정에 요청하였으나 세라타 씨가 미카와의 국수로 보임된 적이 없다는 이유로 거절당했다. 이에 닛타 씨 계열 도쿠가와 씨가 후지와라 씨를 칭한 사실이 있다는 것을 근거로 이에야스 혼자만 도쿠가와德川 씨로 바꾸고 미카와 국수로 보임되었다. -역주

야기를 근거로 요시시게와 관련된 절터가 판명되어 절을 중건하게 되었지만, 도쿠가와 선조의 전승에 대한 조사는 의도하는 대로 진행되지 않았다.

『경장연보慶長年譜』에 따르면 아시카가 학교足利學校[21]의 한송寒松[22]이나 월재月齋 등의 학자를 동원하여 그 지방에 전하는 계보와 전승을 탐색하도록 하였으나, '닛타 요시사다新田義貞[23]의 자손 및 세라타 씨나 도쿠가와 씨는 다카우지 장군 때 이 지역上野에서 나오셨고, (중략) 고문서들을 모두 모아서 자세히 살펴보았으나, 결국 요시사다 후예로는 찾을 수 없었습니다'라는 조사 결과가 돌아왔다. 닛타 요시사다와 마쓰다이라 씨를 연결시킬 수 있는 확증은커녕, 흔적도 찾을 수가 없던 것이다.

---

21) 시모쓰케국下野國 아시카가장足利莊에 있던 학교로 헤이안시대 초기 혹은 가마쿠라시대에 설립되었다고 전한다. 무로마치시대부터 센고쿠시대까지 간토關東 지역의 최고 학부로서 판동坂東의 학교라고도 하였다. 1868년까지 존속하였고, 1915년에 도서관이 되었다. -역주

22) 에도시대 최초(1602)의 아시카가 학교의 교장에 해당하는 상주庠主가 된 승려의 호로 승명은 용파龍派 선주禪珠이다. 아시카가 학교의 교육내용은 유학이었지만, 학교 우두머리인 상주는 승려들이 임명되었다. -역주

23) 가마쿠라시대 후기부터 활약한 무인(1301~1338)으로 원래 성은 미나모토였다. 고다이고後醍醐 천황에 호응하여 가마쿠라를 공격해서 가마쿠라막부와 호조 도쿠소케得宗家의 주력 부대를 물리치는 공적을 세웠다. 그는 겐무신정 수립 이후 아시카가 다카우지와 고다이고 천황이 대립하자 관군의 총대장이 되었다. 무인으로서 조정에 큰 공로를 세웠기 때문에, 구스노키 마사나리와 함께 남조 측을 대표하는 무장으로 존경을 받았다. 따라서 이러한 그의 명성을 이용하기 위해, 이에야스가 닛타 요시사다의 후손임을 주장하려고 한 것이다. -역주

1394~1428년(오에이 연간) 사이에, 도쿠아미德阿彌[24)]라는 시종時宗의 승려가 세라타 마을에서 미카와 마쓰다이라 마을로 흘러들어와서 정착하였다는 도쿠가와 가문의 전승이 조작된 것이라고 폭로한 것이나 다름없는 상황이었다. 한송과 월재가 당황하여 어쩔 줄 몰라 하는 모습이 눈에 선하지만, 그러나 어쨌든 정직하게 보고했다는 점에서 학자답다고 할 수 있겠다.

반골 기질의 호소카와 다다오키

다음 일화는 오사카성 여름의 전투 후인 1615년(겐나 원) 12월의 일이다. 이에야스는 호소카와 다다오키細川忠興의 전공에 보답하기 위하여 도이 도시카쓰土井利勝를 통해 다다오키에게 히데요시로부터 주어진 하시바라는 성은 버리고 그 대신 마쓰다이라 성을 하사하려고 했다. 그러나 다다오키는 다음과 같이 말했다.

---

24) 마쓰다이라 지카우지松平親氏의 승려일 당시의 이름으로 전한다. 그는 무로마치시대 초기 무사인데 에도시대에 만들어진 계보에서 마쓰다이라 씨와 도쿠가와 씨의 시조로 기록되어있는 인물이다. 여러 가지 행적이 전하지만, 후세에 조작된 것이 대부분이고 동시대의 사료는 존재하지 않아서 그 실재를 의심하는 견해도 있다. -역주

도쿠가와라면 부탁드려야 하겠지만, 마쓰다이라松平는 미나모토源에 속하는 성도 아니고, 하시바와 마찬가지이다.

다다오키는 이렇게 잘라 말하면서 마쓰다이라 성을 거부하고 무로마치시대 이래로 사용해온 호소카와 씨로 돌아가기로 했던 것이다. 도시카쓰는 이에야스의 앞이라서, '제발 부탁드립니다'라고 하면서 어떻게든 받아들이도록 설득했지만, '다다오키는 (원래) 호소카와 가문이었습니다'라고 단호히 물리쳤다고 한다. 다다오키의 기질이 잘 드러나는 일화이기도 하지만, 이러한 사실은 당시 여러 다이묘들 사이에서 마쓰다이라 씨는 미나모토 씨가 아니라는 인식이 널리 퍼져있었음을 말해주는 것이기도 하다. 하지만 이것은 동시에 닛타 씨든 마쓰다이라 씨든 상관없이 장군이 되어도 아무런 문제가 없다는 암묵적인 양해가 있었다는 점, 동국 지배 실적만 있으면 미나모토 씨인지 아닌지가 의심스럽더라도 장군이 될 수 있었다는 사실을 시사한다. 천황 측에서 보면 다이라성이든 의심스러운 신분이든 날조한 족보이든, 돈만 들고 오면 성을 고쳐주거나 새로운 성을 하사하는 일도 망설일 필요가 전혀 없다는 태도를 취했다고 할 수 있을 것이다.

　이상의 여러 가지 사항을 고려해보면, 히데요시가 자신이 관백이 되어 정권의 정점에 서는 방법을 선택할 수밖에 없었던 사정을 잘 알 수 있다. 간절하게 원했던 장군이라는 지위를 저지한 자야말로 이에야스이며, 그런 의미에서 고마키·나가쿠테 전투의 역할은, 종래 생각하고 있었던 것 이상으로 큰 의미를 가지고 있었다.

　그렇다면 1590년 9월 오다와라小田原에서 개선한 뒤 무슨 이유로 히데요시는 장군 임관을 조정에 요구하지 않았을까? 이는 이미 고노에 가문의 유자로 들어가서 태정대신이 되어버렸기 때문이다(1586년). 그 직후였으므로 이미 가능한 일이 아니었다고 생각해야 할 것이다. 결과론적인 판단이기는 하지만, 히데요시는 관백이라는 지위에 오르지 않고, 어디까지나 이에야스를 무력으로 타도했어야 했는지도 모른다. 그러나 실제 역사 진행에 입각해본다면, 천황의 권위를 빌리지 않고서는 전국 통일이 이루어질 수 없었던 것 또한 사실이었다.

취락제에 행차하는 모습을 그린 그림(부분)

III장. 히데요시의 왕정복고
- 천하 통일의 논리는 무엇인가

1. 천황의 평화령

호쿠리쿠와 시코쿠의 평정

1585년 7월, 관백에 취임한 히데요시는 이에야스에 대한 대책은 뒤로 미룬 채, 시코쿠四國와 호쿠리쿠北陸 방면 군사 공작에 착수하였다. 이 두 지역은 고마키·나가쿠테 전투 때 이에야스가 펼친 원교근공책에 따라 히데요시의 배후를 위협하는 움직임이 나타내었던 지역들이다.

엣추越中의 삿사 나리마사佐佐成政는 히데요시에 대하여 격렬한 적의를 품고 있었다. 그렇기 때문에 노부카쓰와 히데요시 사이에 강화가 성립된 이후에는, 이에야스에게 항전을 계속할 것을 설득하기 위해서 유명한 '눈으로 뒤덮인 다테야마立山 산악지대 넘기'를 감행하였다. 이 사건은 1584년 겨울, 마에다 도시이에의 병력이 도야마성富山城을 포위한 상황에서 이루어졌다. 얼마 되지 않는 가신을 이끌고 성을 탈출한 시게마사는 눈 속 행군의 위험을 무릅쓰고 일본 최고 지점의 고개인 사라사라 고개(현 자라고개, 해발 2,500미터), 더욱이 하리노키 고개(2,536미터)를 넘어 1585년 초 이윽고 이에야스의 본거지인 하마마쓰성까지 당도한다. 하지만 필사적으로 히데요시와 대적할 것을 설득하였음에도 불구하고 이에야스는 받아들이지 않았다. 나리마사는 긴 여정도 헛되이 도야마성으로 되돌아갈 수밖에 없었다(이때 나리마사는 노부카쓰도 설득하려고 했다는 설이 있다).

한편 도사土佐를 근거지로 한 조소카베 모토치카는 이에야스가 격문을 보내어 거병할 것을 권유하였으나, 경솔하게 움직이지 않고, 형세를 관망하고 있었다. 그리고 모토치카는 히데요시가 관백이 된 다음 달인 1585년 8월 6일, 시코쿠 공세의 총대장으로 임명된 히데요시의 동생 히데나가의 중개를 통하여 항복하였다. 이때 모토치카는 이요伊豫의 일부를 제외한 시코쿠 지역 거의 전역을 통일해놓은 상태였지만 히데요시는 늦게 귀부한 사실을 문제로 삼아, 아와阿波, 사누키讚岐, 이요를 몰수하고 도사 1국만을 안도하였다. 이보다 앞서, 이미 모리 데루모토毛利輝元·고바야카와 다카카게小早川隆景 등은 오사카에 우호적인 입장을 취하고 있었기 때문에, 히데요시는 규슈를 제외한 서일본 전역을 제압한 셈이 되었다.

모토치카가 귀부하기 전날 노부카쓰는 나리마사에게 서한을 보내어 히데요시에게 항복할 것을 권했으나, 나리마사는 여전히 머뭇거리고 있었다. 8월 8일, 히데요시는 대군을 이끌고 교토를 출발하여, 호쿠리쿠北陸 정벌에 나섰다. 8월 20일, 구름 같은 군병이 도야마성을 둘러싼 가운데, 마침내 시게마사는 삭발하고 히데요시의 군문軍門에 항복하였다. 히데요시는 나리마사를 용서하고 나루마사에 대해 엣추 지역의 동쪽 절반만을 안도安堵하였다. 또 이때 히데요시는 히타飛驒도 공략하였다. 이 시점에 이르러, 히데요시의 지배 지역은 북쪽으로는 엣추·히타에 이르고 동쪽으로는 미노·오와리 이서에 이르는 대판도를 형성했다. 남아있는 것은 규슈와 호조 씨와 도쿠가와 씨 동맹이 지배하는 미카와와 시나노 이동 지역 즉 동국東國뿐이었다.

시마즈를 문책하는 문서들

그러면 규슈는 어떠한 상황이었을까? 1578년(덴쇼 6년), 오토모 소린大友宗麟과 시마즈 요시히사島津義久 사이에 일어난 휴가日向 미미가와耳川 전투 이래, 중부 규슈에 있어서 시마즈 씨 우위는 결정적인 상황이되었다. 시마즈의 규슈 통일전쟁은 진행중이었다. 히데요시의 관백 임관 2개월 후인 윤8월에 이르러, 시마즈 요시히로는 히고

肥後의 명족·아소 고레미쓰阿蘇惟光를 물리치고 히고조차
도 지배하게 되었다. 센고쿠시대에는 독립된 세력을 유
지하였던 사가라相良 씨·나와名和 등 여러 가문도 모두
시마즈 씨의 보호하에 편입되기에 이르렀다.

위협을 느낀 오토모 소린·요시무네義統 부자는 히데요
시에게 의지하기로 하고 도움을 청하는 사신을 기나이에
보냈다. 9월에는 시마즈의 세력권은 치쿠고筑後에 이르
렀고, 가마쿠라시대 이래로, 분고豊後를 지배해온 오토모
씨는 큰 위기에 직면하고 있었던 것이다. 10월 2일 관백
히데요시는 다음과 같은 문서를 발급하여 시마즈 요시히
사의 군사행동을 책망했다.

칙정勅定에 의거하여 붓을 적시게 되었습니다. 이제 간
토는 남김없이 오슈奧州의 끝까지 천황의 명령에 따르
게 되어, 천하가 평온한 상태이나, 규슈의 사정을 보면
지금도 창과 방패를 들고 있는 상황입니다. 그렇지 아니
해야 할 것입니다. 국군國郡의 경계를 둘러싼 다툼에 대
하여 쌍방으로부터 그 입장을 충분하게 들으셨습니다.
그러므로 곧 천황의 명령이 내려갈 것입니다. 먼저 적과
아군 모두, 쌍방이 활과 화살로 싸우는 일을 그쳐야 한

다는 것이 천황의 판단입니다. 그러한 뜻을 받들어야 하는 것이 지당한 일입니다. 뜻하지 않게 (만일) 이 뜻을 귀담아듣지 않는다면, 반드시 제재成敗하실 것입니다. 이에 대한 답변은, 각각을 위해서 중대사에 관련된 일입니다. 분별을 잘해서 보고해야 할 것입니다.

(덴쇼 13) 10월 2일 화압(히데요시)

시마즈島津 수리대부전修理大夫殿

시마즈 씨의 전투 행위를 사적인 전투로 간주하고, 신속하게 사적 전투를 중지하고 중앙의 재정裁定에 따르도록 명령한 것이다. 여기서 히데요시가 수행한 전쟁은 윤명綸命 즉 천황으로부터 명령을 받아서 시행되는 평화 유지 행위로 규정하고 있다.

이 문서는 대단히 중요하며, 학계에서는 '사적인 전투喧嘩 정지령' '총무사령惣無事令' 혹은 '도요토미 평화령平和令' 등으로 부르고 있다. 중세 이래의 자력구제 원리를 부정하고 근세적 국제國制의 기본방침을 천명한 것으로 평가된다. 하지만 법제사적 입장에서 보면, 남북조시대에 막부에서 종종 발령된 '고전방전(故戦防戦, 사적인 전투) 정지법(『건무이래추가建武以来追加』)'의 연장선상에 있는 것으로 중세의 무가 문서에 익숙한 나로서는 이 문서의 특이성에 주목하게 된다.

히데요시의 전국 정복의 논리

즉 '칙정(勅定, 천황의 결정)' '윤명(綸命, 천황의 명령)' '예려(叡慮, 천황의 판단)'와 같이 천황의 의사를 나타내는 용어가 세 번이나 나타난다('충분하게 들으셨습니다' '명령을 내리시다'라는 표현의 주체는 천황이다). 장군이 발행하는 문서라면 있을 수 없는 일이다. '천황의 뜻을 받든 무가의 명령'이라는 사실이 이 문서에 나타나 있다. 이미 말했듯이 에이쿄의 난(1438년) 이래 처벌을 명령하는 윤지의 부활, 센고쿠 다이묘戰國大名에 대한 사적추토私敵追討 윤지, 또 칙명에 의한 강화講和 명령 등 천황이 국내의 전쟁에 개입하는 현상은 관행으로 자리 잡고 있었다. 하지만 그러한 천황의 조정권과는 별개의 논리가 이 문서에 들어있는 것으로 생각된다.

이 문서에서 히데요시는 현실적으로는 시나노와 미카와 이동 지역에는 지배권이 미치지 않았음에도 불구하고, '간토는 남김없이, 오슈의 끝까지' 정복했다고 떠들고 있지만, 이것을 히데요시 특유의 과대망상 표현이라고 생각해서는 안 될 것이다. 히데요시는 천황의 명령에 따라 평정하였다고 주장하고 있는 것이다. 이야말로 나가쿠테 전투 패배를 뒤집는 마법의 지팡이였다. 고대 율령제하에서 전국의 통치자였던 천황의 대권이 당시에도 마치 존재하는 것처럼 자의적으로 부활시켜, 히데요시 스스로는 천황의 대관(代官, 재상직)으로서 영역 지배를 집행한다는 논리, 이것이 정이대장군이라는 지위를 단념한 히데요시의 논리였다. 이것을 히데요시의 '왕정복고'의 논리라고 일단 부르기로 하자.

이상과 같은 히데요시의 구상은 시마즈 씨 앞으로 보낸 문서에 첨부된 호소카와 후지타카細川藤孝, 센소오에키(千宗易, 利休)가 연명하여 서명한 첨부 문서를 보면 한층 명확해진다.

하나, 근래에 도성과 주변이 모두 진정되어서, 난역亂逆이 대부분 조용히 잦아들게 되었습니다. 이로 인하여 궁중禁廷에서도 숭경崇敬하고 있습니다. 따라서 내대신內大臣에 임명되었고 현재의 직무(관백)를 맡게 되었습니다. 그러므로 천하에 대한 지배권을 예려에 의하여 더욱

더 확실하게 분부받으시고, 남·북·동국 (히데요시의) 명령에 따르도록 하였습니다.

하나, 규슈의 사정, (중략) 그러므로 먼저 만사를 제쳐두고 윤명에 응하셔서, 화해하고 융합하는 모습이 마땅하나이다.

히데요시가 관백에 취임함으로써, '천황의 뜻'을 받들 수 있게 되었으므로 '남·북·동국'을 통제할 수 있게 된 것이며, 그 근거는 어디까지나 '금정(禁廷, 궁중)' '예려' '윤명綸命'이었던 것이다. 덧붙이자면, 후지키 히사시藤木久志 씨의 연구에 의해서, 시마즈 씨에게 발령된 것과 똑같은 문서가 오토모 요시무네大友義統에게도 발급된 사실이 밝혀지게 되었다.

시마즈 씨의 반응

그런데, 위와 같은 히데요시 나름의 독특하고도 제멋대로라고도 할 수 있는 '왕정복고'의 논리는, 시마즈 씨는 어떻게 받아들여졌을까? 요시히사義久의 가로家老 우와이 가쿠켄上井覺兼의 일기에 의하면, 1586년 정월, 가고시

마성鹿兒島城에서 열린 가로중家老衆의 협의에서는 다음
과 같은 의견이 나왔다. 현대 문투로 고쳐 써 보자.

"상대방은 관백이라는 지위에 있으니, 답변은 상대방
의 요구에 따라 상응하는 타협을 해야 할 것입니다."

"아닙니다. 그렇기는 하지만 하시바(히데요시)라고 하는
자는 실로 유서가 없는 사람이라고 세상에서 떠들어대
고 있습니다. 이에 대해서 우리 시마즈 가문은 요리토모
공賴朝公 이래로 변함없이 이어져 온 가문이므로 하시바
따위에게 강화에 대한 답변을 보내는 일 등은 전혀 필요
없는 우스꽝스러운 일이 될 것입니다."

"원래 근본도 모르는 사람을 관백 등에 임명된 것 자체
가, 실로 '천황 명령이 가볍다'라는 사실을 드러내는 것
입니다. 적당히 얼버무려두어도 괜찮을 것 같습니다."

히데요시 출신 성분이 좋지 않다고 하는 것은 규슈 남
쪽 끝에서도 잘 알려져 있었다. 그런 인물이 관백에 취임
한 데 대한 불쾌감과 경멸이 노골적으로 드러나고 있다.
바로 그런 이유로 히데요시는 천황의 권위를 최대한 활
용할 수밖에 없었다고 할 수 있을 것이다.

히데요시, 직접 규슈 정벌에 나서다

하지만, 시마즈 씨에게 있어서는 히데요시를 경멸한 것이 도리어 치명타가 되었다. 시마즈 측이 성의 있는 회답을 게을리하고 있는 가운데, 1586년 4월에 오토모 소린은 오사카에서 히데요시에게 직접 호소하였고, 시마즈 씨에 대한 공격이 결정되어버렸던 것이다. 이때 시마즈 씨 판도는 지쿠고筑後에서 지쿠젠筑前까지 뻗어있었다. 하지만 1587년 3월, 히데요시가 모지門司에 상륙하는 동시에, 시마즈 씨와 대립하고 있던 세력들은 전면적인 공세에 나섰다. 4월이 되자 시마즈 씨의 세력 하에 있던 여러 성들이 바람에 나부끼듯 속속 히데요시 쪽으로 붙었고, 이미 4월 말에 히데요시의 본영은 사쓰마의 이즈미出水까지 진출하였다. 그리고 5월 3일, 시마즈 요시히사는 전면적인 항복을 하지 않을 수 없게 되었다. 히데요시는 9일, 다시 요시히사에게 다음과 같은 천황의 명령을 받든다는 형식으로 지시를 내린다.

일본 60여 주의 일에 대해서, 다시 한번 진지(進止, 지배)해야 한다는 취지로, 분부하신다는 명령을 남김없이 말씀해주셨다. 그러나 규슈 지역의 영토 분할의 일은, 작년에 서로 논의한 바, 명령을 저버린 외람된 소행을 저지름에 따라, 주벌誅罰을 위해서, 이번에 관백께서 사쓰마주에 이르기까지 출정하여, 이미 토벌을 완수해야 할 순간, 요시히사가 자기 목숨을 버리고 도주하였으므로, 사면하는 바다. 그리고 사쓰마 일국만 맡기는 처분을 행한다. 모두 잘 알아서 지금부터는 천황의 뜻을 지키고 충공忠功을 다하는 일에만 전념해야 할 것이다.

이 문서에서도 히데요시는 '일본 60여 주' 즉 전 국토를 지배하도록 천황이 명령하였다고 주장하고 있다. '분부하시다'나 '주벌誅罰' 그리고 '예려叡慮'도 그 주체는 모두 천황이다. 앞에서 제시한 시마즈 씨 앞으로 문서를 포함하여 이러한 문서들은 종래 '히데요시직서(秀吉直書, 히데요시가 최고 권력자로서 스스로 발급하는 문서)'로 규정해왔으나, 형식이나 내용 면에서 보면 분명히 천황의 명령을 받은 히데요시의 '봉서'라고 해야 할 것이다. 천황의 뜻天氣을 받드는 윤지는 변관辨官에 속한 장인藏人 등 하급공경下給公卿이 서명하여 발급하는 것이 일반적이다. 다시 말하자면, 관백이나 되는 자가 천황의 집사와 같은 지위로 내려가서 천황의 명령인 교서를 발행하고 있는 셈이다. 히데요시의 자세는 종래의 서찰령(書札令, 문서에서 지켜야 하는 상하관계, 격식)을 도외시한 비굴한 것이라고 말할 수 있다.

시마즈 씨가 항복할 당시, 이미 도쿠가와 이에야스의 상경은 이루어졌으며, 형식적으로는 히데요시에 대하여 신종한다는 입장을 분명히 하고 있었다. 따라서 도요토미 정권에 경계해야 할 강적은 소멸된 셈이므로, 이렇게까지 천황의 위세에 의지할 필요는 없었다고 생각할 수 있다. 하지만 그것이야말로 '왕정복고'의 복고를 추구한 목적이며, 일단 온 세상에 선언한 지배원리는 그냥 간단하게 거두어들일 수 있는 것은 아니었다.

간토와 오우에 대한 평화령

그렇다면 히데요시가 뒤로 미루었던 동국에 대한 상황은 어떤 궤적을 그렸을까? 이에야스가 상경에 이르는 우여곡절은 다음 절에서 다시 검토할 예정이지만, 여하튼 이에야스가 마침내 상경을 승낙하고 오사카성에서 히데요시를 배알한 것은 1586년(덴쇼 14) 10월이다. 이에야스가 신종해옴에 따라, 옛추에서 고신甲信의 경계까지 히데요시 지배하에 들어오게 되었다. 하지만, 간토 이북의 광

대한 땅은 여전히 히데요시의 실효 지배가 미치지 않았다. 히데요시는 이에야스를 '동국 방면 사령관'으로 삼았고, 동국 일대에 '관동오총무사령關東奧惣無事令'을 발령하였다. 이는 앞서 살펴본 바와 같이 '60여 주'를 지배하도록 천황으로부터 명령받았다는 논리에 입각해서 일방적인 평화령을 내리고, 그 감시역으로 이에야스를 임명한 셈이었다.

하지만 히데요시의 얼굴 따위는 본 적도 없는 오우奧羽 지역의 다이묘들에게 관백의 명령이 발령되는 대로 즉각적으로 전달될 리 없었다. 혈기에 넘치는 다테 마사무네伊達政宗는 아시나蘆名와 사타케佐竹를 공격함으로써, 히데요시가 내린 평화령을 아무렇지 않게 유린하였다. 심지어 1589년 6월에는 아이즈會津의 구로카와성黑川城을 함락시키고 아시나 씨를 멸망시켰다. 이에 대하여 히데요시의 대관인 시야쿠인 젠소施藥院全宗는 마사무네의 가신들에게 다음과 같은 말을 전달하였다.

아시나 씨의 일, (중략) 사사로운 목적으로 공격하여 멸한 일은, 천황의 의도에 비추어 송구스러운 일입니다. 천황 뜻에 의하여 천하를 하나로 만들라는 분부를 받들어 관백직에 임명되셨으므로, 과거와는 전혀 달라져서 경의(京儀, 천황의 판단)를 거치지 않으시면, 월도(越度, 違法)가 될 것입니다.

여기에서도 사사로운 전투를 문책하기 위하여, 천황으로부터 '천하 통일의 건' 즉 전 국토에 대하여 지배하도록 명령을 받았다고 하는 히데요시의 입장이 선명하게 드러나고 있다. 하지만, 다테伊達 씨에 대한 처분은 뒤로 미루어졌다. 호조 씨가 같은 해 가을 고즈케의 나구루미성(名胡桃城, 현 군마현 쓰키요노마치)을 탈취하는 군사행동을 일으켰기 때문이다. 호조 우지마사北條氏政와 우지나오氏直 부자의 평화령 위반을 비난하며 오다와라 공격을 시작하였기 때문이다. 동년 11월 우지나오 앞으로 발송된 최후 통첩이라고도 할 수 있는 히데요시의 주인장朱印狀의 요점은 다음과 같았다.

하나, 호조 씨에 관한 일, 근년에 공의公儀를 멸시하고, 상경하지 않았으며, 특히 간토에 있어서 사사로운 의도에 따라 불법적인 사건을 벌인 점 등은, 옳고 그름을 따질 수조차 없는 사안이다. 그러므로 작년에 주벌을 가했어야 할 것이었지만, (중략) 사면되었으니, 즉 미농수(美濃守, 北條氏規)는 상경하여, 감사의 말씀을 올려야 할 일.

하나, 히데요시, (중략) 이미 하늘에 오른 용이나 날아오른 매와 같은 영예를 얻었으며, 염매즉결鹽梅則缺의 신하가 되어 만기의 정사를 떠맡고 있다. 그런데, 우지나오는, 천도天道의 정리正理를 어기고 제도帝都를 향하여 간악한 흉계를 꾀하였다. 어찌 천벌을 받지 아니하랴. 옛말에 이르기를, 교묘한 나쁜 짓은 졸렬한 정성만 같지 못하다. 어차피 보천普天 아래에서 칙명을 어기는 무리들은 신속하게 주벌을 가하지 않을 수 없다. 내년에는 반드시 천황의 명령을 받아 부절과 깃발節旄을 지니고 군사를 발진시켜, 우지나오의 목을 쳐야 할 일, 변함없이 진행할 것이다.

덴쇼 17년 11월 24일(주인朱印[히데요시])

호조 좌경대부左京大夫 앞

문서 속의 '염매鹽梅'라는 표현은, 음식의 간을 알맞게 맞추는 데 쓰이는 소금과 매실처럼 대신이 군주를 도와 훌륭한 정치를 한다는 비유이며, '즉결則缺' 즉 '즉결지신則缺之臣'이란, 관위와 관직을 설정하였으나 적당한 인재가 없을 때는 공석으로 두는 최고관을 말한다(율령의 규정으로는 태정대신에 해당한다). 보천 아래란 천하 곳곳이라는 상투적인 문구이다. '절모節旄'는 천자로부터 사자使者에게 내리는 징표節와 깃발旄이다.

히데요시(후에는 이에야스)의 브레인 중 한 명으로 활약하였던 쇼코쿠지의 선승 사이쇼 조타이의 일기에 의하면, 이 문서의 초안은 히데요시의 관백 취임을 암암리에 추진한 전주 기쿠테이 하루스에와 조타이가 상의하여 작성했다. 후지키 히사시 씨의 연구에 의해서 밝혀진 바에 따르면 이 최후통첩과도 같은 문서의 사본을 여러 다이묘들도 공공연히 보도록 하였다. 설령 그렇다고 하더라도, '제도에 대한 간악한 흉계'라느니, '천벌'이라느니, '칙명을 어기는 무리'라는 표현은, 여전히 천황에 대한 불경不敬과 위칙違勅이 강조되고 있는 점은, 시마즈 정벌 때 발령된 히데요시의 봉서와 완전히 궤를 같이하는 내용이다.

히데요시의 평화령이란 무엇인가

이러한 히데요시 평화령을 관철하고 있는 통치자로서의 입장에 대해서, '새로운 계급 결집의 입장에 의거하여 정당화하고자 하는, 적극적인 자세를 밝힌 것'이라는 평가가 학계에서 제기되어 수용되고 있다. 하지만 왜 그러한 새로운 계급 결집을 하기 위해서, 천황의 권위를 명시하지 않으면 안 되는 것일까? 이 근본적 문제가 어찌 된 영문인지, 지금껏 등한시되어온 것처럼 생각된다.

나는 다음과 같이 이해하고자 한다. 거듭 말했듯이 히데요시는 나가쿠테 전투의 뼈아픈 패전과 '이에야스 콤플렉스'로 인하여, 관백 취임 및 왕정복고의 길을 택할 수밖에 없었다. 일단 그 길을 택한 이상, 천황을 중심으로 하는 율령제적인 원리가 따라다니는 것은 불가피하다. 종래에는 관백이라는 지위가 공가사회 내부에서만 권위를 가졌으나, 그 지위에 히데요시가 앉음으로써 왕정복고(王政復古, 율령체계의 부활)라는 원리·이념을 매개로 정복전쟁을 수행할 수 있는 무가 사회에서도 통용되는 권위가 되었다. 히데요시가 내린 평화령의 핵심은 새로운 계급 결집이라는 데 있는 것이 아니라, 천황의 권위를 전국 '60여 주'로 확장한 데 있다. 즉 히데요시의 평화령은 곧 천황의 평화령이었던 것이다.

2. 취락제 행행 - 관위에 의한 다이묘 통제

이에야스, 상경하지 않았다

히데요시에게 가장 중요한 현안이었던 이에야스 대책은 어떻게 전개되었을까? 삿사 나리마사, 조소카베 모토치카의 복속을 마무리한 1585년(덴쇼 13) 시점으로 이야기를 되돌려보자.

10월 히데요시는 상경을 재촉하는 사신을 이에야스의 거성居城인 하마마쓰성浜松城으로 보냈으며, 이에야스는 숙로宿老들과 협의를 거듭하였으나 결론이 나지 않았다. 한편으로는, 호조 우지나오의 가로家老들과 이에야스 가신단 사이에 기청문(起請文, 誓紙)을 교환하는 등, 호조·도쿠가와 동맹의 강화를 꾀하고 있었다.

11월에 들어서자, 이에야스의 숙장宿將 이시카와 가즈마사石川數正가 교토로 달아난 사건이 일어나, 이에야스를 긴장하게 만들면서, 이에야스는 오카자키성岡崎城 수축에 착수했다. 히데요시는 미카와 출정의 준비를 진행하는 한편, 이에야스의 상경 실현을 위해 사전공작을 반복하였다. 우선 오다 나가마스(有樂齋, 노부나가의 막내동생)를 오카자키성에 파견하였고, 이듬해 정월에는 히데요시의 의중을 전달받은 노부카쓰가 오카자키성에서 이에야스를 만났다. 하지만 노부가쓰의 설득조차도 타협을 이끌어내지 못했다. 요시다 가네미吉田兼見는 "우리 쪽(當方, 히데요시)과 동국이 무사히 원만하게 지내는 상황이라고, 빈번하게 그러한 통지가 왔다"라고 기록하고 있지만, 3월에 이에야스는 호조 우지마사와 이즈의 미시마三島에서 회맹하여, 더욱더 그 결속을 다지고 있었다.

양보를 거듭하는 히데요시

히데요시는 상경 거부라는 저항에 대하여 고심한 결과, 1586년 4월, 자신의 여동생인 아사히히메旭姫를 이에야스 정처로 삼고자 하였다. 결국 혼다 다다카쓰本多忠勝가 상경하여 혼인 절차가 진행되어 5월 혼사가 실현되었지만, 그래도 이에야스 자신은 상경하지 않는다. 마침내 9월 말 히데요시는 생모인 오만도코로(天瑞院, 大政所)를 인질로 하마마쓰성에 보내는 비장의 카드라고도 할 수 있는 방안을 제시하였다.

하지만 그렇다고 하더라도, 왜 히데요시는 이처럼 양보를 거듭한 것일까? 왜 무력으로 하마마쓰성을 공략하려고 하지 않았을까? 그 이유는 여러 가지로 상상할 수 있겠지만, 결국은 이에야스에 대한 잠재적 공포심 때문일 것이다. 나가쿠테 전투 패전의 충격은, 그렇게 간단하게 사라질 수 있는 것이 아니었다. 이에야스는 이 제안을 받아들여 마침내 상경을 승낙한다. 승낙한 배경에는 시나노 우에다성上田城에 근거한 사나다 마사유키眞田昌幸의 반발로 인하여 애를 먹고 있었으므로, 시나노를 제압하는 데 히데요시의 도움을 받지 않을 수 없는 상황인 것도 관련이 있었다.

그런데 이에야스를 괴롭혔던 사나다 마사유키는 동부 시나노 지역의 작은 토착 세력에 지나지 않았지만, 이 무렵 고비마다 중요한 역할을 수행한 이색적인 무장이었다. 호조·우에스기·도쿠가와 세 세력의 길항 관계를 이용하는 한편, 천혜의 험준한 지형에 의지하여 자립할 수 있었으며, 호조·도쿠가와 씨를 손안에 든 구슬처럼 마음대로 조종하였다. 호조·도쿠가와 동맹을 이행하기 위해 이에야스가 고즈케上野의 누마타령沼田領을 호조 씨에게 넘겨주도록 지시한 것을 마사유키가 거부하자, 1585년 8월 이후로 전쟁상태에 들어갔고, 마사유키는 여러 차례 도쿠가와군을 격퇴하였다. 나가쿠테에서 히데요시에게

도 지지 않았던 도쿠가와 휘하의 정예부대가 산악 지대를 무대로 한 작은 세력인 사나다 씨에게 이길 수 없는 것은 아이러니라고 하지 않을 수 없다. 도쿠가와 정권 성립의 핵심적인 단서가 되는 세키가하라 전투関ヶ原合戰 때도 사나다 씨 때문에 낭패를 당하게 된다. 1590년의 오다와라 공격도 사나다 씨와의 영지 문제가 발단이 되었다.

현안이 해결되다

그런데 이에야스는 1586년 10월 2일 6일 혼노지의 변 이후 4년 만에 상경하여, 오사카의 하시바 히데나가羽柴秀長의 저택으로 들어갔다. 히데요시는 직접 히데나가 저택으로 이에야스를 방문하였고, 다음날 오사카성에서 정식으로 이에야스가 배알하게 되었다. 같은 무렵, 하마마쓰성 내에서는 히데요시 생모인 오만도코로의 거처 둘레에 장작을 쌓아놓고 이에야스에게 변고가 생기면 오만도코로를 태워 죽이려고 준비를 갖추고 있었다. 이에야스 가신단도 히데요시 진의를 파악하지 못하고 의심으로 가득 차서 안절부절하고 있었던 모양이다.

하지만, 히데요시는 이에야스의 손이라도 움켜잡을 듯

이 우대하였고, 교토의 우치노內野[1]에 광대한 도쿠가와의 저택을 건립할 것을 지시하였다. 11월 5일, 이에야스는 관백 히데요시를 호종하여 천황을 알현하였다. 이에야스는 상경에 앞서서 권중납언權中納言에 임명되었었는데, 이날 히데나가와 함께 종3위에서 정3위로 승서되었다. 이렇게 해서 드디어, 고마키·나가쿠테 전투가 최종적인 결착을 보게 되었다. 이후 동국총무사령東國惣無事令이 발령되었고, 이에야스가 그 책임자가 된 사실은 앞서 기술한 바와 같다.

천황의 양위가 실현되다

이에야스의 상경을 계기로 오기마치 천황은 적손자인 가즈히토(和仁, 후에 周仁)에게 양위하게 된다(고요제이 천황). 이미 1584년에 적자 사네히토에 대한 양위가 구체화되고 있었으나, 실현되지 않은 사이에 사네히토가 급사하여 사네히토 장자인 가즈히토和仁가 계승하게 되었다. 오기마치 상황은 이미 70세가 넘는 노령이었으며, 노부나가

---

1) 교토 내의 지명. 종래 대내리大內裏 안에 위치한 곳이라고 하여 내야內野라고 불리게 되었다. 현재 교토 상경구 소산정小山町 일대로 내야공원內野公園이 위치하고 있다. -역주

가 양위를 주청한 때로부터 이미 10년 가까운 세월이 경과하고 있었다. 이에야스도 상경하고 노부나가조차도 이루지 못했던 오기마치 천황의 양위를 실현하고 나서, 히데요시는 득의만만하였다. 또한 히데요시가 태정대신太政大神이라는 최고의 관직에 오르고 성을 도요토미豊臣라고 고친 것도 같은 해 그다음 달의 일이었다.

1587년 3월부터 5월에 걸쳐서 규슈 정복이 진행되었는데, 히데요시는 여행 도중에도 궁중에 전황을 아뢰었고, 돌아와서는 직접 천황을 알현하고 열일곱 살의 새로운 천황에게 시마즈 씨 토벌 상황을 상세히 보고하였다. 칙명에 의한 '정벌'이었기 때문에 천황에 보고하는 일은 당연한 것이라 하더라도, 아시카가 시대나 노부나가 때에도 유례가 없는 일이었으므로, 천황의 명령에 따른 천하일통天下一統이라는 점을 내외에 각인시켰을 것이다.

율령적인 관위 체계 속에 위치하게 된 다이묘들

7월 14일, 히데요시가 개선한다는 소식이 하마마쓰에 전해지자, 이에야스는 즉각 다시 상경하는 길에 올랐다. 칙명을 거역한 시마즈 씨의 말로를 보고 나서는, 이미 예

관백 겸 태정대신	종1위	도요토미 히데요시
내대신	정2위	오다 노부카쓰
대납언	종2위 종2위	도쿠가와 이에야스 도요토미 히데나가
중납언	종3위	도요토미 히데쓰구
참의	종3위 종4위하 종4위하	우키타 히데이에 우에스기 가게카쓰 모리 데루모토

<표 1> 유력 무가의 관위(1587~1588년)

전과 달리 관백의 기분을 상하게 할 수는 없었다. 8월 5일 상경한 이에야스는 히데요시를 알현하고, 전승을 축하하였으며, 히데요시 또한 흔쾌히 이에야스를 종2위 대납언에 임명해줄 것을 천황에게 주청하였고, 9일, 이에야스는 궁궐에 들어가 새로운 천황에게 사례하였다.

이때 노부가쓰는 정2위, 우키타 히데이에宇喜多秀家는 참의에 임명되었다. 이 무렵 히데요시는 일본 고대 율령제의 관위제도를 최대한 활용하였다. 저명한 다이묘들을 고위·고관으로 임명하여 이들을 율령적인 관위 체계 속에 묶어두고자 하였다. 이때, 고위·고관이었던 다이묘들의 임관 및 서위 상황을 나타낸 것이 <표 1>이다. 히데요시를 제외하고, 참의 이상 즉 공경公卿인 무가 = 다이묘가 일곱 명이나 된다(대신을 공, 대납언·중납언·참의 및 3위 이상을 경이라고 하고 이를 아울러서 공경이라고 부른다. 공경이 되면 『공경보임公卿補任』이라는 책에 그 명단이 수록된다). 무로마치시대에는 아시카가 씨의 적통 이외에는 참의 이상에 임명될 수 없었다. 전국 다이묘 가운데 최고위였던 오우치 요시타카大內義隆도 병부경(兵部卿, 병부성의 장관으로 관위로는 정4위에 해당한다)에 머물렀으며, 위에서와 같이 공경의 지위를 넘보는 일은 없었다. 노부나가도 자신은 우대신右大臣이 되었지만, 휘하의 제후들은 참의 이상의 관직에 임명하지는 않았다.

따라서 히데요시가 각 다이묘에게 관직에 임명하는 정책은 중세 공가사회의 상식을 깨뜨리는 이례적인 일이었으며, 또한 히데요시가 임관 혹은 승서된 다이묘들을 이끌고 입궐하여 천황을 알현하도록 한 것도 유례가 없는 일이었다.

확대되는 임관 승진 정책

이와 같은 이례적인 상황도 히데요시 나름의 왕정복고

태정대신	종1위	도요토미 히데요시
내대신	정2위	도쿠가와 이에야스
대납언	종3위	마에다 도시이에
중납언	종2위 종3위 종3위 종3위 종3위 종3위 종3위 종3위	도요토미 히데요리 오다 노부히데 모리 데루모토 우에스기 가게카쓰 도요토미 히데토시 마에다 도시카쓰 우키타 히데이에 도쿠가와 히데타다
참의	종4위하 종4위하 종4위하	모리 히데모토 유키 히데야스 니와 히데시게

<표 2> 유력 무가의 관위(1598년)

원리에 따른 것이라고 보면, 큰 위화감 없이 이해할 수
있을 것이다. 여러 다이묘들을 고위고관에 임명하여 천
황에 대한 신하로서 복종해야 한다는 의식을 주입시키
면, 관백인 히데요시에게도 등질 수 없게 되는 셈이다.
이 임관 및 승진 정책은 한층 확대되어, 히데요시 말년
인 1598년 8월에는 〈표 2〉와 같은 상황에 이른다. 참의
이상이 열 명을 돌파했다. 5대로(5大老, 도쿠가와·마에다·모
리·우에스기·우키타)는 모두 중납언 이상의 관직을 갖게 되

면서, 히데요시 정권의 내각회의는 마치 궁궐의 공경회의와 같은 모습을 갖게 되었다.

전국 다이묘들의 관위는 그것을 밝히는 것만으로도 주변 다이묘에 대항하는 억지적인(예를 들어 노부나가의 오와리 국尾張國 국수) 혹은 공격적인(노부나가의 아버지 노부히데의 미카와국參河國 국수) 효과를 기대할 수 있었다. 하지만 히데요시 정권에서 다이묘가 갖게 된 관위는 히데요시가 주도하는 상황이므로, 그 자체가 일정한 질서 내에 통제할 수 있는 효과를 기대할 수 있게 되었다고 할 수 있다. 사실 상당한 실효를 거둔 것으로 평가되고 있다.

취락제 행차의 모습

1588년(덴쇼 16) 4월 14일에 천황을 정점으로 하는 공가적 질서 속에 여러 다이묘를 포섭하고자 하는 대대적인 의식이 행해졌다. 고요제이 천황의 취락제聚樂第 행차다. 취락제는 히데요시가 옛 궁궐터 근처에 조영한 광대한 성곽풍 저택으로 묘켄지성妙顯寺城을 대신하여 히데요시가 교토에 체재할 때 머무는 거성이었다(1586년 봄에 착공하여 1587년 2월, 히데요시는 조정의 신하들과 각 지역의 다이묘로부터 이 저택에서 경하를 받았다).

행차 당일의 모습은 다음과 같았다고 한다. 먼저 이른 아침, 히데요시가 천황의 거처로 나아가서 모든 공경들을 통솔하여 각자의 역할을 수행하도록 하였다. 정오 전, 천황은 산비둘기색[2] 속대束帶[3]를 차려입고 편전으로부터 남쪽에 있는 정전으로 내려와 서자, 히데요시가 천황의 옷자락을 잡은 가운데, 돗자리를 깐 통로筵道를 나아가 층계가 있는 곳에서 봉련(鳳輦, 천자의 탈 것)에 올랐다. 취락제까지는 무사 6천여 명이 경호辻固한 것으로 기록되어있다. 공경들이 공봉供奉하는 가운데, 봉련의 뒤를 이어 국모 신조토몬인新上東門院, 여어女御 이하 궁녀들의 가마 서른 대가 나아갔다. 봉련이 이미 취락제 중문으로 들어갔을 때도, 히데요시가 탄 소가 끄는 수레는 아직 궁궐을 빠져나오지 못했다고 할 정도의 긴 행렬이었다. 히데요시가 탄 수레의 앞쪽에는, 왼쪽 열에 마스다 나가모리增田長盛 이하 서른다섯 명, 오른쪽 열이 이시다 미쓰나리石田三成 이하 서른일곱 명. 수레의 뒤에는, 마에다 도

---

2) 산비둘기의 깃털처럼 회색빛이 강한 황록색을 말한다. 국진麴塵·청백상靑白橡이라고도 하며, 금색禁色 즉 일반인의 사용이 금지된 색 중 하나이다. -역주
3) 헤이안시대 이후 천황 이하 공가의 남자들이 입는 정장을 말한다. 의관衣冠이 평상적인 복장이라면, 속대는 공식적인 의례 때 사용한다. 이를 아울러서 의관속대衣冠束帶라고 한다. -역주

시이에 이하 소장小將 세 명, 고바야카와 히데아키小早川
秀秋 이하 시종으로서 스물네 명의 다이묘들이 따랐다.

천황에 대한 기청문

취락제에서 열린 주연이 끝난 후, 히데요시는 경중지
자(京中地子, 교토 시내에서 거두어들이는 세금) 5천여 냥과 800
석의 토지를 금리료소로 천황에게 헌상하고, 또 공가료
公家料로서 오미近江 다카시마군高島郡에 8천 석을 배분하
였다. 구스노키 조안(楠木長諳, 구스노키 마사시게楠木正成의
후예라고 한다)이 쓴『취락제행행기聚樂第行幸記』에 "새롭게
전상에 오르게 된 사람들은, 오슈尾州의 내부(內府, 노부카
쓰), 스루가駿河의 대납언(이에야스)을 비롯하여 모두 천황
禁中에 대하여 서약문을 받들어 올렸다"라고 하였듯이 여
러 다이묘는 히데요시에게 바치는 글이 아니라, 천황에
대하여 모두 기청문(起請文, 서약하는 글)을 바쳤던 것이다.
그 글의 요점은 다음과 같다.

삼가 아룁니다. 다음과 같이 맹세합니다.
하나, 이번에 취락제에 행차해주시겠다고 하신 뜻에

대하여, 진심으로 감사드리며, 아울러 감사의 눈물을 금할 수 없습니다.

하나, 금리 어료소(앞에서 다루었음, 생략)

하나, 관백께서 하시는 말씀의 뜻은, 어떤 일이라도 조금도 위배되지 않겠습니다.

위의 조목들 중, 만약 한 가지 일이라고 하더라도, 위배하였을 경우에 있어서는 (중략) 이에 맹세하는 내용은 앞과 같습니다.

덴쇼 16년 4월 15일

(서명)

이 맹세문에 서명한 사람은 노부카쓰·이에야스 이하 여섯 명의 대 다이묘와, 조소카베 모토치카 이하 스물세 명의 일반 다이묘들이었다. 즉 규슈의 시마즈 씨를 제외한 지배하의 모든 다이묘들이 망라되었다.

히데요시의 통일전쟁, 완료되다

취락제 행차 다음 해인 1589년 말, 앞서 기술한 바와 같이 히데요시는 호조 씨의 평화령 위반을 문책하면서,

호조 우지나오 앞으로 최후통첩이라 할 수 있는 주인장 朱印狀을 보냈다.

1590년 3월, 히데요시는 교토를 출발하였고, 4월에 오다와라성小田原城[4]을 포위, 7월에 호조 씨는 항복했다. 오다와라성을 포위하던 중에 참전한 다테 마사무네를 용서해주었으며, 간토와 오우의 복속을 실현한 히데요시는 9월에 귀경했다. 이에야스는 간토 8주를 다스리도록 전봉轉封되어, 하마마쓰성에서 에도로 옮겨 거성을 정했다. 이렇게 히데요시의 통일전쟁은 완료되었다.

나가쿠테 전투 패전 이후 히데요시의 통일전쟁은 천황의 명령에 따른 평화령, 관위로 여러 다이묘를 옭아매는 기미정책을 지렛대로 삼아 착착 달성되었다. 하지만 그러한 천황을 중심으로 하는 율령제적 원리의 부활을 통해서만, 히데요시의 통일이 이루어질 수 있었던 사실은 일본 무가정권 역사상, 이른바 봉건제의 발달사에 심각한 어두운 그림자를 드리우는 것이기도 하였다.

---

4) 현재 가나가와현 서부에 있었던 호조 씨의 거성이었다. 최대의 특징은 도요토미군의 공격에 대비하여 광대한 성곽으로 산지로부터 바다까지 총 9킬로미터에 달하는 토루와 해자를 구축한 점이다. 그 규모가 히데요시의 오사카성보다 컸다고 전한다. -역주

3. 천정어전장이 갖는 의미

다문원 에이슌의 일기

나라 고후쿠지興福寺 탑두塔頭 다몬인多聞院 에이슌英俊
은 1591년(덴쇼 19) 7월 29일 일기에 다음과 같이 기록하
고 있다.

일본국의 군전郡田을 지도指圖繪로 그리되, 바다·산·하
천·마을·사찰·경작지 면적 이하, 모두 기록하여 올려야
할 것이라는 명령이라고 한다. 금중禁中에 보관하고자
하는 용도라고 한다. 이상한 일이다.

지도회指圖繪는 차도(差圖, 사시에)라고도 하며, 오늘날로
말하자면 지도이다. 즉 군 단위로 지명·사찰명·마을 이
름을 써넣은 군별 지도와 경작지의 면적을 기록한 장부
를 함께 제출하라는 히데요시 명령이 있었다는 것이다.
이상한 일이란 특별한 일이라는 뜻으로 전대미문의 사
건이었기 때문에 에이슌이 놀라움을 나타낸 것이다. 하
지만 이러한 경작지 면적 조사는 지금까지 전혀 없었던
것은 아니다. 원정기 이후 각국 단위의 경작지 면적을 장

원장원莊園·공령公領별로 표시하여 야마시로山城·셋쓰攝津 등 각국별로 편집한 장부圖田帳가 있었으며, 가마쿠라 초기부터 무로마치 중기에 이르는 시기에 작성된 장부 십여 권이 현존하고 있다. 이들은 '단전段錢'이나 '동별棟別'과 같은 일국평균역(一國平均役, 사찰 조영을 목적으로 한 임시적인 고정자산세)을 징수하기 위한 기준 원부, 즉 대장으로서 작성된 것이다. 중앙에서는 태정관太政官 변관국辨官局의 사무를 세습하는 집안인 오쓰키 가(小槻家, 壬生家)의 창고에 보관되어있었던 것으로 알려졌다.

하지만 이들 장부 대부분은 오닌의 난으로 산일되어버려서, 센고쿠시대 이후 통일적으로 작성되지는 않았다. 그것이 히데요시에 의해 '군도郡圖'로 부활하게 되었으니, 에이슌은 '이상한 일'로 받아들였을 것이다.

히데요시 단계에서 이러한 전국적으로 통일적인 군도·군장郡帳의 작성이 가능해진 배경에는 물론, 태합검지太閤檢地의 실시가 있었다. 히데요시는 1582년(덴쇼 10), 기요스 회의에서 야마시로국山城國을 배분받은 직후, 이 지역에 대한 검지(檢地, 토지조사)를 실시하고, 고마키·나가쿠테 전투 중에는 오미 지역에 대한 검지를 실시하였다. 오미 검지 과정에서 처음으로 1단보(段步/反)를 300보

步로 보는 방식을 채택했다고 하며, 이후 이시다 미쓰나리石田三成, 아사노 나가마사淺野長政 등 유능한 직속관료를 구사하여, 직할지(장입지藏入地라고도 한다)를 중심으로 지배영역에 대한 검지를 확대해갔다. 에이슌의 기록에서 말하는 '지도회指圖繪'나 경작지 면적이야말로, 검지를 통한 농지 실태 파악에 바탕을 두고 있었음은 말할 나위도 없다.

어전장 작성의 목적

그런데 왜 군도郡圖를 제출하라는 이유로, 천황의 조정에 보관한다('금중에 비치해둔다')고 하는 구실을 대고 있는 것일까? 아키자와 시게루秋澤繁의 연구에 의하면, 이때 금중에 헌납한다고 한 군도·군장은 당시 '어전장御前帳'이라고 불렸다고 한다. 이하, 아키자와 씨의 업적에 의거하여 '어전장天正御前帳'과 천황의 관계에 대하여 살펴보고자 한다.

에이슌의 일기보다 3개월 후인 10월 24일, 히데요시는 고야산高野山에게 보낸 주인장에서 "일본 가운데 아무리 좁은 땅寸土尺地이라도 남김없이 후세를 위하여 어전장을 모두 작성하게 됨에 따라서 검지를 행하라고 분부를 내리신 바"라고 밝히고 있다. 앞서 에이슌이 말한 군도·군장이 어전장이라 칭해지고 있는 점과 어전장의 전제로서 검지가 자리하고 있음이 분명하다. 유감스럽게도 이때 작성된 어전장은 현존하지 않지만, 아키자와 씨는 촌별로 작성된 곡물생산량石高을 표시한 장부였을 것으로 추정하고 있다.

사쓰마번에 전래된『도진가문서島津家文書』에는 시마즈 요시히사島津義久에게 보낸 1591년 5월 3일자 5봉행이 연명으로 서명한 봉서가 있다. 그 내용은 "그 지역의 지행 어전장知行御前帳을 오는 10월 이전에 작성할 것을 명령한 것으로, 군별로 지도를 명하셨다"라고 하여 군별 지도를 첨부할 것을 명하고 있다. 이를 통해서 다이묘에 대하여 어전장의 작성을 명령한 것은 5월이고, 그 제출 기한은 10월이었음을 알 수 있다.

그렇다면 어전장의 작성 목적은 어디에 있었을까? 에이슌은 '궁중에 보관하기 위한 목적'이라고 하였으나, 그것이 설령 최종 목적이라고 하더라도, 1591년 5월 시점에 전국적으로 일률적인 군도를 제출하도록 한 것은 무엇 때문일까? 거기에는 히데요시 정권이 의도한 본래의 목적이 있었음이 틀림없다. 그것을 전해주는 자료가, 1591년 여름으로 추정되는 시마즈 고레아키(島津惟彰, 요시히사의 동생)의 가로家老인 니로 료안新納旅庵의 각서이다.

내년에 조선高麗과의 전쟁을 말씀하고 계심에 따라서, 일본국의 검지장을 금중에 보관하셔야 하기 때문에, 분부를 내리셨습니다. (중략) 이시지쇼(石治少, 이시다 치부 소보 미쓰나리)[5]가 8만 석을 가필하였으므로, 전체 38만 석으로 검지장을 작성하여, 금중에 바치옵니다.

1592년(분로쿠 원)으로 예정된 히데요시의 '고려어진高麗御陣, 임진왜란'의 군사 동원을 위한 기초가 되는 각 다이묘 영국領國의 석고石高 파악이 직접적인 목적이었음을 보여준다. 여러 다이묘에게 출진을 위한 군역軍役 지시, 또한 군대 편성을 나타내는 '진립서陣立書'의 작성을 위하여 어전장의 작성이 반드시 필요했던 것이다.

---

5) 이시지쇼石治少는 이시다石田 치부治部 소보少輔를 줄여서 쓴 것이다. 이시다 미쓰나리石田三成의 무가 관위가 치부 소보였다. -역주

규슈와 간토의 상황

규슈나 간토 등 당시의 변경 지역에서는, 검지 실시에 의한 석고제石高制는 거의 진전되지 않은 상황이었다. 아키자와 씨에 의하면, 많은 다이묘가 기한 내에 장부를 제출하기 위해서, 책상머리에서 자료를 적당하게 조작하지 않을 수 없게 되었다고 한다. 료안의 각서에서도, 이시다 미쓰나리의 '8만 석 가필'이라고 하는 조작의 일단을 짐작할 수 있는 것처럼, 원격지에 있는 다이묘로서는, 히데요시의 요구는 성급하고 무리한 것이었다. 시마즈 씨의 경우, 히데요시가 직접 병력을 이끌고 영지 내까지 침입해왔고, 목숨이 위태로운 상황에서 사쓰마·오스미大隅 두 지역의 지배를 인정받았기 때문에, 어떠한 어려운 요구라도 들어주지 않으면 안 되는 입장에 있었다. 하지만 그러한 사태에 이르지 않고, 당주當主의 상경만으로 복속의 뜻을 나타낸 도쿠가와 씨 등의 경우, 이와 같이 무리한 난제를 강제하는 일이 가능하였던 것일까? 그러한 점에 대하여 히데요시가 의구심을 가지고 있었고, 그렇기 때문에 다시 천황에게 장부를 바친다고 하여 천황 권위를 들고 나온 것이 아닐까?

이에야스는 1591년 이즈, 사가미, 무사시, 고즈케, 시모쓰케, 가즈사, 시모사 등 간토 7개국에 대한 대규모 검지를 실시하였다. 아키자와 씨에 의하면, 이것을 계기로 관고제貫高制[6]로부터 석고제石高制로 현저하게 이행하였다고 볼 수 있다고 하면서, 어전장 작성과 관련 있음을 시사하고 있다. 한편으로 간토 지방의 천정어전장 작성·징수를 전하는 사료는 아직 발견되지 않았다고 한다. 조선과의 전쟁에서 이에야스가 군역 부담을 면제받은 사실을 감안하면, 어쩌면 간토 지방에서는 검지는 이루어졌지만 천정어전장 작성은 실현되지 않았을 가능성도 있다.

무모한 침략전쟁에 나서다

전후 사정은 어찌 되었든, '전국 60여 주의 지배進止'를 하도록 천황으로부터 명령을 받았다고 공공연히 떠들어댄 이상, 그 '지배' 결과를 지도와 장부로 나타내는 어전장을 천황에게 올린다는 것도 당연한 귀결이라고 말할 수 있을 것이다. 어전장이란 '귀인 앞에 올리는 장부' '귀인 좌우에 비치한 장부'를 의미하는 말인데, 누구의 앞인

6) 중세 일본에서 토지의 수확량을 통화단위인 관貫으로 나타내는 통일적인 토지제도·세제·군사제도를 뜻한다. 주로 센고쿠시대와 쇼쿠호기織豊期의 센고쿠 다이묘의 영국領國에 보급되어 통일적인 각종 세금과 부역의 부과 기준이 되었다. -역주

가 하면 관백(히데요시) 앞이 아니라 천황의 어전御前임은 이미 자명한 것이라고 할 수 있다. 히데요시의 왕정복고 원리는 여기에서도 관철되는 것이다.

1591년 여름부터 가을에 걸쳐, 분주하게 천정어전장의 작성이 진행되었다. 취락제에서 여러 크고 작은 다이묘 영주로부터 제출된 숫자를 기초로, 국군國郡 단위의 방대한 검지장의 합산·집계 작업이 이루어졌을 것이다. 계수의 조정도 수반되는 무서울 정도로 번잡한 작업이, 이시다 미쓰나리 등의 지휘하에 진행되었지만, 기초가 되는 계수의 미비로, 미쓰나리의 무리한 간섭이나 가공의 숫자로 조작하는 일도 드물지 않았다고 한다.

이렇게 강행된 어전장 작성을 전제로 히데요시는 1591년 말에 관백 자리를 양자인 히데쓰구에게 넘기고 태합(太閤, 전 관백)이라는 자유로운 입장에서 조선의 산야를 초토화하고자 하는 무모한 침략전쟁을 감행했던 것이다.

천정어전장의 기억

이러한 '천정어전장'이 하나의 선례가 되어, 검지장을 통하여 전국적인 수치를 집계하려는 노력은 에도막부로 계승되었다. 그 첫 번째 예가 1605년부터 이듬해에 걸쳐 실시된 것으로 보이는 '경장어전장慶長御前帳'이다. 하지만 이에야스는 "나라의 지도, 조세와 관련된 숫자를 변경한다" "일본국 여러 다이묘의 영지, 석고와 세금 및 사사령寺社領 등 이를 개정하겠다"라고 했지만, 그 결과를 "천황에게 올린다"라는 말은 결코 꺼내지 않았다. 명실상부하게 '장군의 어전에 올리는 장부'로 편집한다는 사실을 의식하고 있었을 것이다. 여기에서 도요토미와 도쿠가와의 국정 원리 사이에 큰 전환이 있음을 확인할 수 있다. 그렇지만 천황에게 바치는 '천정어전장'이라는 히데요시의 슬로건은 오랫동안 사람들의 뇌리에 남아있었던 것 같다.

에도시대에 편찬된 고야산 편년사인 『고야춘추편년집록高野春秋編年輯錄』에서는 1586년(덴쇼 14)의 조항에 다음과 같은 내용이 보인다.

봄부터, 히데요시공이 전국에 일률적으로 검지를 행하여, 농경지 면적과 지리를 기록하도록 하고, 수장水帳이라고 불렀다. 한 통은 금중禁中에 바치고 한 통은 오사카(大坂, 히데요시)에 올리고, 한 통은 영주에게 내렸다.

도쿠가와 4대 장군 이에쓰나家綱 시대에도 1659년의 고야산 학승들의 소장訴狀에서 금중에 올린다는 사실을 강조하는 문구가 보인다.

히데요시공의 치세 때 일본 60여 주에 대하여 검지를 행하고 지리의 목록을 만들었다. 수장水帳이라 이름 붙이고 궁중에 보관하였다. 이때 기슈紀州 세 군의 수장과 목록이 빠졌다.

또한 교토 취락제에서 진행된 계수작업이 얼마나 번잡했는지와 관련하여, 다음과 같은 전설도 생겨났다. 에도 시대 중기, 단바의 어느 농민이 조상이 겪었던 일을 언급한 각서에 기록된 내용을, 현대문으로 고쳐 읽어보자.

태합님의 검지라고 하여, 봉행奉行 가타키리 시정(片桐市正[7], 가타기리 가쓰모토片桐且元[8])님으로부터, 전답의 계수

---

7) 이 기록에 보이는 시정市正은 동시정東市正이라고 하는 가타키리 가쓰모토片桐且元의 관위를 뜻한다. 동시정은 동시사라는 관청의 장관이다. 고대 율령제하에서 도성 안에 동시와 서시라고 하는 시장 두 곳이 있고, 이를 관리하는 관청이 동시사·서시사이다. -역주
8) 아사이 마사나가淺井長政→도요토미 히데요시→ 히데요리→ 도쿠가와 이에야스 순서로 주군을 섬겼으며, 히데요시의 직접적인 가신이었다. 히데요시가 시바타 가쓰이에와 싸운 시즈가타케 전투에서 활약하였고, 1586년 7월에 종5위하 동시정에 임명되었다. -역주

146

작업에 능한 사람은 출두하라는 지시를 받고, 사부로사에몬三郎左衛門은 시정님을 직접 만나뵙고, 이웃 지역을 도와주라고 명해서, 교토까지 동행하셨습니다. 그래서 궁중에서 47일간이나 갇혀서 일본 전역의 석고石高를 집계하여 보고하였습니다. 그 석고의 목록 사본은 지금 소지하고 있습니다.

어전장의 집계 사무가 궁궐 건물 안에서 이뤄졌다고는 도저히 믿을 수 없지만, '천정어전장'의 집계 작업에는 숫자에 능한 지방의 능력 있는 백성들이 교토에 모이게 되었다고 농민들 사이에서는 널리 회자되었다고 한다. 그러한 사실을 반영하는 것으로 보인다.

4. 히데요시가 바다를 건너지 못한 이유

1591년(덴쇼 19) 8월 6일, 쇼코쿠지의 사이쇼 조타이 화상은 소사대 마에다 겐이의 문서를 통하여 '전하입당殿下入唐' 즉 히데요시의 외국 정벌 계획을 통보받았다. 도후쿠지東福寺에서 히데요시를 직접 만나게 된 사이쇼는 이쿄惟杏·유세쓰有節 등 5산五山의 장로와 함께 히데요시의 '중국 침략'에 협조하라는 명령을 받았다.

히데요시는 전날 적자인 쓰루마루鶴丸가 자신보다 먼저 죽어버리자 비탄에 빠진 나머지 도후쿠지에 틀어박혀 있었다. 히데요시의 조선 침략에 대해서 그 이유를 여러 가지로 설명하고 있지만, 학수고대하여 얻은 아들을 잃은 것이 직접적인 '방아쇠'가 되었다는 점은 틀림없을 것이다. 하지만 엄청난 충격을 받은 상황에서 발안되었다고는 하더라도, 히데요시의 '중국 침략'에 대한 욕망은 일찍부터 있었다. 관백 취임 직후인 1585년 9월, 가신들에게 "나 히데요시는, 일본국은 말할 것도 없고 당나라(중국)까지 지배하라는 명령을 받고 싶은 마음이다"라고 하였으며, 1587년 3월, 고후쿠지의 에이슌은 일기에 다음과 같이 썼다.

고려(高麗, 조선)·남만南蠻·대당(大唐, 명)까지도 쳐들어 간다는 소문이 들린다. 너무나도 엄청난 계획으로 전대 미문이다.

2차 세계대전 패전 이전의 일본 군부도 무색할 정도의 과대망상에 사로잡혀 있었다고 할 수밖에 없지만, 1590년 11월 취락제에서 히데요시가 조선의 사신과 그 안내역인 대마도 소씨宗氏를 접견했을 때, 상호간에 그 의도에 대한 오해가 있었고 오해가 증폭된 끝에, 조선의 '정명향도征明嚮導' 역할을 기대하였던 히데요시는 혼자 지레짐작으로 회견이 의도대로 진행되고 있다고 믿었다는 사실은 이미 밝혀져 있다.

서전 승리에 취한 히데요시

1592년(분로쿠 원) 정월 5일, 히데요시는 다이묘들에게 병력을 동원할 것을 지령하였다. 3월 초부터 각각의 병력들은 전진기지인 나고야(名護屋, 현 사가현 진서정鎭西町)를 출발하여, 4월 12일, 소 요시토시와 고니시 유키나가가 이끄는 병력이 최초로 부산에 상륙하였다.[9] 파죽지세로 진격한 일본군은 불과 20여 일이 지난 5월 3일, 한성(서울)을 함락시켰다(조선 국왕 선조는 4월 29일에 한성을 떠나 평양

---

9) 조선과 일본이 사용한 역법이 달라서 날짜에 하루 차이가 난다. 조선 측 기록에는 4월 13일에 처음 상륙한 것으로 나타난다. -역주

으로 향하고 있었다).

　나고야 본영에 있던 히데요시에게 한성 공략 소식이 전해진 것은 5월 16일이었고, 이틀 후인 18일에 히데요시는 교토 유수留守 역할을 맡고 있던 관백 히데쓰구 앞으로 25개 조로 구성된 명령서를 발령하였다. 거기에는 서전의 승리에 취했다고는 하지만, 망상이 이러한 지경에 이르렀는가 할 정도로 놀라운 내용들이 담겨있었다. 천황을 북경으로 옮기려고 한 것이다. 이와 관련된 3개 조를 제시해보면 다음과 같다.

　하나. 대당도(大唐都, 명의 수도 북경)로 예려(叡慮, 後陽成天皇)를 옮기고자 합니다. 이를 위한 준비를 해야 할 것입니다. 내후년에 행차해야 할 것입니다. 그렇게 되면 도성 주변의 열 개 지역을 진상해야 할 것입니다. 그 범위 안에서 여러 공가중公家衆도 모두 지행지를 나누어주어야 할 것입니다. 하급 공가는 열 배를 늘여야 할 것입니다. 그 위 공가들은 관위에 따르도록 해야 할 것입니다.
　하나. 일본 천황의 자리에 관한 일은, 와카미야(若宮, 良仁), 하치조도노(八條殿, 智仁) 어느 쪽으로 할지에 대해서 깊이 생각해야 할 일입니다.

하나. 신단국(晨旦國, 명)에 천황이 행차하실 경로와 예식은 행행의 의식으로 해야 할 것입니다. 행차 과정의 체류 장소는 이번에 출진한 경로로 삼아야 할 것입니다. 인부와 전마傳馬는 지역별로 할당해서 지시해야 할 것입니다.

첫 조항은 2년 후를 기한으로 하여 북경으로 천황을 옮긴다(천도)는 내용이고, 다음은 일본의 천황위에는 적자인 요시히토良仁나 천황의 아우인 도모히토智仁가 오른다, 세 번째 조항은 북경으로 이동하는 것을 행행行幸으로 간주한다는 것이다.

이처럼 조선 침략에 천황이 행차하도록 하려는 의도에 대하여, 정월 5일에 여러 다이묘에 내려진 출진 명령이 천황의 이름으로 이루어졌기 때문이라는 설이 있다. 모리 데루모토가 조선에서 내건 금령禁令 중의 한 조항에, "경상도는 일본국 아키국安藝國 지역의 재상(宰相, 데루모토)이 칙명을 받들어 다스리게 되었다. 오늘부터 그 취지를 지켜야 할 것이다"라는 내용이 그 근거인데, 지금까지 살펴본 바에 의하면 충분히 있을 수 있는 이야기이다.

천도 계획에 놀라다

5월 18일자 히데요시의 명령서('삼국처치계획三國處置計画'이라고 불리고 있다)는 월말에는 교토에 전달되었다. 교토 유수를 맡고 있던 히데쓰구와 조정 사이에 어떤 논의가 이루어졌는지는 사료를 통해서 분명히 알 수 없지만, 천황이나 공경 측이 크게 놀랐을 것이라는 점은 상상하기 어렵지 않다. 지금까지 판명된 사실은 소사대 마에다 겐이가 6월 7일, 공가 측에 문서를 돌려, '금상마마當今樣께서 대당(大唐, 明國)으로 행차하실 것'과 관련해서 행행에 관련된 선례와 고실故實을 조사하도록 명령하였다. 이 사실을 근거로 천황이 북경 행행(천도)에 대하여 칙허를 내렸다고 하는 설도 있지만, 이후의 경과로 미루어보아 매우 의문스럽다. 천황과 상황(오기마치 상황)은 북경 천도에 대하여 소극적이었던 사실이 곧 밝혀지게 된다.

다만 처음에는 표면적으로 천도 계획에 반대하지 않았던 것 같다. 마에다 겐이는 위에서 언급한 문서에서 고실에 관한 조사는 칙정勅定 즉 천황의 명령이라고 주장하고 있으며, 다음과 같은 기록도 있다. 쇼코쿠지의 승려 우세쓰 즈이호有節瑞保는 6월 9일 "히데요시太閤로부터 주인장御朱印이 올라왔다고 한다. 내후년에 금궐禁闕·봉가鳳

駕를 대당국으로 옮길 것이라고 한다. 이와 같은 기이한 일은 하늘의 뜻인가, 운명인가"라고 일기에 기록하였다. 그 사흘 후의 일기에서는 "행차를 호종하도록 하라는 칙사를 통한 천황의 명령을 받들어, '삼가 머리 숙여 승낙하옵니다'"라고 하였다.

히데요시 생모가 병으로 죽다

드디어 6월 15일에는 평양이 함락되었다는 소식도 도착하였다. 히데요시는 명에 대한 정벌이 현실화되었다고 인식하였던 것인지, 당장이라도 바다를 건너야겠다는 말을 꺼냈다. 7월경에, 나고야에 머무르고 있던 이에야스와 도시이에 등 숙로宿老들이 히데요시가 도해하지 않도록 설득하고 있던 중이었는데, 히데요시 생모인 오만도코로가 위독하다는 소식이 전해졌다. 밤낮을 쉬지 않고 강행군을 거듭하여 상경하였는데도 불구하고, 히데요시가 도착하기 전인 7월 말에 모친은 병으로 목숨을 잃었다.

장례식을 마친 히데요시는 9월 10일을 기해 다시 나고야로 돌아가고자 하였다. 그러나 5일 밤에 이르러 갑자기 히데요시의 나고야 출발이 연기된다는 소식이 전해졌다. 그것은 다음과 같은 칙서가 히데요시에게 전해졌기 때문이다.

고려국(조선)으로 가기 위하여, 험한 길과 거친 파도를 헤쳐나가야 하는 것은 안타까운 일입니다. 병사들만 파견해도 충분하지 않겠습니까. 게다가 조정朝家을 위해서, 또한 천하를 위해서 부디 직접 나서는 일은 삼가는 것이 마땅합니다. 승리를 천 리 바깥에서 결정지으시고, 이번 일은 단념하신다면, 각별히 기쁠 것이라고 생각합니다. 이와 같이 칙사가 아뢰어야 할 것입니다. 구구한 내용입니다.

태합전 앞

이처럼 천황의 칙서는 히데요시의 나고야 하향뿐만 아니라 쓰시마해협의 도해 자체를 자제하라는 내용이었다. 북경 행행에 대한 고실 조사에 동의하고 승려 우세쓰 등의 공봉供奉까지 결정했던 조정이 갑자기 히데요시의 도해를 막으려 한 의도는 무엇이었을까? 5월 7일 이래 조선 전라도 좌수사 이순신의 활약으로 인한 일본 수군

의 연이은 패전 소식이 기나이에도 전해졌을 것이다('험
로와 파도'라는 표현에는 그런 사실도 포함하고 있는 것 같다). 오랫
동안 히데요시가 하는 어떤 일에 대해서도 상관하지 않
았던 천황가가 비록 정중한 어조이긴 하지만, 히데요시
의 군사에 관련된 일에 표면적으로 이의를 제기한 것은
극히 이례적인 일이다.

　나는 이 칙서의 배경에 있는 것은 천황의 할아버지인
오기마치 상황의 의중이라고 생각한다. 천황 거처를 북
경으로 옮긴다는 등 경천동지할 계획에 대하여, 공경들
이 의지한 것은 센고쿠시대에도 살아남았고, 노부나가에
게도 굴하지 않았던 오기마치 상황의 노회함이었다. 우
선 히데요시에게 도해 금지를 권유함으로써 히데요시 정
권의 반응을 살피겠다는 속셈이 아니었을까? 9월 5일,
기쿠테이·가주지·구가의 전주傳奏세 명과 함께 오사카
에 올라간 나카야마 지카쓰나中山親綱는 마에다 겐이를
면회하고 가지고 간 '칙서·원어문院御文'에 대하여 협의
했다고 그의 일기에 쓰고 있다. 칙서 외에도 '원어문' 즉
오기마치 상황의 편지가 추가된 것은 상황의 뜻이 반영
되었다는 사실을 뒷받침한다.

나고야행이 연기되다

이후 5일부터 9일에 걸쳐 오사카성 내에서 칙사 네 명과 나고야 하향을 서두르는 히데요시 사이에 긴박한 절충이 전개되었다. 히데요시는 9일 다음과 같은 문구로 시작하는 장문의 서약서誓文를 천황에게 올리게 된다.

칙서, 오늘 진시辰時, 삼가 받았사옵니다. 쓰쿠시筑紫에 머무르면서 진행하고 있던 일, 추운 날씨를 맞이하게 되었습니다. 어떠한 배려이신지, 기쿠테이 우대신, 가주지 대납언, 나카야마 대납언, 구가 대납언으로 하여금, 연기해야 한다는 뜻을, 분부해주셔서 황공하게 생각하옵니다.

이 문서에서 히데요시는 어떤 사실을 말하고 있는 것일까? 결론적인 부분의 대의를 간추려서 말하면 다음과 같다.

가능하다면 연내에 오사카에 체재하며 자주 알현하면서 천기(天氣, 천황의 모습)를 받들고 싶은 마음은 가득하지만, 전국의 무사들에게 명해 나고야 진영을 갖출 것을 명령해놓은 상황에서, 오랫동안 진을 비운다면 여러 장수들이 히데요시가 '싫증'을 내거나 '방심'한다고 판단하고, 히데요시를 기대할 수 없다고 생각할지 모른다. 그렇다고 해서 분부를 무시하고 (나고야로) 하향하게 되면, 히데요시는 천황의 판단을 어겼다고 사람들이 생각하게 될 것이다. 그러므로 일단 하향을 10월 1일까지 연기하고 싶다.

네 명의 칙사는 이러한 히데요시의 대답에 만족하여 귀경하였다. 실제로는 칙서가 '고려 하향高麗下向' 즉 조선으로 건너가는 일을 중지하도록 요구하고 있는데도, 히데요시는 나고야 출발을 20일간 늦췄을 뿐이었다. 하지만 생모의 49재 기간도 채우지 않은 채 출발을 서둘렀을 정도로 중요하게 생각했던 '고려 전쟁(조선 침략)'이 천황의 판단을 위배하는 것으로 여겨질까 우려해 연기된 의미는 크다. 나카노 히토시中野等는 '험로 파도'를 히데요시가 회피한 이상, 천황을 '험로 파도'에 노출시킬 수는 없게 되었고, 따라서 앞에서 말한 '삼국 처치' 자체가 무너지는 결과가 되었다고 지적하였다.

나고야로 돌아온 히데요시는 여전히 '이듬해 3월 도해'

를 외쳤지만, 마침내 도해는 불가능한 상황이 되었고, 북경 천도라는 공상도 저절로 소멸되어버렸다. '태합이 쌀한 석을 살 수 없어 오늘도 다섯 말을 사고 내일도 다섯 말을 사네'라는 노래는 당시 유행하였던 광가狂歌[10]이다.

외교 사안에 천황이 관여하다

1590년 11월 조선 사절을 접견한 이후, 도해 중지 칙명에 이르기까지 천황이 조선과 일본 사이의 외교 절충에 관여한 흔적은 전혀 없지만, 그것은 일본 국왕 무로마치 장군이 외교를 전담하던 무로마치막부의 관행으로 미루어보아 당연한 일이라고 생각할 수 있다. 하지만 이 도해 중지 사건을 계기로 임진왜란交祿之役과 그 외교처리에 천황이 관여하게 된다.

1593년(분로쿠 2) 정월, 오기마치 상황이 병사하였음을 전하기 위해 칙사가 나고야에 파견되었는데, 이를 뒤쫓듯이 2월 10일에는 고노에 노부타다가 도해하는 것을 금지하는 고요제이 천황의 칙서가 히데요시 앞으로 발급되었다. 이는 히데요시를 호종하여 도해하려던 노부타다

---

10) 사회 풍자나 야유, 해학 등을 담은 5, 7, 5, 7, 7음으로 구성된 노래를 말한다. -역주

의 계획을 견책한 것이지만, 동시에 새로운 천황으로서 '삼국 조치'·'북경 천도'에 대한 거절의 의사를 표시한 것이었다.

또한 같은 해 6월 히데요시가 명나라 사신에게 제시한 대명강화안對明講和案 7개 조항은 관백 히데쓰구秀次를 통하여 천황에게 주문하는 절차를 거쳤다. 이는 형식적 (명목적) 외교권이 천황에게 있음을 내외에 천명하는 결과가 되었다. 당시 나고야에 있던 마에다 겐이는 교토에 있던 히데쓰구의 중신인 고마이 시게카쓰駒井重勝에게 "이번에, 명이 제안한 화평하자는 취지에 대하여, (히데쓰구에게) 물어보고 그다음에 천황의 판단을 얻어서 대답하겠다고 하여 명의 칙사를 (나고야에) 머무르도록 하였다"라고 언급하고 있다. 요시미쓰 이후 무가가 장악하고 있던 형식적 외교권을 일시적이나마 천황가가 되찾은 순간이었다.

히데요시의 죽음과 일본군 철수

히데요시의 '당입(唐入, 실제로는 조선 침략)'은 당연히 무산될 운명이었다. 비록 서전에서는 화려하게 승리했다고는 하지만, 조선 각지에서 의병이 봉기하고 특히 수군의 거듭된 패배로 인해 명나라와의 평화 교섭이 시작되었는데, 여기서 특징적인 것은 히데요시가 제시한 강화안 7개 조항은 어디까지나 명나라에 대한 것으로, 조선을 무시한 막무가내식의 교섭이었다는 점이다. 히데요시는 명나라에 통교를 요구하면서 조선에는 영토할양과 복속을 요구했다. 잘 알려져 있듯이 상호 교섭담당자의 왜곡에 따라, 단 하나의 조항도 명나라에 제대로 전달되지 않았고, 그 결과 교섭은 파탄을 맞이하였다.

히데요시는 1597년(게이초 2) 정월, 또다시 무모한 출병을 감행하였다(정유재란). 또 1598년 8월에 히데요시가 병사한 이후에도, 가토 기요마사加藤淸正의 '울산농성' 등 고전이 거듭되었으나 마침내 12월, 일본군의 철수가 완료되었다.

일본 봉건제의 재편성기에 해당하는 이 16세기 말이라는 시기에 있어서, 히데요시의 '왕정복고'가 실현된 조건을 천황사의 고유한 흐름 속에서 되돌아보기로 하자.

학계 일부에서도 주장하고 있고 또한 전쟁 전부터 일반적으로 알려진 바와 같이 센고쿠시대 천황가의 몰락

(이른바 '황실식미皇室式微)'[11]이 사실이라고 한다면, 아즈치
모모야마安土桃山 시대의 왕정복고 등이 가능했을 리가
없다. 에이쿄永享의 난(1438) 이후 천황의 권위가 끊임없
이 부활하고 상승하는 추세를 전제로 해야만 비로소 이
해할 수 있는 역사적 현상이다.

또한, 이제 추가로 들 수 있는 또 하나의 이유는, 히데
요시의 개인적인 성향으로 귀착될 수 있을 것이다. 나가
쿠테 전투의 패전 이후, 사태의 수습이 어려워지면서, 히
데요시는 율령관위의 효용을 뼈저리게 깨닫게 되었다.
그것을 계기로 히데요시 자신이 그 천황제라는 덫에 사
로잡혀 버린 것이다. 다시 말하자면, '천황병'에 걸려서
평생 거기에서 벗어날 수 없게 되어버린 셈이다. 자신의
출신 배경으로 인하여 굴절된 혈통에 대한 콤플렉스를
품고 있었기 때문에, 어떤 중납언의 후손(『태합기太閤記』)
이라는 등의 조작된 이야기를 유포시키려 한 언저리에,
히데요시의 성향을 이해하는 단서가 숨어있다.

1598년(게이초 3), 히데요시는 죽음에 임박해서 자신이
파괴해버린 온조지園城寺의 중흥을 유언하거나, 대불 본

---

11) 『시경』 패풍邶風 「식미式微」라는 시를 출전으로 한다. 식미식미, 호불귀, 미군지고,
호위오중로(式微式微, 胡不歸, 微君之故, 胡爲乎中露), 식미는 발어사이고 미약하다는 미微만
의미를 갖는 것으로 보고 있다. -역주

존으로서 시나노 젠코지善光寺에서 옮겨온 여래불상을
다시 되돌려줄 것을 지시하는 모습에서 그가 신벌과 불
벌을 두려워하는 평범한 중세인으로 전락한 상황을 발견
할 수 있다.[12] 또한 귀종貴種 즉 신분이 고귀한 자와 왕조
권위에 약했다.

히데요시가 구상하고 만든 일본의 국제는 그 최고위에
항상 천황이 존재한다고 하는 원리가 어디든지 따라다녔
다. 포괄적으로 통관해보면 고대 율령제적 원리가 관철
되고 있음이 분명하다. 히데요시의 통일 정권을 일종의
'왕정복고'라고 평가하는 이유이다. 이렇게 해서 고다이
고 천황이 꿈꾸었지만 이루지 못한 엔기延喜·덴랴쿠天曆
의 시대(헤이안시대의 다이고醍醐·무라카미村上 천황의 치세인 7
세기 전반으로 이상적 시대로 인식되었다)의 재건再興은 히데요
시라는 천황에게 최후까지 충실하였던 무사 대장의 출현
으로 뜻하지 않게 실현되었다.

---

12) 1596년 교토 대지진으로 자신이 건설한 교토 대불전大佛殿이 붕괴되자, 다음 해 젠
코지의 본존을 고후甲府로부터 옮겨와서 호코지方廣寺의 본존으로 삼았다. 그런데 그
무렵부터 히데요시가 병에 걸리자 젠코지 여래불의 저주라는 소문이 돌았다. -역주

고요제이 천황의 초상화(센뉴지 소장)

Ⅳ장. 이에야스 정권의 천하 지배의 분기점 -세키가하라 전투와 오사카 전투 사이

1. 세키가하라 전투 전후

차기 천하인, 이에야스

히데요시가 오사카성에서 병사한 1598년 8월부터 이듬해 정월 무렵까지 히데요시가 죽은 사실을 세상에 알려지지 않았다. 다이고지醍醐寺 좌주座主 산보인三寶院 기엔義演[1]은 1598년 12월 18일, 그의 일기에 '오늘이 태합어소太閤御所[2]의 기일인가? 아직도 밝히지 않고 있기에, 확인할 수가 없다'라고 기록하여, 아직 장례가 진행되지 않고 있다는 사실을 지적하고 있다. 이러한 사태는 무가 정권이 들어선 이래로 과거에 유례가 없는 것으로, 히데요리 정권의 기반이 지극히 취약함을 나타낸다고 할 수 있다.

그런 가운데 5대로 중 으뜸인 이에야스가 적극적으로 사태를 장악하려는 의욕을 드러내었고 그의 움직임이 돋

---

1) 센고쿠시대부터 에도시대에 활약한 진언종의 승려(1558~1626)로 무로마치막부 15대 장군 아시카가 요시아키足利義昭의 유자가 되기도 하였다. 도요토미 히데요시가 조선을 침략할 때 도지東寺에서 인왕경 대법회를 열었다. 천황·상황·무가의 존숭을 받았고, 특히 히데요시가 자주 그가 있는 다이고지를 자주 방문하였다. 또, 도요토미 히데요시·히데요리 부자의 원조를 받아 다이고지의 산보인三寶院을 중흥하였다. 그가 도요토미와 밀접한 관계에 있었는데도 불구하고, 히데요시가 언제 죽었는지를 알지 못한 것이다. -역주

2) 히데요시를 말한다. 1598년 3월 15일 히데요시가 다이고지에서 벚꽃놀이를 한 사실을 기록한 내용에서도 히데요시를 태합어소太閤御所라고 하였다(『義演准后日記』). -역주

보인다. 고요제이 천황이 발병으로 인하여 양위의 뜻을 밝혔을 때, 히데요시 유지에 의한 황위 계승(장남 요시히토良仁의 즉위)을 꺼려서, 고요제이 천황에게 아뢰어 요시히토 즉위를 막았고, 5봉행五奉行의 주청에 의한 연호 개정도 묵살하였으며, 히데요시 일대 동안은 실현되지 않았던 야마시나 도키쓰네山科言經[3]에 대한 칙감勅勘을 이에야스가 상주執奏를 통해서 풀어주는 등, 차기 천하인天下人으로서 행한 연출은 연이어 성공을 거두고 있었다(Ⅳ장 5절 참조).

주목해야 할 대목은 1599년(게이초 4) 2월에 단행된 고바야카와 히데아키小早川秀秋의 영지 교체였다. 에치젠越前에서 치쿠젠筑前으로 영지를 교체하였는데, 이는 규슈 북부에 이시다石田라는 유능한 인물을 두어 규슈 지역의 다이묘를 감시한다고 하는 구주물두제九州物頭制[4] 구상에 대

---

3) 센고쿠시대부터 에도시대 초기에 활약한 공경으로 정3위 권중납언權中納言을 지냈다. 『언경경기言經卿記』의 저자이기도 하다. 1570년에 종3위, 이듬해 참의에 오를 만큼 빠르게 출세하였으나, 1585년에 천황으로부터 칙감勅勘이라는 처벌을 받아 교토에서 쫓겨났다. 처벌의 이유는 야마시나 가문의 땅과 천황의 영지에 대한 세금 징수 때문으로 추측하고 있다. 1598년 12월에 비로소 사면되어 조정에 복귀하였다. 이후 그는 도요토미 가의 동정을 자세히 이에야스에게 보고하는 행동을 보였다. -역주

4) 물두(物頭, 모나가시라)는 도보로 전투에 참여하는 하급 무사인 어도(御徒, 오카치), 궁수나 철포수 등 하급 가신을 통솔하는 중급 가신을 말한다. 도시의 행정이나 재판에 해당하는 정봉행町奉行, 또 농촌 지배나 연공 징수에 해당하는 군봉행郡奉行은, 물두로부터 승진하는 자리이다. 여기에서는 규슈 전체를 총괄하는 도요토미 가의 가신이라는 뜻으로 사용된 것으로 보인다. -역주

한 부정이자, 5봉행파의 패배를 의미하는 사건이었다. 같은 해 9월 이에야스가 오사카성의 니시마루西丸에 입성하게 되는데, 이 또한 5대로(마에다 도시이에 사망)에 의한 합의제의 붕괴를 보여주는 사건이다. 5봉행파 필두인 미쓰나리가 중앙에서 쫓겨나서 거성인 사와야마佐和山에 칩거하게 된 것도 이에야스의 독주에 박차를 가하였다.[5] 이렇게 이에야스가 두각을 드러내자 이에 위기감을 느낀 미쓰나리 등의 반격으로 주지하는 바와 같이 1600년(게이초 5) 9월 세키가하라 전투가 발발하게 되는 것이다. 최근 흥미로운 견해를 제시한 가사야 가즈히코笠谷和比古 씨의 연구에 따르면서, 전투의 배경을 살펴보고자 한다.

전쟁의 단서가 열리다

같은 해 3월 우에스기 가게카쓰上杉景勝의 가로家老인 나오에 가네쓰구直江兼續가 미쓰나리와 공모하여 아이즈會津에 성을 쌓은 것이 사건의 발단이었다. 이에야스는

---

5) 5대로 중 한 명인 마에다 도시이에가 죽자, 그날로 평소에 이시다 미쓰나리石田三成와 대립 관계에 있던 가토 기요마사·후쿠시마 마사노리福島正則 등이 미쓰나리의 오사카 저택을 공격하였다. 미쓰나리는 사전에 이를 탐지하고 후시미성伏見城의 자택으로 피신하였다. 그 후 이에야스 중재로, 미쓰나리는 5봉행으로부터 물러나서 거성에서 칩거하기로 하였다. -역주

가게카쓰의 상경을 재촉하였지만, 그는 응하지 않았다. 5월 3일, 가네쓰구의 답서가 무례하다고 하여 여러 다이묘에게 아이즈 출정을 명령하였다. 6월 18일, 후시미성을 출발하여 동쪽 정벌에 나선 이에야스는 여러 다이묘가 어떻게 아이즈를 공격할 것인지 계획을 세웠다. 도쿠가와 군은 시라카와구치白河口, 사타케는 센도구치仙道口, 다테는 노부오구치信夫口, 모가미는 요네자와구치米澤口, 마에다는 쓰가와구치津川口를 담당하도록 결정하였다. 이때 참가한 여러 다이묘가 9월의 세키가하라 전투에서 동군東軍을 구성한다.

이에야스의 본래 의도는 미쓰나리를 도발하는 데 있었다. 이에야스는 도카이도東海道를 유유히 행군하면서 서쪽에서 미쓰나리가 거병하였다는 소식이 들려오기를 기다렸다. 미쓰나리는 6월 20일, 가네쓰구兼續에게 이에야스가 동쪽으로 오고 있다는 사실을 급히 알리고, 7월 11일에는 오타니 요시쓰구大谷吉繼를 영입하는 데 성공했으며, 동 10일에는 5봉행이 연명으로 이에야스의 잘못을 비난하였다. 이로써 서군의 체재가 갖추어졌다. 고요제이 천황은 이 소동에 직면하여 이에야스 출정 시에는 폭포曝布를 전별품으로 보냈고, 한편 7월에는 칙사를 오사카로 파견하여 서군의 여러 장수를 위로하는 등 양다리를 걸치고 있었다.

7월 24일, 시모쓰케下野 오야마小山에서 미쓰나리 거병의 급보를 접한 이에야스는 둘째 아들 유키 히데야스結城秀康와 가모 히데유키蒲生秀行에게 우쓰노미야宇都宮에 주둔하도록 명하여 우에스기上杉의 남하에 대비하고, 병력을 양분하여 상방(上方, 교토·오사카 방면)을 향했다. 적자인 히데타다秀忠에게 사카키바라榊原·혼다本多·오쿠보大久保·사카이酒井 등 도쿠가와 가의 최정예 부대를 주어 중산도中山道로 올라가게 하고, 이에야스 자신은 구로다黑田·호소카와細川·후쿠시마福島 등 도요토미 가의 다이묘를 이끌고 에도를 경유하였다. 그 사이, 기나이에서는 이미 전투가 시작되어 단고丹後 다나베성田邊城이나 야마시로山城의 후시미성에서는 공방전이 시작되었다. 이에야스는 우에스기군의 향배와 북쪽의 웅자인 다테伊達 씨의 움직임을 상당히 염려한 까닭인지, 8월 5일까지 오야마小山에 주둔하였고, 나아가서 같은 달 내내 에도에 체재하였다. 이에야스가 출발한 것은 9월 1일이었다. 도요토미 가의 다이묘인 후쿠시마 마사노리福島正則나 이케다 데루마사池田輝政 등의 선발대는 이미 8월 23일 기후성岐

阜城을 함락시키고 미노美濃 아카사카赤坂에 주둔하고 있으면서, 이에야스와 히데타다의 서쪽 진출을 이제나저제나 하고 기다리고 있었다.

조정의 중재

정세를 관망하고 있던 조정은 7월 말에 이르러 중재에 나섰다. 7월 27일, 천황의 아우 하치조노미야八條宮 도모히토智仁는 단고의 다나베성에서 농성하고 있는 호소카와 유사이細川幽齋가 고금전수古今傳受[6] 면허자의 한 명이라는 이유로 무혈 개성하도록 사자를 파견하였다. 8월 15일 황족인 쇼코인照高院 문적門跡, 고노에 노부타다 등이 궁궐에 모여서 '천하가 평화롭게 지내야 할 일天下無事の儀'을 결의하고, 다음날 오사카성에 히로하시 가네카쓰, 가주지 하루토요를 내려보내기로 결정하였다. 하지만 이 단계에서 천황 측이 동원할 수 있는 수단은 한정되어 있어서, 이시다 등 서군 주모자가 동군 측의 성채에 대하

---

6)『고금화가집古今和歌集』의 해석을 중심으로 가학歌學 및 관련 분야의 여러 가지 학설을 스승으로부터 제자에게 비밀리 전수하는 것을 말한다. 호소카와 유사이細川幽齋는 여러 분파로 나누어진 고금전수를 집대성한 인물이자 도모히토의 스승이기도 하였다. 고금전수의 단절을 우려한 고요제이 천황의 칙명으로 유사이에게 전투를 중단하고 성문을 열 것을 요청하였다. -역주

여 공격하지 못하도록 하는 것 정도밖에 없었다.

이러한 조정 측 공작 중에서 유일하게 성공한 사례가 하치조노미야의 중재로 단고의 다나베성에서 농성하고 있던 유사이가, 9월 3일에 이르러 칙명에 따라 강화에 나섰고, 유사이는 자신의 성에서 나와서 단바丹波의 가메야마亀山로 향했다. 9월 7일 고노에의 저택에 전주傳奏와 사이쇼 조타이 등이 모여서 다시 '천하 처리의 건'을 협의하였다. 하지만 조정 측이 가장 기대하였던 오츠성大津城 공방을 조정하고자 하였던 시도는 불발로 끝나고, 9월 8일 히데요리의 사자인 고조스孝蔵主[7]와 칙사는 포격전이 진행되는 가운데 쫓겨나듯이 도망쳐왔다. 오쓰의 거리는 불타고, 농성하고 있던 교고쿠 다카쓰구京極高次는 세키가하라 전투의 전날에 이르러 성을 탈출하여, 고야산高野山으로 달아났다.

정작 이에야스가 도카이도에서 서쪽으로 오는 중이었기 때문에 고요제이 천황의 화평 조정은 성공하지 못했다. 그러나 설령 조정이 이에야스와 연락이 가능했다고 하더라도, 전쟁을 회피하는 데 이르지 못했을 것이다. 무

---

7) 도요토미 히데요시의 정실부인인 고다이인高臺院을 섬기던 여성으로 후에는 도쿠가와 히데타다德川秀忠를 섬기게 되었다. -역주

엇보다도 이에야스 측의 전의가 너무나 왕성하였기 때문이다. 다만 불과 한 성에서 실현된 사례이기는 하지만 다나베성의 무혈 개성이 갖는 의의는 작지 않다. 히데요시가 죽은 다음 도요토미 정권이 분열된 상황에서, 조정이 제3자적인 조정 세력으로서 그 지위를 차지하고 있는 점 자체가 중세 말기의 관점에서 보면 놀라운 현상이며, '왕정복고'의 결과라고 생각할 수 있다. 이 천황가의 화평공작 시도는 1614년 말 오사카성 겨울 전투에서도 현실로 나타났다.

이에야스의 주력이 도착하지 않았다

9월 13일, 이에야스는 기후성에 들어가서 선발대인 후쿠시마 등과 합류하고 나서, 다음 날인 14일 아카사카에 진을 쳤다. 하지만 믿고 있었던 히데타다가 이끄는 도쿠가와의 최정예 부대는 좀처럼 도착하지 않았다. 히데타다군은 8월 시나노의 우에다성上田城에서 사나다 마사유키真田昌幸·유키무라幸村 부자의 저항에 부딪혀 중산도中山道에서 꼼짝하지 못하고 있었던 것이다. 이때 이에야스가 이끄는 8만 군대는 본진馬廻[8]으로 3만, 마쓰다이라 다다요시松平忠吉·이이 나오마사井伊直政·혼다 다다카쓰本多忠勝가 지휘하는 선봉이 6천이었으며, 나머지 4만 4천은 후쿠시마·구로다·호소카와 등 도요토미 계열 다이묘들의 부대였다. 가사야 씨에 의하면, 이에야스의 본진은 3만 명이라고 하지만, 전투에는 도움이 되지 않는 약소병력이었다고 한다.

따라서 아카사카에 진을 친 이에야스로서는, 믿을 만한 부대라고는 마쓰다이라 이하의 선봉 6천뿐이었다. 결국 이시다에 대한 증오만으로 이에야스를 추종하고 있는 도요토미 계열의 다이묘를 주력으로 해서 전쟁에 임하게 되었던 것이다. 이에야스는 그야말로 백척간두 위에 올라 서 있었다. 후술할 바와 같이 이에야스로서는 어떻게든 히데타다군이 도착하기를 기다렸다가 결전을 벌여야 할 상황이었으나, 서군이 히데요리나 요도도노淀殿[9]를 대동하고 세키가하라에 등장한다면, 후쿠시마 등과 같이

---

8) 마회(馬廻, 우마와리)는 말을 탄 무사 중에서 대장이 탄 말 주변에서 호위 명령 전달 결전 병력으로 활동하는 사람들을 말한다. 평소에는 호위 및 사무의 처리 등 측근으로서 관료적인 직무도 수행하지만, 유사시에는 친위대적인 역할을 맡는다. 무가의 직제 중 하나이기도 하다. 여기에서는 이에야스가 직접 거느리고 있는 병력이라는 뜻이다. -역주

9) 히데요시의 측실로 1589년에 쓰루마쓰鶴松를 낳았다. 이를 기뻐한 히데요시가 야마시로山城의 요도성淀城을 하사하였기 때문에 요도淀라고 불리게 되었다. 1593년 히데요리를 낳았고, 히데요시 사후에는 후견인으로 정치에 개입하였다. -역주

히데요시의 은혜를 입은 다이묘들의 동요가 불가피한 상황이었다. 이에야스는 히데타다의 도착을 기다리지 못하고 휘하의 도요토미 계열 다이묘의 전의가 고조되는 중에 미쓰나리를 궤멸시켜야만 했다.

도요토미 계열 다이묘에 대한 영지 확대

주지하다시피 세키가하라 전투에는 히데요리는 참전하지 않았고 서군은 선전했지만 고바야카와 히데아키小早川秀秋의 배신으로 승부가 결정되었다. 가사야 씨에 의하면, 세키가하라 전투는 이에야스로서는 본래 의도한 바와 다르게 진행된 방식으로 진행된 싸움이었으며, 그러한 사실이 전후의 논공행상에 여실히 나타나 있다고 한다. 전투 후에 영지를 추가로 지급받은 다이묘를 추가된 영지가 많은 순으로 열거하면 〈표 3〉과 같다(추가 영지 20만 석 이상).

이들 중에서 친번(親藩, 도쿠가와 일문)은 유키 히데야스結城秀康와 마쓰다이라 다다요시松平忠吉뿐이고, 보대譜代에 이르러서는 전혀 없다. 나머지 아홉 사례는 모두 외양外樣, 즉 도요토미 계열 다이묘들이다. 게다가 유키結城・가

이름	증가량
1 유키 히데야스結城秀康	56.9
2 마쓰다이라 다다요시松平忠吉	42.0
3 가모 히데유키蒲生秀行	42.0
4 이케다 데루마사池田輝政	36.8
5 마에다 도시나가前田利長	36.0
6 구로다 나가마사黑田長政	34.3
7 모가미 요시미쓰最上義光	33.0
8 가토 기요마사加藤清正	32.0
9 후쿠시마 마사노리福島正則	29.8
10 호소카와 다다오키細川忠興	21.9
11 아사노 유키나가淺野幸長	21.6

<표 3> 세키가하라 전투 이후의 영지가 늘어난 다이묘와 증가량

(단위 1만 석) −가사야 가즈히코笠谷和比古에 의함.

모蒲生·모가미最上는 우에스기 군을 포위한 것에 대한 은
상이고, 마에다前田利長·가토加藤清正는 호쿠리쿠北陸·친
제이鎭西에서 미쓰나리 쪽을 제압한 공 때문이었으므로,
세키가하라 참전의 보상으로 20만 석 이상을 받은 여섯
다이묘 중에서 마쓰다이라 다다요시 이외는 모두 도요
토미계 다이묘였다. 요컨대 세키가하라 전투란 도요토
미계 다이묘끼리의 싸움이었으며, 도쿠가와 군이 서군을
압도한 전투는 결코 아니었다.

이에야스는 본의 아니게 세키가하라에서 분전한 도요
토미계 다이묘를 우대하지 않을 수 없었고, 물론 히데요

리 본인도 처벌할 수 없었다. 9월 27일, 개선한 이에야스는 오사카성에서 히데요리와 대면하고 이전에 자신이 거주하고 있던 니시마루를 접수하고, 히데요리에게는 셋쓰攝津·가와치河內·이즈미和泉 60만 석을 안도한다. 그 결과 이후 이에야스가 우려하지 않을 수 없었던 것은 추가로 영지를 받아 세력이 강해진 가모 이하의 도요토미계 다이묘들이 히데요리를 받들어 이에야스에게 대항하는 것이다. 이 9대 다이묘들 중에서 가모, 모가미, 가토, 후쿠시마의 4대 다이묘들이 나중에 여러 명목을 붙여서 짓밟은 것을 보면, 도쿠가와 씨가 도요토미계로서 영지를 넓힌 다이묘에 대하여 얼마나 큰 경계심을 가지고 있었는지 능히 짐작할 수 있다. 자기 의사로 영전·출세시킨 세력을 경계하지 않을 수 없었던 이에야스의 모순이야말로, 이 세키가하라 전투의 복잡한 성격을 잘 말해주고 있다.

위와 같은 상황은 천황의 지위와도 전혀 무관할 수 없었다. 이에야스는 1603년 2월, 정이대장군으로 임명되어 막부를 개설함으로써 히데요시가 구축한 왕정복고를 원리로 하는 지배 체제를 부정하는 방향으로 접어들지만, 그 방법을 살펴보면 극히 미온적이고 미적지근한 것에 머물고 있음을 알 수 있다. 고마키·나가쿠테 전투 이후에 히데요시도 그랬던 것처럼, 자기 정권 내에 폭탄을 안고 있었으므로, 천황 대책에 도저히 강경한 수단을 취할 수 없었다. 그런 이유로 에도막부가 천황의 권위를 본격적으로 억압하는 조치는 오사카성의 전투 이후로 미루어지게 되었다.

2. 공가 관백 부활과 히데요리의 지위

공가에 관백직을 반환하다

　세키가하라 전투로부터 3개월 후인 1600년 12월 19일, 구조 가네타카九條兼孝가 관백에 임명되었다. 도요토미 히데쓰구豊臣秀次가 1595년 7월에 관백직을 박탈당함으로써 공석이 된 지 5년 반 만의 일이다. 가네타카는 이미 한 번 관백이 된 후 1581년에 사임하였다가, 20년 가까운 세월이 지난 후에 다시 임명된 것이다.

　이 가네타카의 관백 재임에는 두 가지 의미가 있다. 첫째, 니조 아키자네二條昭實가 히데요시에게 관백의 지위를 물려준 이후 15년 만에 공경公卿 관백이 부활하였다는 사실이며, 또 하나는 히데쓰구 처형 이후 궐석이었던 이 자리가 '보전補塡' 즉 채워졌다는 사실이다. 원래 관백이 공석이었던 이유는 차기 관백으로 예정된 히데요리가 성년이 되기를 기다리기 위해서였다. 히데요시에게는 관백의 지위를 공가로 되돌려줄 생각은 전혀 없었다.

요시다신사의 사승社僧 신류인神龍院 본순梵舜[10]의 일기는 다음과 같이 가네타카의 재임을 기록하고 있다.

지난 20일(19일의 잘못이다), 관백을 임명하라는 천황의 명령이 있었다. 구조전(가네타카)이 맡게 된다고 한다. 무가로부터 섭관가攝家로 돌아오게 된 단초이다. 내부內府 이에야스 공이 상신한 일이라고 한다.

가네타카의 재임이 무가에서 공가로 관백이라는 지위가 반환된 것이라는 점, 그리고 그러한 인사가 다름 아닌 이에야스의 상신 즉 집주執奏에 의하여 이루어진 일임을 간결하게 적고 있다.

---

10) 센고쿠시대부터 에도시대 초기에 활약한 신도神道 계열의 승려로, 히데요시가 죽은 후 그의 묘인 도요쿠니묘豊國廟를 세우는 일에 기여하였고, 이후 이에야스와도 밀접한 관계를 유지하였다. 그의 사후에는 본순이 장례를 맡아 이에야스의 시신을 구노잔久能山에 매장하였다. -역주

히데요리, 일개 다이묘로 전락하다

히데요시가 (아마도 기쿠테이 하루스에와 공모하여) 시작한 변칙적인 '무가 관백' 제도가 폐지된 셈인데, 이는 매우 중대한 정치적 사건이었다. 이로써 도요토미 히데요리는 성년이 된 이후에도 관백에 취임할 수 있는 길이 봉쇄되었고, 셋쓰·가와치·이즈미 지역에 60만 석의 영지를 가진 한 사람의 다이묘로 전락한 것이다. 이것이야말로 이에야스에게 있어서는 세키가하라 전투에서 얻은 최대 성과였다. 본래 의도한 방식대로 진행된 전투는 아니었기 때문에 도요토미계 다이묘를 온존시킬 수밖에 없었다고는 하지만, 히데요리가 장차 무가의 우두머리 자리에 오르는 길은 미리 봉쇄해버렸던 것이다.

이에야스는 세키가하라 전투 직후부터 이 방침만큼은 빨리 결정한 것으로 보인다. 그 때문에 공가 사회(조정)에 여러 가지 조치를 취하고 있다. 전투 직후인 9월 24일, 오쓰성에 들어간 이에야스는 쇼코인 준후照高院准后[11], 고노에 노부타다, 다이고묘지 원주大光明寺院主, 산보인三寶

---

11) 관백 태정대신 고노에 다네이에近衛稙家의 아들로 법호는 도징(道澄, 1544~1608)이다. 교토 쇼고인聖護院의 문적門跡을 지냈고, 히데요시가 친교를 맺어, 그가 교토 히가시야마東山에 조영한 대불전의 주지가 되었고, 쇼코인照高院을 개창하였다. 준후는 준삼후准三后 즉 삼후三后의 예우에 준한다는 뜻으로 승려를 우대하는 칭호다. -역주

院 기엔義演 등 상류 공가 및 승관을 초빙하여 잡담하면서, '공가들에게 영지를 추가로 지급해야 한다는 뜻을 이야기'했다고 한다. 이 지행지 지급 약속은 단순한 착상도 아니고 공수표도 아니었다. 10월 들어 이에야스는 공가와 문적의 영지에 대한 실태조사에 나섰으며, '공가·문적지행목록'을 자진해서 신고하도록 하였고, 전주인 가주지 하루토요까지 목록을 제출하도록 문서를 돌렸다고 한다. 10월 그믐날에는 히데요시에 의해서 파괴된 기이紀伊의 대전법원(大傳法院, 根來寺)을 재건하라는 명령을 내렸다. 12월 16일에는 금리료소의 새로운 영지 추가분을 이에야스가 진상하였다는 사실이 기록에 보인다.

학문과 조정 의례를 위한 공가

이상과 같이 공가의 경제적 기반을 확보해주는 시책과 병행하여, 서위敍位·제목除目, 전상연취(殿上淵醉, 연회의 의식) 등 센고쿠시대 이래 끊겼던 조정의 의례朝儀를 재흥하고자 하였다. 11월 그믐날에는 대납언 다카쓰카사 노부후사鷹司信房로 하여금 내년 봄에 다시 거행할 서위 의식 절차를 집필하도록 정하였고, 신속히 선례 조사에 착

수행지만, 어쨌든 '오래도록 중지'되었던 의식이었기 때문에 해결되지 않는 문제가 많아서 골머리를 앓게 되었다. 우여곡절을 거듭한 끝에 1601년 정월 6일 밤에 이루어지는 서위 의식, 3월에 이루어지는 제목除目이 복원되었고, 산보인 기엔이 "조정의 번창, 종래의 의식을 완전히 회복하였다"라고 말하기에 이르렀다.

새로운 영지를 늘려주는 방식으로 공경층을 우대하고, 서위·제목 등의 공적인 행사를 복원하려고 한 이에야스의 정책은, 히데요시 시대의 '왕정복고'와 같은 변칙 상태에서, 공경이 갖추어야 할 본래·본연의 모습, 즉 '학문과 조정 의례를 담당하는 공가'로 궤도를 수정하는 방향성을 보여주는 것이다. 바꾸어 말하면, 천황·공가가 정치적 발언을 행할 여지를 좁히려고 하는 것이다. 이러한 이에야스의 기본 방침은 이후에도 이따금 표면으로 드러나게 된다.

히데요리 지위가 변화하다

그런데 관백 직의 반환으로 인하여 히데요리 지위에 중대한 변화가 생겼지만, 학계 일각에는 히데요리가 여전히 성년이 된 이후 관백으로 임관될 가능성이 있었으며, 도쿠가와 씨에 대항할 수 있는 잠재적인 무가의 수장이라는 설이 제기되고 있다. 즉 오사카성의 전투로 도요토미 가문이 완전히 멸망하기 전까지는 일종의 이중 정권 상태였다는 것이다. 그 근거로 지적되는 것은 1611년 (게이초 16) 니조성에서 이에야스와 히데요리가 대면하였는데 신종하는 의례가 아니라 서로 공경하는 대등한 의례였다는 점, 여러 다이묘들에게 맹서문을 제출하게 하면서 히데요리는 면제된 사실 등이다. 나는 니조성의 예우나 맹서문 면제는 이에야스의 도요토미 가문에 대한 일종의 '전관예우'에 지나지 않는다고 생각하고 있는데, 좀 더 이 점을 검토해보자.

1601년 정월 초하루, 세키가하라 전투 이후 처음으로 오사카성에 새해를 맞이하여 배례가 거행되었다. 이때의 상황을 산보인 기엔은 다음과 같이 기록하고 있다.

전해 들건대, 새해 첫날 히데요리에 대하여 예를 표하였다. 처음은 에도의 중납언(中納言, 도쿠가와 히데타다)이었는데, 그 예가 예년과 같았다. 변함없이 진중하게 예를 표하였다. 그 밖의 여러 다이묘, 격식대로 예를 행하였다고 한다. 다만 상경하지 못한 무리들이, 과반이나 있었기 때문에 예년과 같지는 않았다고 한다.

이와 같이 이에야스는 오사카에 출사하지 않고 아들 히데타다를 대신 보냈고, 여러 다이묘의 과반이 참가하지 않았다. 이것이 세키가하라 전투 이후의 현실이며, 이후에도 이에야스는 계속 오사카 정월 의례에 참가하는 일을 기피하고 있었다.

오사카부의 간신지觀心寺에는 1601년 4월, 다테 마사무네伊達政宗가 이에야스 다두茶頭인 이마이 소쿤(今井宗薰, 소큐宗久의 아들)에게 보낸 편지가 남아있다. 그 글 중에 마사무네가 히데요리 처우를 염려해 의견을 토로한 대목이 있다. 그 내용은 다음과 같다.

하나, 무릇 우리가 바라건대, 히데요리님이 어린 동안에는 에도이든 그렇지 않으면 후시미伏見이든, 내부(内府, 이에야스)님의 곁에만 두도록 하시고, 얌전히 성인이 되신다면, 어떤 자리에라도 내부께서 판단하시는 대로 내세울 수 있으리라고 말씀드립니다. 또한 아무리 태합님 아드님이라고 하더라도, 일본의 법령 등을 집행할 사람은 아니라는 사실은, 내부님도 이미 살펴보셨으므로, 영지로 2~3국도 또한 그사이에 내리셨으니, 괜찮은 조처라고 말씀드려도 좋을 것 같습니다. 다만 지금처럼 오사카 쪽에 그냥 두면 언젠가 세간의 나쁜 인간이 나타나서 히데요리님을 주군으로 내세워, 모반이라도 일으키게 되거나 그 사람 때문에 아무것도 모르는 히데요리님이 할복하는 일이라도 생긴다면, 태합님의 돌아가신 혼령을 위해서도 나쁜 일이 될 것으로 생각합니다.

하나, 저희와 같은 사람조차도, 당장 이러한 의견만은 말씀드리고 싶은 일입니다. 무엇보다도 히데요리님을 위해서가 아닐까 생각합니다. 본좌(혼다 마사노부本多正信) 등에게는, 잡담처럼이라도 부디 말씀드려주십시오.

마사무네의 견해는 히데요리(이때 아홉 살)를 이에야스가 가까이에 두고 길러서 마음에 들 것 같으면 대신으로 삼고, 그렇지 않으면 두세 지역 다이묘로 삼으면 된다는 것이다. 현재와 같이 오사카에 방치한다면 모반을 꾀하는 사람들이 부추길지도 모른다고 걱정하여 이를 혼다 마사노부에게 넌지시 말해달라고 글을 보낸 것이다.

그 후의 역사 진행은 마사무네의 우려가 적중한 모양

새가 되었지만, 여기서 주목되는 것은 마사무네와 같은 서국 지역의 다이묘조차 히데요리의 장래를 '내부님의 분별 나름' 즉 이에야스의 재량으로 결정한다고 하였으므로, 장래의 관백이나 천하인으로서의 가능성은 상정하고 있지 않은 것이 분명하다. 더구나 이에야스와 히데타다 부자가 장군이 된 뒤에는 기껏해야 막각幕閣의 숙로宿老 클래스밖에 될 수가 없었으므로, 이중 정권과 같은 사태는 비현실적인 이야기라고 하지 않을 수 없다.

니조성의 회견 방식 등에서 양자의 정치적 지위를 헤아리는 것은 별로 의미가 없을 것 같다. 간단한 예를 들자면, 고마키·나가쿠테 전투 이후에 강화회의가 있었다. 노부카쓰와 히데요시가 구와나桑名의 강변에서 만났을 때, 히데요시는 노부카쓰의 손을 붙잡고, 변함없이 신하로서 복종할 듯한 태도로 대우했지만, 그 후의 현실은, 노부카쓰가 히데요시에게 신하로서 복종한 것이나 다름없었다. 히데요시가 주군이었던 노부나가가 남긴 자식이기 때문에 노부카쓰에 대해서 존중해준 것과 같은 의미에서, 이에야스는 히데요시의 아들인 히데요리를 대우한 것에 지나지 않았다.

이에야스는 무엇을 경계하였는가

그렇다면 이에야스가 두려워하고 경계한 것은 무엇인가. 그것은 히데요리 관백 취임이 아니라 바로 마사무네가 우려하는 것처럼, 누군가가 히데요리를 등에 업고 모반을 꾀하는 것 바로 그것이었다. 게다가 그 누군가가 존재하고 있음을 짐작할 수 있었고, 나아가 이에야스의 간담을 서늘하게 하는 사건이나 상황이 잇따라 일어나고 있었다. 세키가하라 전투 이후에 도요토미 직계 다이묘를 우대하지 않을 수 없었던 딜레마가, 이런 곳에도 영향을 미치고 있던 것이다.

우선 교토의 공가와 서국의 다이묘들 사이에서는 히데요리 관백 취임에 대한 소문이 꾸준히 확산되고 있었다. 이에야스의 장군 취임 직전인 1602년 말에 이러한 소문이 퍼졌다는 사실을 산보인 기엔이 기록하였고, 취임 직후에도 쇼코쿠지의 조타이承台가 교토에서 이러한 소문을 전해들었으며, 5월에는 모리 데루모토가 후시미로부터 자기 영지에 이러한 소문을 알렸다. 이런 종류의 소문이 사라지는 것은 히데타다가 이에야스의 뒤를 이어 장군의 지위에 오름으로써 도쿠가와 가문이 장군직을 계승하는 체제가 확립되는 1605년 이후의 일이었다.

또한 친왕 이하 여러 공가가 오사카에서 행하는 각종 의례(신년하례參賀 이하)는 여전히 중단되지 않았고, 1604년 8월에 거행된 히데요시의 묘소이자 신사인 도요쿠니 신사豊國社에 대한 임시제臨時祭의 성황은 도쿠가와 가문으로서는 섬뜩하다는 표현밖에 쓸 수 없는 상황이었다. 여러 다이묘들은 후시미에 모두 모이기는 했지만, 이에야스가 두려워서 구경하러 나서는 것은 꺼렸다. 또한 그 전년 10월에는 가토, 후쿠시마와 같은 히데요시의 심복이었던 다이묘들이 히데요리에게 맹세문을 바쳤다는 소문이 있었다는 사실을 『당대기當代記』가 기록하고 있다. 1608년 봄에 히데요리가 포창疱瘡을 앓았을 때 서국 다이묘들이 몰래 문병했다는 소문이 돌았다. 또 에치젠의 유키 히데야스는 히데타다의 형에 해당하는데, 어릴 때 오사카성에 인질로 가있었기 때문에 히데요리와는 소꿉친구이기도 해서, 그러한 소문이 자자했다. 히코네·나가하마와 같은 요충지에 이이·나이토와 같은 이에야스의 숙로宿老가 배치된 것은 호쿠리쿠와 오사카의 연합을 두려워하는 이에야스의 의구심 때문이라는 것은 당시로서는 가장 잘 알려진 소문이 아닐 수 없었다.

이러한 유언비어가 사회 불안과 연결되는 것을 막기

위해서는 히데요리의 영지를 옮기는 전봉轉封이라는 방법밖에 없었다.

3. 국왕인가 대군인가

조선의 국서와 히데타다의 답서

1604년 말, 대마도의 소 요시토시宗義智가 조선 사절 손문욱孫文彧 등을 안내하여 상경하였고 쇼코쿠지 조타이 등의 주선으로 조선과의 화의가 성립되었다. 1605년 3월 후시미성에서 이에야스가 손문욱 등을 만나 정식으로 국교가 회복되었다. 사절들은 4월 중순경 대마도로 거쳐 귀국하여 조선국 왕 이연(李昖, 宣祖)에게 복명하자, 국왕이 만족하고 상을 내렸다는 사실이 전해지고 있다. 이로써 통신사 제도가 시작되었으며, 1607년 6월 에도성에서 장군 히데타다에게 국서를 제시하였다. 그 내용은 다음과 같이 되어있었다.

조선국 왕 이연 봉서封書

일본 국왕 전하께서 교린交隣의 도道가 있으시니(중략).

지금은 귀국은, 전대의 잘못을 바로잡고 종래의 교린하

는 도를 행하시니(중략).

그러므로 사개(使价, 사자)를 보냄으로써 화호의 증거로

삼습니다.

만력萬曆 5년 5월 일

이에 대해 히데타다의 답서 첫머리와 말미는 다음과

같다.

일본국 미나모토 히데타다源秀忠가 삼가 답합니다.

조선 국왕 전하(본문 생략)

용집龍集[12] 정미 여름 5월 일

조선 국왕이 일본 국왕에게 보낸 국서에 대해, 히데타

다는 '일본국 미나모토 히데타다'라고만 적었다. 외교권

은 행사하지만 스스로 국왕이라 칭하지 않는다는 태도

다. 『조선물어朝鮮物語』에 따르면 이 답서는 쇼코쿠지의

---

12) 용龍이라는 별은 1년이 지나면 제자리로 돌아오므로 1년 혹은 세차歲次를 뜻한다.
-역주

조타이와 겐키쓰(元佶, 전 아시카가 학교 상주庠主)가 협의하여 초안을 잡은 것인데, 히데타다의 답서에 왕이라는 글자를 빠져있었기 때문에 귀국한 사신들이 질책을 받아 유배에 처해졌다고 한다. 하지만 실제로 조선은 이에야스를 국왕으로 보고 있었다. 그러한 사실은 『대동야승』에 "일본국 왕 미나모토 이에야스源家康가 헤이 씨平氏를 다 혁파하고, 국정을 스스로 주도하고, 편지를 써서 사신을 보내어 통신하기를 요청하였다"라고 쓰여있는 사실을 통해서 알 수 있다.[13]

외교문서에 사용된 칭호

그렇다면 조선 이외의 외국과의 왕복 서한에서는, 어떻게 되어있을까? 먼저 동남아 국가와의 왕복 서한의 경우. 1606년부터 1613년에 걸쳐 이에야스·히데타다 모두 일본을 대표하여 국서와 답서에 서명하였다.

이에야스가 점성(占城, 참파)·대니(大泥, 바타니)·간보채(柬

---

13) 이 기록은 『대동야승』중 『난중잡록』 4 병오년 조에 보인다. 日本國王源家康。盡革平姓。自主國政。修書送使請通信。禮曹以僉知全繼信。持答書送日本。且以犯陵之事歸曲。繼信與倭使橘智正。渡海至大阪。宣諭是意。家康卽拿二倭。稱犯陵賊。俱使出送。-역주

甫寨, 캄보디아)·안남(安南)[14]·섬라(暹邏, 샴)·여송(呂宋, 루손) 제국에 보낸 서한의 서명은 모두 '일본국 미나모토 이에 야스'라고만 하였고 어떠한 직함도 부기하지 않았다. 반면 앞의 국가들이 일본으로 보낸 국서에는 '일본국 본주 本主 미나모토 이에야스 왕'·'일본국 국왕'(안남), '대일본국 주'(캄보디아, 고아, 마카오), '일본국왕 도원수'(루손) 등 모두 나라의 최고 주권자를 뜻하는 칭호가 붙어있다.

또한 히데타다의 경우, 루손·고아에게 보낸 국서에는 '일본 정이대장군 미나모토 히데타다', '일본 정이장군 미나모토 히데타다'라고 국내 관명을 칭하고 있으며, 무로마치시대의 국제적 칭호인 '일본국왕'이라는 호칭은 사용하지 않았다.

유럽 제국에 대해서도 마찬가지이다. 1610년 에스파냐 재상 두케 데 레르마[15]에게 보낸 히데타다의 주인장朱印狀은 '일본 정이장군 미나모토 히데타다源秀忠'라고 하

---

14) 프랑스 식민 통치 시대에 베트남 북부부터 중부를 지칭하는 용어다. 당시 완조阮朝 베트남 즉 대남국大南國의 행정구역으로는 중기中圻라고 하였다. 베트남이 독립한 이후에는 안남에 해당하는 지역을 면중㴐中이라고 불렀다. 베트남 전체를 지칭하는 용어가 아니므로 월남 등으로 표기하지 않고 이 책에서는 원문 그대로 안남이라고 표기하였다. -역주

15) 본명은 Francisco Gómez de Sandoval y Rojas(1553~1625)이고 흔히 Duque de Lerma 즉 레르마 공작이라고 불렀다. 펠리페 3세의 총신으로 1598년부터 20년간 국정을 보좌하였다. 1609년 네덜란드와 12년간 휴전협정을 체결하였다. -역주

고, 상대를 '에스파냐 국주 토우케이 테이 레루마 루마 궤하机下'라고 부르고 있다. 덧붙여서, 이때 에스파냐 왕 앞으로 보낸 선교사 루이스 소테로[16]의 각서에는 이에야스를 일본 황제라고 부르고, 그 거성 슨푸駿府를 궁성宮城이라고 부르고 있다. 1612년 이에야스가 멕시코 앞으로 쓴 국서에는 상대를 '농비수반濃毘数般[17] 국주', 스스로를 '일본국 미나모토 이에야스'라고 칭하고 있다. 상대방이 어떻게 자신을 부르든 이에야스는 전혀 직함을 사용하지 않았고, 히데타다는 국내 관명인 장군만을 붙인다는 것이 조선 이외의 외국에 대한 원칙이었다.

당시 유럽 각국에서는 공통적으로 이에야스를 황제라고 불렀다. 그렇다면 유럽인들은 천황을 어떻게 불렀을까? 드문 사례지만 세바스티안 비스카이노의 금과 은의 섬에 대한 탐험 보고서에서는 천황을 가리켜 교황敎皇이라고 칭한 사례가 있다. 당시 유럽이 천황을 교황과 유사

---

16) Luis Sotelo(1574~1624)는 스페인 세비야에서 태어나서 프란시스코회 선교사로 활약하였다. 1600년 필리핀에 건너가서 마닐라 근교에서 일본인 가톨릭신자를 지도하였고 일본어를 배웠다. 1603년, 필리핀 총독의 서한을 가지고 일본에 건너가 이에야스와 히데타다를 만났다. 일본 내에서 가톨릭을 전파하다가, 1613년 포교가 금지되면서 체포되었다가, 일본 최초의 유럽 사절단의 정사로서 유럽에 건너갔다. 1622년 나가사키에 밀입국하였다가 체포되어 1624년 화형에 처해졌다. -역주

17) 근세 일본에서 사용된 멕시코에 대한 호칭이다. 멕시코가 스페인의 식민지였기 때문에 누에바 에스파냐 즉 새로운 스페인으로 불렀다. 능비수만能比須蛮·신의사파니아新意斯巴尼亜 등으로도 표기하였다. -역주

한 존재로 보고 있었음을 시사하는 것이다.

감합무역을 바라다

그런데 이에야스는 동남아 국가들과 통교하는 한편, 명나라와의 감합무역의 부활을 원하고 있었다. 하야시 가호(林鵞峯, 하야시 라잔林羅山의 아들)가 편찬한 『속본조통감續本朝通鑑』에 따르면 1607년(게이초 12)에 조선통신사가 일본에 왔을 때, 이에야스는 명과도 외교관계를 회복하려고 하였다. 하지만 사이쇼 조타이가 히데요시와 교전한 지 얼마 되지 않은 시기에 감합무역을 재개하는 것은 시기상조이며, "그(명국)에게 복종하는 것과 같지 않습니까"라고 간언하자 이에야스도 단념했다고 한다.

그로부터 3년 후인 1610년(게이초 15), 명나라 상인이 슨푸에 온 것을 계기로 이에야스는 복건 총독 진자정陳子貞에게 감합무역 재개를 희망한다는 글을 전하였는데, 하야시 라잔이 적은 바에 따르면, "그 나라가 여우처럼 의심하여 주저하고 있다"라고 하였듯이 대답이 없었고, 결국 성공하지 못했다(『이국일기異國日記』·『나산선생문집羅山先生文集』). 또한 1613년경에도 이에야스는 류큐琉球를 통해

명나라와의 감합무역 부활을 바란 것 같으나, 성공하지 못했다.

이상과 같이 이에야스가 외국에 대해 스스로 '국왕'이라고 칭하는 것을 꺼려 했던 점, 중국과의 감합무역 재개의 희망이 성취하지 못했던 점은 무로마치막부(라기보다 아시카가 요시미쓰)가 감행한 것과 같은 명에 대한 조공 외교의 재현이 불가능하였음을 보여준다. 요시미쓰는 무역의 이익이 아니라, 다른 의도가 있어 명의 책봉 체제하에 들어가려고 했지만, 이에야스가 감합무역 재흥을 목표로 한 것은, 무역의 이익을 위한 것이었으므로, 곤란했던 것은 당연하다고 할 수 있다. 명나라와 외교관계를 회복하게 되면, 조선과의 사이처럼 국왕이라는 칭호를 사용하지 않고 애매한 채로 그냥 지나가는 것은 불가능하기 때문이다.

국왕인가 대군인가

결국 이에야스의 천황관과 관련된 문제인데, 여기에서 주목해야 할 것은 이에야스가 오사카성 전투가 있었던 1615년(겐나 원)에 제정한 '금중병공가제법도禁中並公家諸

法度'이다. 그 제10조에서는 문적門跡에게 부여되는 법관 서임을 규정하고 있는데, "단 국왕과 대신의 사범은 격별格別하다"라고 기술하고 있다. 여기에서 국왕과 대신은 조정 이외에는 생각할 수 없으므로, 이에야스는 천황을 국왕으로 규정하고 있었던 셈이 된다. '국왕=천황'이 막부 내의 통일된 견해였고, 따라서 외교문서에서도 국왕호가 사용되지 않았던 것이다. 『경장견문록慶長見聞錄』에 따르면 "천하를 수호하고 장군국왕將軍國王이 계시는 곳(에도) 등을 수도라고 말하지 않을 수 있겠는가"라 기록된 사례처럼 민간에서는 '장군=국왕'으로 본 사례가 있으나, 이는 막부의 공식 견해가 아니었다. 이러한 사실은 히데요시의 왕정복고를 부정하려던 이에야스의 근본 방침과 모순되는 듯하지만, 요시미쓰 혹은 무로마치막부의 공식 견해인 집정執政=패왕覇王이라는 선까지 다가서지 못한 한계라고 말할 수밖에 없다. 그리고 이에미쓰家光의 시대에, 간에이(寬永, 1624~1645) 말년부터 조선에 보내는 국서에는 '일본국 대군大君'이라는 칭호가 사용되었다.

하지만 후기로 가면서, 6대 장군 이에노부家宣 치세에 이러한 모호함과 모순을 돌파하려는 학자가 등장한다. 바로 아라이 하쿠세키新井白石이다. 그는 독자적인 명분론을 펼치면서 국왕이라는 칭호를 부활시켰다. 실태로 보면 무로마치시대의 제도로 돌아왔을 뿐이었지만, 내외의 비난은 적지 않아서, 요시무네吉宗 대에 이르러 다시 '대군'으로 개정된다. 결국 천황으로부터 장군에 임명되는 자가 천황을 능가하는 왕호를 범한다는 모순을 초극超克하는 이론을 에도막부는 갖고 있지 못하였다.

4. 무가관위에 대하여

직주를 금지하다

무가관위武家官位[18]의 취급에 대해서도 이에야스는 히데요시의 방침을 크게 수정한다. 이에야스가 생각하고 있었던 관위의 효용에 대해서는 호소카와 가문의 기록에 나오는 에피소드가 잘 보여주고 있다(『면고집록綿考輯錄』).

---

18) 일본 중세 이래 무사들이 임관되었거나 자칭한 고대 율령제하의 관직과 관위를 말한다. 관직과 관위 수여의 주체는 원래 천황이었으므로, 무가관위도 천황으로부터 수여받는 것이 원칙이었다. 무사의 가격家格이나 공훈에 따라 무가 수장의 요청으로 천황이 수여하는 것이 정상적인 방식이었다. 하지만 천황에 대한 헌금을 통해서 관직·관위를 받거나, 주군이 가신에게 수여하거나, 심지어 자칭(참칭)하는 경우도 있었다. 그래서 공식적으로 수여된 관직과 자칭한 관직이 혼재하거나, 공식적이니 관직이 공존하기도 하였다. -역주

1603년 3월 신임 장군 이에야스가 신년 하례를 위해 유력 다이묘들을 이끌고 입궐하였을 때, 유키 히데야스結城秀康와 호소카와 다다오키細川忠興는 동격인 종4위하 참의였으나, 다다오키는 히데야스가 장군가와 같은 가문임을 고려한 히데야스를 우두머리로 삼고 자신은 입궐하지 않으려고 하자, 이에야스는 "관위의 서열을 어지럽혀서는 안된다"라고 하여, 다다오키의 사퇴를 중지시켰다. 이를 통해서 보면 이에야스는 궁중 의례에서 서열의 척도는 관위 이외에는 없었으므로, 그 등급이 갖는 효용을 깊이 인식하고 있었음을 알 수 있다.

1606년(게이초 11) 4월, 재경 중이던 이에야스는 전주인 가주지 하루토요의 저택에 가서 "무가인 자들의 관위에 관한 일, 천거 없이는 일체(상주) 하지 마시라"고 강력히 건의했다. 무사의 관위는 향후 막부의 천거를 반드시 필요한 조건으로 하라고 천황에게 제의한 셈이다. 즉 직주(直奏, 다이묘 가문과 조정이 관위를 직접 거래하는 일)를 금지한 것이다. 센고쿠시대와 같이 다이묘들이 돈을 가지고 관위를 사들이지 못하게 하였는데, 직접적인 계기는 오사카의 히데요리가 관위를 좌지우지하는 것을 막기 위해서였다. 직주의 금지는 무로마치막부에서는 당연한 것이었으므로, '무로마치 회귀' 정책이라고 말할 수 있을 것이다.

원외제를 채용하다

　다음으로 이에야스가 생각해낸 묘수는 무가 관위를 조관(朝官, 조정의 관직)에 대한 '원외관員外官'으로 만드는 것이었다. '대납언'이라고 하든 '소납언'이라고 하든 '참의'라고 하든, 본래 정원이 있었다. 그래서 히데요시 시대처럼 무사들이 조정의 관직을 다수를 차지하면 그만큼 공가의 자리가 줄어들게 된다. 현실적으로는 조의朝儀에 참석하지 않는데도 무사들이 관직을 가지고 있었기 때문에, 공가의 정원이 잠식되는 상황이 발생하였다. 확실한 사료는 아니지만 어떤 설에 의하면 니조 아키자네二條昭實가 이에야스에게 다음과 같이 절묘한 방법을 알려주었다고 한다.

　조정 관원 수, 한정이 있으나, 무가의 인원수는 엄청나게 많으므로 두루 보임하기 어렵습니다. 향후 간토에서는 관직의 정원에 구애받지 않고 마음먹은 대로 서임하시는 것이 당연하지 않겠습니까(『부록附録』).

원외관으로 임명해버리면 대신이든, 대·중납언 또는 참의이든, 공가의 존재를 개의치 않고 남발할 수 있다는 것이다. 이에야스는 '편리한 일'이라고 하여, 기꺼이 승낙했다고 한다. 여하튼 1611년(게이초 16) 이후 무가관위는 『공경보임』이나 『역명토대歷名土代』 등 조정의 공식적인 명부에는 오르지 못하게 되었다.

원외제는 니조 아키자네가 말한 것과는 다른 현실적 효과를 가져왔다. 이에야스는 히데요시처럼 유력 다이묘를 고관에 임명하지 않았으며, 그 대신 납언納言 이상은 도쿠가와 일문에 한정하였다. 또 무사가 공가의 관직을 얻을 때마다 입궐시키던 방식을 폐지하고, 막부를 통해 무가관위 전체를 관리함과 동시에, 천황과 다이묘의 유대관계를 끊어버렸던 것이다. 즉 히데요시 방식의 왕정복고 노선을 수정한 것이다. 이후 막부는 다이묘가 함부로 교토에 들어가는 것조차 제한하였고, 장군 자신의 입궐은 고사하고 상경 자체도 극단적으로 줄어들었다. 여러 다이묘에게는 관위의 임명권자가 천황이 아니라 장군이라는 생각을 갖도록 유도하였다. 무가관위의 원외제는 천황봉쇄책의 한 계기가 되기에 이르렀다.

다이묘를 국사에 임명하다

그런데 이 시기의 무가관위 부여에는 현저한 특색이 있다. 도요토미 계열의 외양外樣 다이묘에 대하여 영역적인 성격을 가진 관직이 집중적으로 수여된 사실이다. 이코마 지카마사生駒親正의 사누키讚岐 국수, 구로다 나가마사黑田長政의 가이甲斐 국수(그다음으로 지쿠젠筑前 국수), 호리오 다다우지堀尾忠氏의 이즈모出雲 국수, 가토 기요마사의 히고肥後 국수, 야마우치 다다요시山內忠義의 도사土佐 국수, 쓰쓰이 사다쓰구筒井定次의 이가伊賀 국수, 호리 다다토시堀忠俊의 에치고越後 국수, 아사노 유키나가淺野幸長의 기이紀伊 국수, 모가미 요시미쓰最上義光의 데와出羽 국수, 모리 히데쓰구毛利秀就의 나가토長門 국수, 후쿠시마 다다카쓰福島忠勝의 비고備後 국수 등, 도요토미 계 다이묘의 대부분이 망라되어있다. 말하자면 다이묘의 국사 임명은 전술한 바와 같이 센고쿠시대에 이미 나타난 경향이었으나, 당시는 다이묘가 영역 지배의 정통성을 얻기 위해 '직주直奏'를 통해서 천황으로부터 임명된 반면, 이에야스의 경우에는 경계해야 할 도요토미계 다이묘에 대한 통제책으로서 막부의 주도하에 행해진 것이 특징이다. 취락제에 천황이 친림한 상황에서 여러 다이묘들로 하여금 무릎을 꿇고 절하게 한 히데요시와는 다른 방식으로, 이에야스 역시 관위를 다이묘 통제의 수단으로 삼고 있는 것이 분명하다.

또한 이에야스 사후 이러한 다이묘의 국사 임명이 유행한 시기가 있다. 1628년에 아사노 유키나가는 영지 교체에 따라 아키安藝 국수가 되었고, 1631년에 시마즈 미쓰히사島津光久가 사쓰마薩摩 국수, 시마즈 이에히사島津家久가 오스미大隅 국수가 되면서 아버지와 자식이 각각 분국分國의 수령이 되었다. 1635년 호소카와 다다토시細川忠利의 아들 로쿠마루六丸가 성인식을 치렀을 때, "영지로 인정해주신 지역의 일이므로, 히고肥後의 국수가 되고 싶습니다"라고 막각幕閣에 청하고 있는 사실은 국사 임명이 유행하였음을 잘 말해준다. 하지만 최근 연구에 의하면, 이러한 경향은 에도 초기에 국한된 것 같다.

이에야스의 천황관

오사카성 전투 직후인 1615년(겐나 원)의 연말 호소카와 번의 기록인『면고집록』은 관위에 따라서 등성할 때 예복의 착용이 의무화되었음을 보여주고 있다.

원일元日부터 준(駿, 슨푸)·무(武, 에도)의 모든 신하는 각각의 관위에 따라 오모자烏帽子, 수의狩衣, 대문大紋을 착용할 것. 일반 무사는 소포素袍가 당연하다라는 뜻을 분부하셨다.

이는 한편으로 천황의 권위가 바깥으로 드러나는 것을 꺼리면서 천황을 봉쇄하려는 정책을 꾀하는 한편, 관위에 따른 서열을 제도화하지 않으면 안 되는 상황에서 비롯된 모순이므로, 이에야스의 대천황 정책이 미온적이고 철저하지 못하였음을 보여준다. 하지만 한편으로는 이에야스가 가지고 있는 천황관의 근본은 공가와 무가의 본분이 분명히 구별되어야 한다는 것이며, 천황가를 정치로부터 격리시켜 고실故實·학문學問의 영역에 전념시킨다는 점에서는 나름대로 일관성을 유지하고 있다. 이에야스가 밤에 한 이야기를 적은 것이라고 전하는 『고로제담故老諸談』은 다음과 같이 기록하고 있다.

공가와 무가의 힘써야 할 것이 각각 구별되어있다. 고다이고 천황, 겐무의 난에 후지후사(藤原藤房, 후지와라 후지후사)·마사나리(楠正成, 구스노키 마사나리), (중략) 두 사람 모두 그러한 정책으로는 세상이 다스려지지 않는다는 사실을 알고 후지후사는 은거하였고, 마사나리는 (중략) 전쟁에 나가 죽었다. 이들은 공가와 무가로서 각각의 직분을 제대로 아는 사람이었다.

그리고 오우치 요시타카大內義隆, 우에스기 노리마사上杉憲政, 이마가와 우지자네今川氏真 등의 문약한 다이묘는 공가화된 결과라며 배격하고, 고토바, 고다이고 두 천황을 '입에도 담지 않아야 할 검과 창을 휘두른' 망국의 천자로 비난하였다. 이는 히데요시의 왕정복고를 부정하는 이에야스의 사고방식을 잘 반영하는 것이다.

5. 다만 끊임없이 울기만 하였습니다
-궁녀 밀통 사건

양위하려는 의사를 보이다

'천황병'에 걸려있었다고 말할 수밖에 없는 히데요시

는, 천황에 대하여 강경한 태도를 보일 수가 없었다. 하지만 이에야스는 히데요시 사망 즉시 천황가에 대하여 강경한 태도를 보인다. 앞서 설명한 바와 같이 히데요시 생전에는 실현되지 않았던 야마시나 도키쓰네山科言經의 징계를 풀고, 이어서 로쿠조 아리히로六條有廣와 레이제이 다메미쓰冷泉爲滿의 사면 허락을 받아내었다. 하지만 무엇보다도 이에야스의 정치력을 보여준 것은 황위 문제에 대한 발언권이었다.

1598년 9월, 히데요시의 죽음을 숨기고 있던 이 시기에 고요제이 천황이 병이 들어서 양생을 위하여 퇴위하고 싶다고 하였다. 질병 치료를 위하여 퇴위를 희망한 사례는 30년 후의 고미즈노오 천황 때도 확인할 수 있다. 요컨대 재위 중에는 침구 등의 치료법을 사용할 수 없다는 것이다('옥체'를 손상시킨다는 이유 때문이다). 고요제이 퇴위 소문은 10월 17일에는 공가사회에 흘러 들어갔고, 같은 해 25일에는 후시미성에 있던 이에야스 아래 가주지 하루토요·구가 아쓰미치·나카야마 지카쓰나 세 명의 전주가 모여서 천황의 아우인 도모히토智仁에게 양위하고 싶어하는 천황의 의중과 섭가 이하 의정관에게 자문을 구하는 명령을 내렸다는 소식에 대하여 협의하고 있었

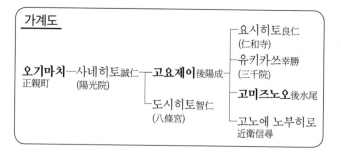

가계도

오기마치 正親町 ─ 사네히토智仁 (陽光院) ─ 고요제이後陽成 ─ 요시히토良仁 (仁和寺)
─ 유키카쓰幸勝 (三千院)
─ 고미즈노오後水尾
─ 고노에 노부히로 近衛信尋
도시히토智仁 (八條宮)

다. 그런데 다음날에는 후계자 후보로서 히데요시가 좋아하기도 해서 친왕으로 세워진 요시히토(良仁, 고요제이 천황 장남)가 부상, 11월 6일이 되자 친왕 요시히토와 산노미야三宮 고토히토(政仁, 후의 고미즈노오 천황)가 천황 후보로 거론되었다.

천황의 의중은 3남 고토히토에게 있다고 전해지는 한편, 히데요시의 유지(겉으로는 천황의 의사)를 중시하는 5봉행파五奉行派는 요시히토의 즉위를 목표로 구조 가네타카九條兼孝에게 영향력을 행사하고 있었다.

이에야스, 양위하지 말 것을 간언하다

이런 가운데 이에야스는 11월 16일 양위의 뜻을 거두어줄 것을 간언하는 의견서를 조정에 제출하였다. 이 때문에 천황이 쾌유되기도 해서, 양위는 실현되지 못하고 끝이 났다. 이에야스의 간언은 센고쿠시대 이래 황위 결정권을 둘러싼 공가와 무가의 주도권 다툼에서 있어서 역사상 큰 의미를 지니는 것이었다. 1479년, 고쓰치미카도 천황 양위를 아시카가 요시마사足利義政가 간언한 이후에, 역대 천황은 황위에 대해서는 자신들의 의사를 관철해왔다. 노부나가조차도 좌우할 수 없었던 황위 계승 결정권을 이에야스는 약 120년 만에 무가 측으로 되찾아 온 것이다. 하지만 이번 이에야스의 개입은 이에야스의 방침이 장차 고토히토를 세울 것이라는 천황 의사와 일치하고 있기도 하였고, 천황 병세도 차도가 있어서 이에야스와 긴장 관계를 초래하지는 않았다. 이에야스 의도는 조정에 대한 대책이라기보다는 오로지 5봉행파가 미는 요시히토의 즉위를 저지하는 데 있었다.

세키가하라 전투로 5봉행파가 몰락한 1600년 연말, 고토히토에게 친왕으로 임명하는 천황의 명령이 내려졌다. 히데요시가 염두에 두고 있었던 요시히토 친왕은 다음 해 3월 닌나지仁和寺 문적門跡으로 입실하게 되었고(불문으로 들어가는 것은 즉위를 단념한다는 뜻이다), 이로써 히데요시 유지는 최종적으로 파기되었다. 이러한 고토히토에 대한 친왕 임명 명령이야말로, 전술한 관백직 반환과 함께 세키가하라 전투의 중대한 성과였다. 이리하여 황위를 좌우할 수 있는 강력한 무가가 다시 등장하게 된 것이다.

궁중 최대 스캔들

다음으로 황위 계승이 공무 간의 현안이 되는 것은 1609년(게이초 14) 말의 일이었다. 그 계기는 궁녀[19] 밀통 사건이라고 불리는 스캔들이었다. 사건이 드러난 것은 같은 해 7월이었는데, 궁중에서 조사한 결과 밝혀진 사건의 전모는 다음과 같았다.

천황을 근시하는 궁녀인 새로운 대전시大典侍[20] 히로하시 씨廣橋氏, 권전시權典侍 나카노인 씨中院氏, 중내시中內侍 미나세 씨水無瀨氏·가라하시 씨唐橋氏, 명부命婦[21] 사누

---

19) 원문은 관녀官女다. 관직을 가지고 궁중에 출사하는 여성을 말하며, 여관女官·궁녀宮女라고도 한다. -역주

20) 이 사건의 당사자인 전시典侍 등은 궁중의 잡무를 수행하는 직명은 가지고 있지만, 천황과 가장 가까이 위치한 여성들이었으므로 전시나 장시掌侍로서 천황의 자식을 낳고, 그 자식이 천황이 되는 경우도 드물지 않았다. 고나라 천황後奈良天皇부터 고요제이 천황까지 4대에 걸쳐 가주지류(勸修寺流, 勸修寺家·萬里小路家) 출신 전시가 천황의 생모였다. 이미 가마쿠라시대에도 천황의 유모로서 전시가 된 여성을 제외하면, 전시는 대부분 천황의 처첩이었다. 따라서 전시 등은 궁녀라기보다는 후궁들이었다고 할 수 있다. -역주

21) 원래 종5위 이상의 관위를 가진 여성이나, 관인의 부인을 지칭하는 용어였으나, 일본에서는 주로 중하급 궁녀를 지칭하는 용어로 사용되었다. -역주

키讚岐 등 여성 다섯 명이 좌소장左少將 이노쿠마 노리토시猪熊教利 등의 안내로 은밀히 궁궐을 빠져나가 어느 때는 기타노, 어떨 때는 기요미즈, 혹은 아스카이 저택이나 이노쿠마 저택 등에서 공경과 '밀회密懷'를 거듭하고 있었다는 것이다. 이노쿠마는 이미 2년 전에도 궁녀와의 밀통한 사실이 발각되어 천황의 제재를 받은 상황이었다. 상대 남성은 참의 가라스마루 미쓰히로烏丸光廣, 좌중장左中將 오이미카도 요리쿠니大炊御門頼國, 좌소장左少將 가잔인 다다나가花山院忠長·아스카이 마사가타飛鳥井雅賢·난바 무네카쓰難波宗勝·마쓰노기 무네노부松木宗信, 우소장右少將 도쿠다이지 사네히사德大寺實久 등의 중하급 공가들이었다. 이들 밀회가 난교파티였던 것으로 파악하는 학자도 있다.

이 사건에 대한 심리는 후궁의 실권자인 여원어소女院御所 유모와 소납언국少納言局을 중심으로 진행되었다. 7월 2일에는 여원어소의 문을 봉쇄하고, 궁녀 쓰루鶴, 스에노메타토末の女タ卜·다케竹 등의 하녀를 소환하여 자백하도록 한 결과, 앞의 다섯 궁녀 이름이 고구마 캐듯이 연이어 드러났다. 어소 유모 등의 고문은 가혹하기 그지없었고, 니시노토인 도키요시 등 무관한 공가도 연일 심

문을 받았다. 처음에 어소 유모는 후궁에서 이 추문을 무마하고 천황에게는 알리지 않으려는 심산이었던 모양인데, 일이 이렇게 커지게 되자 감추려야 감출 수 없는 지경에 이르렀다. 소문은 소문을 불러들여 사람들의 입에 오르내리기 시작했다.

천황이 엄형을 주장하다

　7월 4일 천황은 관계된 궁녀들을 집으로 돌려보내고 공가중에 대해서는 처벌하기로 결정하였고, 공식적으로 소사대 이타쿠라 가쓰시게板倉勝重에게 경과가 보고되었다. 7월 10일경에는 슨푸에 머물고 있던 대어소 이에야스의 귀에 들어갔고, 이에야스는 가쓰시게의 셋째아들로서 후에 시마바라島原의 난에서 전사하는 이타쿠라 시게마사板倉重昌를 교토로 파견하였다. 이렇게 하여 궁녀 일건은 공가와 무가 간의 중대 문제로 발전해나갔다. 때마침 교토는 무더위가 기승을 부려 한증막과 같은 열기 속에서 막부와 조정의 뜨거운 절충이 반복되었다. 이에야스의 속뜻은 "어떻게 분부하시는 그대로 따르겠습니다", 즉 처벌은 천황이 판단하는 대로 이루어져야 한다고 아뢴 것이다.

7월 18·19일 양일, 하치조노미야 도모히토八條宮智仁, 소사대 이타쿠라를 비롯하여 섭가중攝家衆이 관백 고노에 노부타다 저택에 모여서 처분 방법을 의논하였다. 당시 관념상 이 사건의 최대 피해자는 천황 자신이었다. 가주지 하루토요가 혼다 마사노부本多正信 등 막부 요인에게 보낸 서한에서 "예려가 평소와는 다르시며 역린이 여간이 아니옵니다"라고 하여, 천황이 격노하고 있다는 사실을 알렸다. 그래서 관백 등이 원만한 조치를 내리도록 아뢰었는데도 불구하고, 천황은 주모자 히로하시 씨 이하 전원을 극형(사형)에 처해야 한다는 '분부'였다. "천황의 판단을 그대로 따르겠다"라고 하여 천황의 뜻에 맡겼다고는 하지만, 막부와 소사대는 그 정도까지 엄형을 내릴 것이라고는 예상하지 못했다.

천황을 달래는 막부

예로부터 궁녀 밀통 사건은 드물지 않았다. 분명 이번과 같은 대규모 사건은 미증유의 일이지만 처벌이 참죄에 이르게 된 사례는 없다. 원래 공가법에서는 조정 신하의 처형을 상정하고 있지 않았다. 이 관행은 구스코藥子의 변(810년) 이후 호겐保元의 난(1156년)까지 국가에 의한 사형이 없었던 사실에서 비롯된 것으로 보이는데, 공가사회 내부에서는 이유 여하를 막론하고 살인은 기피하였다. 메이오明應의 정변(1493년) 때 가와치河內에서 대납언 하무로 미쓰타다葉室光忠가 막부 처분으로 처형되었는데, 이는 장군 요시타네義植에게 종군 중이어서 이른바 무가의 신분으로 처형된 사례이며 예외 중의 예외였다. 1496년, 전 관백 구조 마사모토九條政基가 집안의 재정 업무를 담당하고 있던 가라하시 아리카즈唐橋在数를 살해하였을 때 천황의 처벌을 받고, 마사모토는 교토에 머물러있을 수 없어서, 가문 영지인 이즈미和泉 히네노日根野에서 지내지 않을 수 없게 되었다. 또한 그 후 겐나元和의 '공가제법도公家諸法度'(1615년)에서도 공가의 최고 처벌은 유배로 정해졌다.

그런데도 천황은 스스로 남녀 십여 명에 이르는 궁녀와 공가를 죽이라고 명령했다. 모든 사람이 놀라 자빠질 수밖에 없었다. 특히 중간에 선 소사대 가쓰시게와 이에야스 사자 시게마사 부자는 당황하였다. 가쓰시게는 원래 승려 출신으로 온건하고 인품이 훌륭하여 공가사회에서는 매우 평판이 좋은 막부 관리였다. 시게마사는 조기 결착은 곤란하다고 보고, 다시 이에야스의 지시를 받기 위해 7월 26일 슨푸로 돌아갔다. 시게마사의 복명에 대해 이에야스는 8월 4일 시게마사와 오사와 모토야스大澤 基宿 두 사람을 교토로 파견하여 다음과 같이 다시 아뢰었다.

이번 궁녀들의 어지러운 일, 역린이 지당하시므로, 어어떤 분부라도 그대로 따를 뿐입니다. 그렇기는 하지만, 뒤따른 어려움도 없도록 잘 판단하시는 일이 중요합니다.

이에야스는 다시금 예려가 우선이라고 말하면서도 '후환이 없도록 규명', 즉 성급한 처벌을 피하고 온당한 조치를 할 것을 넌지시 드러내고 있다. 오타 규이치太田牛一의 비망록에서는 이에야스의 진의를 다음과 같이 헤아리고 있다.

천황의 명령은 어쩔 수 없으나, 궁중에서 그와 같이 심각한 처분은, 최근에는 접한 적이 없었다. 도리어 세간의 포폄이나 체면에도 좋지 않으므로, 유배로 처분하는 것이 마땅할 것이다.(『각전문서角田文書』)

이 일을 히데요시라면 어떻게 처리했을까? 천황의 분부대로 관계자 전원을 극형에 처했을지도 모른다. 이에야스(혹은 가쓰시게)의 노련함과 신중함이 잘 드러난다고 하겠다. 에도의 장군 히데타다도 막부 사신을 상경시켰지만, 대조정 대책의 실권은 완전히 이에야스가 쥐고 있었다.

천황의 의사는 무시되다

8월 4일 이에야스의 거듭된 상주문을 받고 천황은 세이료덴淸凉殿으로 섭가중을 불러들였다. 그때의 문답은 다음과 같았다고 한다.

천황 : 이번 사건은 전대미문 불상사이므로 반드시 처분(극형)해야 한다고 생각하지만, 각각 어떻게 생각하는가?

섭가중 : 예려의 취지는 하나하나 부득이 한 일이라고

생각합니다. 하지만 여전히 충분히 심리를 다하여 처
분해야 할 것입니다.

천황 : 그러한 것을 묻고 있는 것이 아니다. 이번 나(천황)
의 의견에 동의하는지 아닌지만 대답하라.

섭가중 : 주상의 분부는 지극히 당연하다고 생각합니다.

천황 : 그렇구나, 그럼 오사와를 불러라.

그래서 뜰에서 대기하고 있던 오사와 모토야스大澤基宿
는 천황 앞에 불려가 직접 천황의 입을 통해 전원 처형하
라는 칙명을 받았다.

하지만 처단을 서두르는 천황의 뜻은 무시되었다. 8월
6일 천황이 처벌하고자 한 일곱 명의 공가는 소사대 저
택으로 소환되어 이타쿠라 가쓰시게의 심문을 받았고,
같은 해 8일, 본가에 보내두었던 궁녀들은 가주지 저택
에서 이타쿠라 가쓰시게와 오사와 모토야스의 심문을 받
았다. 주범격인 대전시 히로하시 씨는 병에 걸렸다는 사
유를 인정받아 심문이 면제되었고, 그날 밤 석방되어 음
식 접대까지 받았다고 하니 가쓰시게의 규문은 부드러
운 것이었던 모양이다. 8월 21일, 여원에 소속된 궁녀의
소치노쓰보네帥局, 여어女御에 속한 궁녀인 에몬노카미右

衛門督가 슨푸에서 소환되어 교토를 떠났다. 이는 이에야스 스스로가 사태를 장악하기 위한 목적과 "천자를 진정시키는 다른 견해", 즉 화가 머리끝까지 나 있는 천황을 달래는 역할을 부탁하기 위한 목적이라고 소문이 떠돌았다(『각전문서』). 이보다 하루 앞서 소사대 가쓰시게 자신도 시게마사·모토야스를 뒤쫓듯이 슨푸로 향했다. 궁녀 사건의 처분은 사실 이에야스의 판단에 맡기게 되었다.

소치노쓰보네와 에몬노카미는 9월 19일, 소사대는 9월 23일에 귀경하였다. 소치노쓰보네와 에몬노카미는 아마 이에야스로부터 천황을 설득할 방법을 듣고 왔을 것이다. 9월 24일 단계에서는 "모든 것을 대어소께 위임하신다는 뜻의 칙명"이 이타쿠라에게 전해지기에 이르렀다. 천황의 태도가 완화되었다.

궁녀와 공가를 처단하다

이에야스의 사자로 이타쿠라 시게마사가 다시 교토로 파견되었고 처분이 내려졌다. 우선 10월 1일 궁녀들에 대한 처분이 내려진다. 히로하시 씨 이하 다섯 명과 안내 및 기타 죄에 연좌된 말중未衆·여유女孺 등 열두 명을 스루가駿河로 압송하였다. 말중·여유 중 여섯 명은 용서를 받고 귀경하였으나, 두 명의 여유는 당사자인 궁녀 다섯 명과 함께 이즈伊豆 니지마新島로 유배되었다. 궁녀 한 사람당 각 하녀 한 사람이 따라가는 것을 허락하였으나, 소수小袖[22]를 벗기고 거친 무명 솜을 넣은 방한복 두 벌, 낡은 소수 두 벌만 섬으로 보냈다고 한다. 니시노토인 도키요시는 '참으로 가슴 아픈 일'이라고 일기에서 동정심을 드러내고 있다. 덧붙이자면, 나중에 전주가 된 나카노인 미치무라는 이즈 니지마에 유배된 권전시의 오빠였다. 1622년(겐나 8) 용무를 보러 에도로 내려가던 도중 이즈의 미시마 앞을 지나면서 다음과 같이 글을 남겼다.

여러 해 전에 나의 누이동생(권전시), 이 지역의 섬에 유배되어 지금도 있다. 그러므로 그 겐지(『겐지 이야기』)에, '바다에 있는 신의 도움이 없었더라면'이라는 구절이 있는 것이 생각이 났고, 같은 상황이므로, 마음속으로 기도하였다.

---

22) 소맷부리가 좁은 일본 전통의상을 말한다. 소매 길이 전체가 열리는 대수大袖에 대비되는 말이다. -역주

바다에 계시는 신이 아니더라도 나이
들어가는 행인을 불쌍히 여기소서

그는 이렇게 읊으며 비통한 심정을 새롭게 하였다. 미
치무라는『겐지 이야기』의 연구가로서 당시부터 유명한
학자였다.

이어서 공가중에 대한 처분이 발표되었다. 휴가日向까
지 도망갔던 이노쿠마 노리토시猪熊教利는 교토로 압송
되어 10월 17일, 이마데가와今出川 조후쿠지淨福寺[23])에서
참형에 처해졌다. 일족 중에 범인인 궁녀 사누키讚岐가
있었고, 스스로 밀통을 주선한 가네야스 히고兼康備後도
같은 달 18일 가모가와鴨川 강변에서 참수되었다. 이 두
사람은 공가로 취급되지 않았던 까닭이다.[24]) 그러나 가
라스마루 이하 일곱 명은 천황이 격렬하게 증오하였는데
도 불구하고 극형을 면했다. 가잔인花山院 다다나가忠長
는 에조蝦夷 마쓰마에번松前藩의 영지인 가미노쿠니上國
에, 아스카이 마사카타飛鳥井雅賢는 오키隱岐에, 오이미카
도 요리쿠니大御門賴國와 마쓰노키 무네노부松木宗信는 사

_____

23) 원문에는 조후쿠지淨福寺라고 되어있으나, 교토에는 조후쿠지라는 절이 없다. 이노
쿠마 노리토시猪熊教利가 참수된 곳은 구라마鞍馬에 있는 조젠지常禪寺라고 전한다. -역주
24) 공가公家에 대해서는 사형에 처하지 않는 것이 당시의 관례였다. -역주

쓰마薩摩의 이오지마硫黄島에 난바 무네카쓰難波宗勝는 이
즈伊豆에 각각 귀양을 보내고, 가라스마루 미쓰히로烏丸
光廣, 도쿠다이지 사네히사德大寺實久는 정상을 참작하여
사면되었다. 또한 유배된 공가 중 가장 변방인 에조지蝦
夷地로 유배되었던 다다나가는 27년 후인 1636년(간에이
13) 사면되어 귀경하였으나, 아스카이·오이미카도·마쓰
노키 등은 모두 귀양지에서 객사하였다.

굴욕적인 양위를 표명하다

그런데 고요제이 천황은 애첩 여러 명에게 배반을 당
하였고, 더욱이 그 처벌에 대하여 막부의 강한 간섭을 받
아 이중으로 굴욕을 당한 셈이 되었다. 이 사건에 큰 충
격을 받은 천황은 갑자기 까탈스럽고 염세적으로 변해
서, 내정에서도 공경들을 대면하지 않게 되었다. 여원(생
모인 신조토몬인新上東門院[25], 사네히토의 측실)이나 왕비에 대
해서도 처벌을 둘러싸고 이에야스 편에 섰다는 사실에
불만을 품고 사이가 나빠졌다고 전해진다. 하지만 관백

---

25) 가주지 하루토요의 딸인 하루코(晴子, 1553~1620)로 고요제이 천황을 비롯한 6남 3
녀를 두었다. -역주

인 고노에 노부타다 등은 그러한 천황의 다소 자기중심적인 태도에 대해서, '도대체, 행동도 분별력도 불가사의한 상태'라고 비판적이었다. 궁녀 사건 처분이 일단락된 1609년 12월에 천황은 이에야스에게 양위하고자 하는 뜻을 전하였다. 같은 달 16일, 이에 대하여 이에야스로부터 "어떤 일이 있더라도 양위하시는 일이, 지연되지 않도록 서두르겠습니다"라고 승낙하는 집주執奏가 전해졌다. 이에야스도 천황이 받은 충격에는 다분히 동정하고 있었던 것 같다. 양위는 새해인 1610년(게이초 15) 3월로 일단 결정되었다.

그런데 같은 해 윤2월 슨푸에서 이에야스의 막내딸 이치히메(市姬, 오카쓰가 낳음. 당시 네 살)가 요절, '비탄'에 잠긴 이에야스는 이러한 흉사를 이유로 양위 연기를 신청해왔다. 또다시 고요제이는 체면을 구겼기 때문에, 크게 분노하였다는 소식이 전해졌다. 이에야스의 집주는 "꼭 올해 안에 이루어져야 한다고 생각하신다면, 그대로 명령하실 일"이라고 하여, 반드시 절대 반대하는 것은 아니었다. 하지만 4월에 들어서자 이에야스는 조영 중인 내리內裏가 준공된 다음으로 미루자는 의사를 전해왔다. 이러한 양위 연기로 이에야스와 고요제이 사이는 결정적으로 악화되었다. 중국의 일본사 연구자인 시초륜施超倫 씨는 이에야스의 양위 연기는 궁녀 추문 사건과 양위를 연관시키기를 꺼리는 막부 정책 때문인 것으로 추정하고 있다. 겉으로는 "예려에 달려있다"라고 말하면서 뒤에서는 천황을 통제하려는 것이 무로마치 이래 막부의 전통적인 방책이었음을 고려하면, 시초륜 씨의 추측은 주목할 만하다고 본다.

될 대로 되라는 천황의 태도

고요제이는 고집을 부렸다. 이해 가을로 예정되어있던 친왕 고토히토政仁의 원복元服[26]이 미루어지고 있었는데, 고요제이는 '엔기延喜 연간의 사례'와 같이 현실적이지 못한 이유를 내세워 원복과 양위를 동시에 실시하고 싶다는 등의 의중을 좌우에 흘리고 있었다. 이에야스는 이미 이 무렵 궁중의 공적인 의례는 관백이 주도하여 치르도록 의도하고 있었고, 관백 고노에 노부타다는 이에야스

---

26) 원복元服의 원元은 머리, 복服은 착용이라는 뜻으로, 머리에 관을 쓰는 의식을 말한다. 고대부터 일본에서는 12~16세 사이에 성인이 되는 통과의례로서, 당상가 이상에는 관을 쓰고, 그 이하는 관 대신에 오모자烏帽子를 착용하였다. 근세에 들어서는 무사들의 관행이 정착되어 관이나 오모자는 생략하고 머리털을 밀어 월대(月代, 사카야키)를 만들게 되었다. -역주

의 속내대로 우선 친왕의 원복만을 치르려고 하였다. 원복·양위 등 기타 황위 계승의 경비는 모두 막부가 지출하였으므로, 이에야스의 뜻을 거스르면서 공적 의례를 진행하는 것은 불가능하였다.

고요제이와 이에야스 사이를 걱정한 하치조노미야八條宮와 고노에 노부타다 등은 소사대와 상의한 후 11월 22일 천황에게 연내로 친왕의 원복 의례를 행할 것을 아뢰었다. 고요제이는 "무슨 일이 잘못되더라도 괴로울 일은 없다"라고 하였다. 즉 "공무公武 간의 사이 따위는 악화되어도 상관없다"라고 단언하는 마당에, 황족과 섭가 일동은 천황 눈치를 보면서도, "어떤 일이더라도 마음에 드시는 일이라면, (슨푸로) 내려가서, (이에야스에게) 말씀드릴 수 있사옵니다. (중략) 어떠한 일이라도 남김없이 분부하시는 것이 지당하다고 생각합니다"라는 이타쿠라 가쓰시게의 보증을 거듭하여 아뢰었다. 이에 대한 고요제이 회답이, 유명한, "다만 울고 울 따름이다. 어떻게 되든 상관없다"라는 자포자기였다. 천황이 이러한 상황이었으므로 여원이 판단을 내려 친왕의 원복을 서두르게 되었고, 슨푸에도 그러한 뜻을 알렸다. 이 일로 여원·여어와 천왕 사이는 더욱 험악해졌다.

원복과 양위의 의식

12월 23일, 어소에서 고토히토의 원복이 행해졌다. 그러나 화가 가라앉지 않은 천황은 다음날인 1611년(게이초 16) 정월 초하루의 사방배四方拜[27]·소조배小朝拜[28]에도 참석하지 않았고, 정월 절회에도 나오지 않는 상황이었다. 이렇게 하여 양위는 3월 27일로 정해졌으나, 2월 11일의 입태자 절회가 관백·상경上卿이 모두 각자의 자리에 위치한 상황에서 천황의 역린이 전해져 의식이 도중에 중지되는 '언어도단' 사태가 벌어졌다. 전년 11월 이래 계속되는 이른바 천황 파업이었다. 목에 줄을 매어 끌어당길 수도 없는 상황이었으므로 조정의 신하들은 오로지 천황의 분노가 진정되기를 기다릴 수밖에 없었다.

3월 12일 양위 의식을 위해 이에야스 히데타다 등이 여러 지역의 다이묘를 이끌고 상경하였다. 이 무렵에는 고요제이의 심신 이상도 가라앉아 있었다. 닛타 요시시게 新田義重와 도쿠가와 히로타다德川廣忠의 관위 승진이 칙허되었으며, 23일에 입궐한 이에야스는 세이료덴에서 천

---

27) 매년 1월 1일 이른 아침에 궁중에서 천황이 천지 사방의 신들에게 절을 올리는 의식을 말한다. 사방에 절함으로써 재액을 소멸시키고, 오곡풍양을 기원하는 궁중 제사이다. -역주

28) 조배는 조하朝賀와 같은 뜻으로 신하들이 군주를 배알하는 행사이다. -역주

황과 대면하여, 천황이 내린 술을 받았다. 또한 천황 부자는 여러 다이묘들과 대면하였다. 그리하여, 27일의 수선(受禪, 황위 계승) 의식은 원만하게 마무리되었다. 여기서 주목해야 할 것은 산보인 기엔의 26일 일기다.

양위 행차에, 여러 지역 다이묘들이 수행하지 않는다고 한다. 오기마치 천황 때는 모두 수행하였는데, 이번에 생략한 것은 어찌된 것일까.

'오기마치 천황 때'라는 것은 1586년(덴쇼 14) 11월 고요제이 천황의 즉위 때를 말한다. 조정 의례에 대한 경호는 무가에서 담당하되 행차 수행에는 여러 지역의 다이묘들은 가담하지 않고 공가에 맡긴 것이다. 이는 히데요시 시대의 '천황에 의한 다이묘의 장악'에 대한 부정이며, 이에 야스의 공무 간의 직능을 분명하게 나누고자 하는 원칙이 확실하게 드러나고 있다.

이에야스는 세키가하라 전투에서 자신이 원하는 방식으로 승리하지 못하였기 때문에, 도요토미계 다이묘를 우대할 수밖에 없었고, 히데요리로 그대로 둘 수밖에 없는 큰 제약을 받게 되면서, 마찬가지로 천황에 대한 대책도 소극적일 수밖에 없었다. 섣불리 개입하여 공무 간의 대립이 표면화되면, 히데요리를 지지하는 모반의 무리가 천황과 연결되지 않는다고도 할 수 없기 때문이었다. 이에야스와 가쓰시게의 조정에 대한 신중한 태도는 그러한 사정을 단적으로 말해주는 것이다. 하지만 왕위 계승에는 적극적으로 개입하여 고미즈노오 천황의 옹립을 사실상 결정하고 고요제이의 불만과 분노를 능란하게 수습한 그 수완은 역시 센고쿠시대 말기 이후 천황가 동태를 지켜보아온 노련한 무가만이 발휘할 수 있는 것이라고 하겠다.

6. 천황의 조정을 거절하다-도요토미 씨 멸망하다

호코지 범종 명문 사건 발발

1614년 7월 이에야스가 도요토미 히데요리에게 권하여 조영토록 한 교토 호코지 대불전의 낙성이 가까워지고 있었다. 조영을 담당한 사람은 세쯔攝津 이바라키茨木 성주 가타기리 가쓰모토片桐且元였다. 요리토모源賴朝가 임석하였던 겐큐建久 연간의 도다이지東大寺 공양(1190년)의 사례를 따르기로 하여 이에야스 참석도 확정되었다. 히데요리 참석은 본인 희망에 달려있다는 이에야스의 내락도 나온 상태였다.

그런데 7월 21일에 이르러 곤치인 스덴과 이타쿠라 시게마사가 이에야스에게 불려갔다. "대불의 범종 명문에 간토에 대하여 불길한 말이 있다. 상량하는 날이 길일이 아니다"라고 하여 조사를 명령받은 것이다. 이렇게 호코지 범종 명문 사건이 시작되었다. 예로부터 스덴에 의한 밀고설, 덴카이의 모략설 등이 있으나, 정황으로 볼 때 히데요리 개역改易과 전봉轉封[29]을 생각하고 있던 이에야스의 단독범행설이 아마도 진상에 가까울 듯하다.

다만 여기에서 주목해야 할 것은 범종 명문의 기초자인 도후쿠사의 세이칸清韓이 이전에 자의 착용 칙허를 받은 사실로 미루어, 이에야스가 자의 제도 즉 천황의 지위 수여 권한까지도 의심하게 되었다는 점이다. 이는 나중에 일어난 자의 사건의 발단이라는 점에서 간과할 수 없다(V장 4절 참조). 그런데 이에야스의 의심을 더욱 증폭시

---

29) 에도시대에 다이묘나 기본旗本에 대한 영지·가록家祿·저택 등을 몰수하는 처벌을 말한다. 이에 대하여 전봉轉封은 기존 영지 대신에 다른 곳에 영지를 정해주는 것을 말한다 -역주

키는 사건이 일어났다. 7월 28일 히데요리의 가신 열네 명에 대하여 막부에 알리지 않고 관직 승진諸大夫成을 행한 것이다. 세이칸 자의도 그렇고, 히데요리 가신에 대한 대부 관직 임명도 그렇고, 천황의 서임권과 연관되어있는 사안이기 때문에, 이에야스의 분노를 초래한 것은 중요하다. 이에야스의 질타는 오사카뿐만 아니라 궁중으로도 향하고 있었다. 대불전의 상량문棟札도 이에야스는 문제 삼았다. 상량문의 기초자인 쇼코인 도쇼道照[30] 법친왕은 "억울한 혐의를 입었다. 그렇기는 하지만 옳고 그름을 따지지 않고 일단 물러나겠다"라고 하며, 온조지園城寺의 문적門跡[31] 자리를 사퇴하기에 이르렀다.

조정이 불발에 그치다

대불전 상량식 및 공양 의례는 중지되었고, 9월 7일 이

---

30) 원문에는 도쇼道照 법친왕法親王으로 되어있으나, 호코지의 상량문을 기초한 인물은 사네히토 친왕誠仁親王의 다섯째 아들이자 고요제이 천황의 친동생인 고이 법친왕(興意法親王, 1576~1620)이다. 대불전 상량문에 포함시켜야 할 대공두大工頭의 이름을 넣지 않았다는 혐의를 받아 칩거하기에 이르렀다. 이에야스와 갈등을 일으키고 있던 고요제이 천황의 친동생이었기 때문에 억울한 혐의를 받았을 가능성이 있다. -역주
31) 문적門跡은 황족이나 공가가 주지의 자리를 맡는 사찰의 주지 혹은 그러한 지위에 있는 사격寺格을 말한다. 닌나지仁和寺·다이카쿠지大覺寺 등이 대표적인 사찰이다. -역주

에야스는 서국의 여러 다이묘들로 하여금 서지誓紙[32]를 작성하도록 하였다. 가타기리 가쓰모토片桐且元는 히데요리에게 히데요리 본인과 요도도노가 에도에 머물고, 오사카에서 물러나고 아울러 영지를 교체하겠다는 등의 방책 세 가지를 제안하였으나 받아들여지지 않았고, 슨푸와 오사카의 관계 단절이 불가피하게 되었다. 아울러 이에야스는 오사카와 기독교를 믿는 다이묘의 결탁을 두려워하여, 신도와 선교사를 추방·처형하고, 나이토 조안內藤如安과 다카야마 우콘高山右近 등을 나가사키에서 해외로 추방하였다. 문제는 세키가하라 전투에서 이에야스 쪽에서 활약한 도요토미 계열의 다이묘에 대한 처치였다. 후쿠시마 마사노리·구로다 나가마사·가토 요시아키加藤嘉明는 에도에 머물러있어야 했고, 마사노리의 적남인 다다카쓰忠勝가 오사카 출진을 명령받았다. 마사노리는 10월 에도에서 오사카에 서한을 보내 히데요리가 에도로 내려올 것을 권하였으나 허사로 끝났다.

정세가 날로 긴박해지는 가운데, 천황이 개입할 것(칙

---

32) 기청문起請文이라고도 하며, 약속하는 내용을 쓰고 제출자가 믿고 있는 신이나 부처 이름을 열거하고, 마지막으로 약속을 어기면 신불의 벌을 받을 것을 맹세하는 형식 문서. 센고쿠시대에 각지에 센고쿠 다이묘라는 지역 권력이 출현하여 이들끼리 외교관계를 맺는 일이 생겼고, 특히 군사동맹 체결이나 전투 중지 등의 상황에서 서로의 신뢰를 확인하기 위하여 기청문을 교환하는 일이 잦아졌다. -역주

명에 의한 강화)이라는 소문이 두 곳에서 들려오기 시작하였다. 하나는 나라의 가스가타이샤의 사사社司 일기에서 "칙사가 내려가서 중재하려고 한다"라고 하여 칙사가 오사카로 간 사실을 기록하였고, 또 하나는 다이고지醍醐寺의 기엔義演으로 "고조스孝蔵主가 해결하기 위하여 상경한다고 한다. 칙사가 파견될 것이다"라고 하여 칙사를 슨푸에 파견할 것이라는 풍문을 전하고 있다. 분명히 히로하시와 산조라는 두 칙사가 10월 24일에 니조성에서 이에야스와 대면하였으나(이에야스는 10월 23일에 성에 들어가 있었다), 강화 요청이 아니라 이에야스에 대한 위로였다.

한편 히데요리 측은 마에다·다테·시마즈 등 구 도요토미 계열의 유력 다이묘들에게 조정을 의뢰하였다. 하지만 모두 그 사실을 이에야스에게 통보하여 실패로 끝났다. 이에야스 측도 11월 17일 셋쓰攝津 스미요시住吉에 진을 설치한 이후 오사카성에 대한 포위망을 형성하는 한편 독자적인 화해를 추진하였다. 11월 말 이에야스는 셋쓰 마시타성味舌城 성주 오다 나가마스(織田長益, 有樂齋)에게 화해를 주선해줄 것을 의뢰하였고, 12월 3일부터 8일까지 절충이 이루어지고 있다. 나가마스는 노부나가 막냇동생으로 조카 노부카쓰와 함께 히데요리의 어가중

御伽衆[33]으로서 오사카성 안에 있었다.

12월 15일 포격에 의한 포위가 좁혀지는 가운데[34] 나가마스와 오노 하루나가大野治長는 연명하여 이에야스의 숙로宿老 혼다 나오즈미本多直純와 고토 미쓰쓰구에게 마지막 조정안을 제시하였고 아사이 씨(淺井氏, 淀殿)의 에도 하향, 농성한 뇌인牢人[35]에 대하여 지행을 늘여줄 것을 밝혔다. 이에야스는 이를 거부하였다.

칙명 강화를 거부하다

12월 14일 일이었다. 니시노토인 도키요시가 고요제이 상황의 거처인 선동 어소에 출사하였는데, 상황으로부터 전투를 치르고 있는 이에야스를 위로하기 위하여 "문제를 해결하고자 하는 마음으로" 전주를 파견할 계획

---

33) 장군이나 다이묘를 측근에서 모시는 직책을 말한다. 잡담에 응하거나, 자신의 경험담, 문헌의 강독 등을 행한다. 어가중御迦衆·어돌중御咄衆·상반중相伴衆이라고도 한다. -역주

34) 오사카 전투에 이에야스는 일본산 대포를 비롯하여 영국과 네덜란드로부터도 각종 대포를 수입하여 사용하였다. 영국에서 수입한 칼부리누스 대포는 14킬로그램의 포탄을 약 6.3킬로미터까지 쏘아 보낼 수 있었다고 한다. -역주

35) 낭인浪人이라고도 하며, 주군이 죽거나 영지를 상실하여 봉록을 받지 못하거나, 스스로 주군을 떠난 무사들을 말한다. 이에야스가 도요토미 계열의 다이묘의 영지를 해체하는 등의 정책을 시행하면서 뇌인이 급증하여, 오사카성 전투 시에는 도요토미 측에 10만 명의 뇌인이 모여들었다고 한다. -역주

이라고 통보를 받았으므로, 도키요시는 전주인 히로하시 가네카쓰의 저택으로 사람을 보냈다. 태정관 변관국 관무 일기에도 "장군가와 히데요리 사이의 화의에 관한 일, 공가(상황)로부터 분부가 계셨다"라고 기록되어있다. 만반의 준비를 하고 있던 천황가의 조정 공작이 개시된 것이다. 가네카쓰와 산조니시 사네에다 두 전주는 다음 날인 15일 교토를 떠나 17일에 오사카에 재진 중인 이에야스에게 칙지를 전달하였다. 막부 측 기록에 의하면 상황 측 구상은 다음과 같았다.

추운 날씨인 이때, 모든 군사에게 명령을 내리고, 대어소(大御所, 이에야스)는 우선 상경해야 하지 않겠습니까. 또한 혹시 화해하도록 명령해야 하지 않겠습니까? 내용은 천황의 생각이십니다.

노인이 된 이에야스의 몸을 걱정하는 형식을 갖추면서 휴전을 권고하는 내용이었다. 우연히 근시하고 있던 스덴에 의하여, 이에야스에게 천황의 생각이 전해졌는데 이에야스는 다음과 같이 대답하였다.

모든 병사에게 명령하기 위하여 진중에 있습니다. 화해하는 일은 그렇게 할 수 없습니다. 만약 손을 봐주지 않는다면 반드시 천자의 명을 경시할 것입니다. 심히 불가합니다.

강한 어조로 칙명을 거부하였던 것이다. 스덴 일기에도 "궁중으로부터의 의견은 받아들일 수 없다고 판단하셨다"라고 하여 천황의 조정을 거절하였음을 기록하고 있다.

이에야스는 천황가가 전쟁에 개입하는 것을 극도로 경계하면서도 평화공작 자체는 속행하였다. 칙명을 거부했던 바로 그날, 이에야스의 측실 아사노츠보네阿茶局와 혼다 마사즈미를 교코쿠 다다타카京極忠高의 이마사토今里 진영으로 파견하여 오사카성 안에 있던 조코인(常高院, 다다타카의 친어머니)을 불러내어 강화 방안을 절충하도록 하였다. 다음날인 19일, 이환二丸[36]과 삼환三丸을 무너트려 평지로 만든다는 평화안이 마련되었고, 이에야스는 히데요리의 신상과 본령을 안도하였다, 오다 나가마스와

36) 센고쿠시대 이래 일본 성곽은 중심부인 본환(本丸, 主廓)을 여러 겹으로 둘러싸는 형태로 축성하였다. 이환·삼환은 본환과 맞닿아있거나 에워싸고 있는 구역을 말한다. -역주

오노 하루나가가 인질을 내놓았고, 20일 이에야스는 선봉에 있던 군사들의 포격을 중지시켰다. 이리하여 이른바 오사카성의 겨울 전투는 종료되었다. 주지하는 바와 같이 도요토미 씨는 다음 해인 1615년(겐나 원) 5월, 오사카성의 여름 전투에서 멸망하게 된다.

천황가의 전쟁 개입에 종지부를 찍다

이상의 경과로 보아 이에야스의 방침은 천황(또는 상황)의 이름으로 이루어진 평화를 철두철미하게 부정하는 것이었음을 알 수 있다. 이러한 움직임으로 미루어 이에야스가 히데요리 공격에 대한 윤지(綸旨, 院宣)를 주청하였으나 상황에게 거절당했다는 전설(시부카와 하루미澁川春海, 『신로면명新蘆面命』)은 도저히 있을 수 없는 일이라고 하지 않을 수 없다. 히데요시 방식의 왕정복고를 인정하지 않는 이에야스가 취한 각종 정책의 흐름에서 보면 당연한 조치라고 할 수 있겠지만, 여기에 노부나가 이래 칙명 강화에 의한 '천하일통'이라는 관행이 최종적으로 단절된 것이다. 동시에 1438년 이래 간헐적으로 계속된 천황가의 전쟁 개입에도 종지부를 찍게 되었다. 천황이 정치·군사에 관여하는 것을 막을 수 없었던 것이 중세적 권력이라면, 이 단계에서 비로소 천황을 중심으로 한 역사에서도 근세가 시작된 것이다. 요시미쓰에 의해 14세기 말에 실현되었던 천황의 정치적인 권위에 대한 봉쇄는 약 200년이 걸려서야 재현되었다. 무로마치·센고쿠 시대 천황 권위의 부활이라는 현상은 그만큼 용이하지 않은 것이었다고 하겠다.

히요시타이샤 도쇼구 배전(오쓰시 사카모토, 중요문화재)

V장. 종교적 권위에 대한 도전
- 신호와 자의를 둘러싸고

1. 이에야스의 사후 신격화
-스덴과 덴카이의 논쟁

이에야스 사후의 장례 방법

　도요토미 씨가 멸망한 다음 해인 1616년(겐나 2) 3월, 이
에야스는 도미 튀김을 먹은 것이 원인이 되어 건강이 나
빠졌고 위독한 상태에 빠졌다. 같은 달 17일, 슨푸성駿府
城에서 병상에 누워있던 이에야스는 태정대신에 임명한
다는 천황의 명령을 받고, 다테 마사무네에게 뒷일을 부
탁하였다. 그리고 4월 2일, 이에야스는 혼다 마사노부와
덴카이天海·곤치인金地院 스덴崇傳의 세 숙로宿老를 머리
맡으로 불러 다음과 같은 유언을 하였다.

　　죽은 다음에는 몸은 구노잔久能山에 묻고, 장례식을 조
　조지增上寺에 부탁하고, 위패는 미카와三河의 다이주지
　大樹寺에 세우고, 1주기가 지난 후 닛코산日光山에 작은
　당을 세워 나의 혼령을 모셔라. 팔주(八州, 간토)의 진수鎭
　守가 되게 해야할 것이다(『본광국사일기本光國師日記』).

　그리고 이에야스는 17일 낮 무렵 숨을 거두었다. 일흔

다섯 살이었다. 유해는 그날 저녁 구노잔으로 운구되었
고, 신류인神龍院 본슌梵舜의 지시 아래, 비가 오는 가운데
밤을 새워 매장과 묘지 조영이 강행되었다. 본슌은 교토
요시다신사吉田神社의 사승社僧인데, 이때 마침 슨푸에 체
류 중이었으며, 죽을 때임을 깨달은 이에야스는 "때마침
이 시기에 신류인이 슨푸에 계신다"라고 하여, 이에야스
자신이 죽은 후의 장례 방법에 대해 물었다고 한다.

즉 이에야스는 요시다신도(吉田神道, 唯一神道)의 방식
에 따라서, 우선 구노잔에서 '영광스럽게도 신이 된 것'이
다. 신전의 구조는 본슌 일기에 의하면 "대신명조大神明
造[1]·천목千木[2]·견어목堅魚木[3]이 있어야 한다"라고 기록
하고 있듯이, 본 건물은 이세신궁과 마찬가지로 신명조
였다. 5월 11일에는 도이 도시카쓰 이하 네 사람의 각로
閣老가 연서連書하여 소사대 이타쿠라板倉에 봉서를 띄워
"상국님(이에야스)께서, 영광스럽게도 신이 되셨으므로,

---

1) 대사조大社造·주길조住吉造와 함께 일본 신사 건축의 대표적인 양식 중 하나이다. 일
본 천황가 조상신인 아마테라스 오미카미天照大神를 섬기는 이세신궁伊勢神宮이 신명
조 대표적인 신사이다. 곡물을 보관하는 창고 형식을 그대로 사용하여 신체나 보물을
안치하게 된 것으로 생각된다. 나무 기둥을 땅에 직접 세우고 맞배지붕切妻造을 올린
형태이며, 입구는 용마루와 평행한 쪽으로 만드는 것이 특징이다. 현재 스모 경기가
열리는 양국국기관兩國國技館의 씨름판 위에 걸려있는 것이 지붕이 신명조 형식에 따
른 것이다. -역주
2) 지붕의 양 끝부분에 X자 형태로 교차시켜 장식한 목재를 말한다. -역주
3) 지붕의 용마루 위에 용마루와 수직 방향으로 올려놓은 목재를 말한다. -역주

불사佛事에 있어서는 여러 절과 여러 산문山門에서 조문에 참여할 필요가 없다"라는 뜻을 전달하였다. "영광스럽게도 신이 되셨으므로" 교토 모든 사원의 불사를 그만두라는 것이었다. 이 단계에서는 불교를 배제하는 요시다 신도의 방식을 엄격하게 지키고자 하였다.

덴카이가 이론을 제기하다

그런데, 이러한 요시다신도에 의거한 장례를 씁쓸한 마음으로 지켜보던 인물이 있었다. 난코보南光坊[4] 덴카이天海[5]다. 4월 하순 에도에서 급거 슨푸로 온 장군 히데타다가 임석하는 숙로회의에서 덴카이는 반격을 개시하였고, 본슌梵舜의 뜻을 받은 스덴과 치열한 논전을 전개하였다.

---

4) 현재 일본 에히메현愛媛縣 이마바리시今治市 별궁정別宮町에 있는 진언종 계열의 사원이다. 1600년 도도 다카토라藤堂高虎가 번주藩主에 임명되었을 때, 불타버린 난코보를 재흥하여 번의 기도소로 삼았다. 이후 광대한 사역을 확보하게 되었다. -역주

5) 아즈치모모야마 시대부터 에도시대 초기까지 활동한 천태종 승려(1536?~1643). 1616년 위독해진 이에야스는 신호神號와 장례에 관하여 덴카이天海에게 유언하였다. 덴카이는 자신이 믿고 있는 산왕일실신도山王一實神道에 의거하여 권현權現으로 이에야스를 모실 것을 주장하였다. 이에 대하여 스덴은 요시다신도吉田神道에 의거하여 명신明神으로 할 것을 주장하였다. 도쿠가와 히데타다의 자문에 대하여 덴카이는 히데요시를 도요쿠니다이묘진豊國大明神이라는 신호를 정했더니 도요토미 씨가 멸망한 것으로 보아 명신이라는 신호는 불길하다고 하였다. 그래서 이에야스의 신호를 도쇼다이곤겐東照大權現으로 정하고 구노잔久能山에서 닛코산日光山으로 이장하였다. -역주

스덴 : (히데타다에게 조의를 표한 후) 유언에 어긋나지 않게 어제저녁 지체없이 구노잔에 장사를 지냈습니다.

덴카이 : 유언하신 내용은 어디론가 모두 사라져버렸습니다.

스덴 : 그러고 보니 어전에서 거짓말을 하시는 것으로 보입니다. 어찌 유언하신 것과 다를 수 있겠습니까?

덴카이 : 유언은 산왕일실山王一實[6]이라는 습합신도習合神道로 행하라는 내용이었습니다. 하지만 어젯밤에는 유일신도唯一神道[7]에 의한 의식이었다고 들었습니다.

스덴 : 돌아가신 상국님(이에야스)은, 도요쿠니묘진豊國明神으로 모셔진 태합님(太合, 히데요시)을 의식하셔서 신으로서 추앙받고자 하는 마음이었습니다. 그렇기에

---

6) 히에이잔의 산악신앙에서 시작된 산왕山王에 대하여 산이라는 한자와 왕이라는 한자가 모두 3획을 1획으로 꿰뚫고 있는 것으로 보고, 천태종의 삼체즉일三諦即一 사상과 연관시킨 것이다. 산왕 즉 일길대궁권현(日吉大宮權現, 慈賀縣 坂本 소재)을 석가여래나 대일여래의 수적垂迹으로 보고, 동시에 아마테라스 오미카미이기도 하다는 논리를 내세웠다. 일길대궁권현은 엔랴쿠지延曆寺의 토지신이므로, 엔랴쿠지와 밀접한 연관을 가지면서 형성된 대표적인 습합신도라고 할 수 있다. -역주

7) 요시다신도, 복부신도卜部神道, 원본종원신도元本宗源神道, 유일종원신도唯一宗源神道라고도 하며, 무로마치시대에 교토의 요시다신사의 신관인 요시다 가네토모吉田兼俱에 의하여 집대성된 신도이다.

산왕신도山王神道는 불교를 중심으로 하여, 일본의 토착신들이 불보살의 수적 즉 재현이라고 보는 입장인 데 대하여, 유일신도는 신도를 중심으로 하여 불교의 불보살이 원래 일본의 토착신이라는 관점을 가지고 있다. 유일신도는 불교 도교 유교의 사상을 흡수한 종합적인 신도론으로, 불교를 꽃과 열매, 유교를 가지와 잎, 신도를 뿌리로 보고자 하였다. -역주

유일신도로서 모시고자 말씀드리는 것입니다. 어찌
본의를 저버리는 일이 있겠습니까?

덴카이 : 돌아가신 상국님의 한결같은 마음은 신의 모습
으로서 영속되기를 바라는 것이었습니다. 그러나 도
요쿠니묘진(豊國明神, 豊臣秀吉)은 작년에 멸망해버렸습
니다. 그런 흉례를 끌어오는 것이, 어찌 도쿠가와 가
문을 진실로 염려하는 것이겠습니까. 당신과 같다면,
유일신도이든 습합신도이든 신도의 깊은 뜻을 모르고
있는 것입니다.

쌍방의 응수가 계속되는 가운데 혼다 마사노부는 "어
전이고, 더군다나 상심하고 슬퍼하는 때에 그러한 일을
아뢴 허물이 몹시 무겁다"라고 화를 내면서, "난코보를
서둘러 먼 섬으로 유배보내십시오"라고 히데타다에게
건의하고, 덴카이와 스텐을 남겨둔 채 자리에서 일어나
버렸다고 한다.

이상의 경위는 덴카이 측의 전기에 기록된 것이므로
다소 과장되었을 것으로 생각해야 하겠지만, 덴카이와
스텐 사이에 이러한 논쟁이 있었던 것은 거의 틀림없다.
덴카이의 제자 지쇼慈性의 일기에도 논쟁한 사실이 나타

나고 있고 스덴 자신도 일기에 덴카이에 대한 울분을 토
로하고 있다.

　난코보(덴카이)가 왠지 마음대로 행동하는 바가 있었고,
다소 어긋나는 면도 있었다. 나(拙老, 스덴)는 신으로 모셔
야 하는 일이라면 요시다(본슌)를 생각해야 한다는 내용
을 말씀드렸는데, 난코보는 다른 신도로 모시는 것도 생
각해보도록 말해버렸다.

　한때 덴카이는 먼 섬으로 유배되는 상황도 각오해야
할 입장이었으나, 어전 논쟁 사흘 뒤에 제자인 지쇼와 함
께 다시 히데타다와의 면담에 성공한 이후부터 풍향이
바뀌기 시작했다. 히데타다가 가장 중시한 것은 덴카이
가 지적한 한 가지 사실, 즉 유일신도로 모신 히데요시의
일족이 멸망했다는 사실이었다.

　5월 3일 막부는 유학자 호시노 간사이星野閑齋와 하야
시 에이키林永喜[8]를 본슌의 숙소로 파견하여, 덴카이가

---

8) 에도시대 초기 유학자로 하야시 라잔林羅山의 동생이다(1585~1638). 형과 함께 에도
막부 초기의 막정幕政에 참여하였다. 1616년 이에야스 사후에 덴카이와 함께 교토로 가
서 기쿠테이 하루스에와 이에야스에게 하사할 신호神號에 대하여 협의하였고, 1632년
히데타다가 죽은 후에는 덴카이·스덴·라잔 등과 그의 시호에 대하여 논의하였다. -역주

주장하는 권현權現이라는 호칭과 본순이 주장하는 명신明神이라는 호칭의 우열에 대하여 다시 자세히 물었다. 본순은 이 심문에 답하면서, (1)권현과 명신은 서로 상하 구별이 없다 (2)권현은 이자나기·이자나미[9] 두 신만이 사용하는 호칭이며, 달리 선례가 없다 (3)명신이라는 호칭은 물고기·새·다섯 가지 향신료에 대한 금기가 없으며, 참배가 용이해 태정대신太政大臣[10]을 제사하기에 적합하다고 밝혔다. 이어서 5월 13일에는 스덴과 함께 히데타타를 만났다. 하지만 덴카이는 "요시다신사가 산왕山王[11]의 말사末社에 해당한다"라고 강변했고, 그의 정치력을 발휘하여 요로要路에 대하여 강한 영향력을 행사한 결과 점차 그의 노력이 효과를 나타내기 시작하였다.

이에야스의 신도관은 어떠하였는가

그렇다면 대체 이에야스의 신도관神道觀이란 어떤 것

---

9) 『고사기』와 『일본서기』에 등장하는 신들로 부부의 인연을 맺고 일본열도의 여러 섬과 신들을 낳았다. 특히 이자나기는 '아마테라스'와 '스사나오'를 낳은 신으로, 일본 초대 천황으로 전하는 진무천황神武天皇의 7대조에 해당한다. -역주
10) 고대 율령제 관직 중에서 최고위이며, 도쿠가와 이에야스에게 추증되었다. -역주
11) 일길대궁권현日吉大宮權現을 본존으로 하는 요시다신사를 말한다. 이 신사는 엔랴쿠지延曆寺를 수호하는 역할을 하였다. -역주

이었을까? 이에야스는 학문을 좋아하는 것으로 유명해서, 신도와 유교·불교 모두에 대해서 비상한 관심을 갖고 있었다. 1613년 6월에는 본순을 불러 신도설을 듣고 나서는 신도전수神道傳受[12]를 받으려고 하였다. 하지만 실제로 그 날짜까지 정했는데도 당일 약속한 시간에 본순이 출사하자, 이에야스는 "신도의 전수는 비밀스러운 일이므로 가볍게 들을 수 없다"라고 하여 중지되고 말았다. 이 일화는 막부 측 기록인 『준부기駿府記』에 나오는 것인데, 본순과 함께 슨푸에 머물렀던 기엔도 일기에 기록하고 있으므로, 사실임이 분명하다. 이에야스의 전기로서 만들어진 편찬서 『무덕편년집성武德編年集成』 등은 불교 신도들의 방해 때문이라고 하였지만, 이에야스 쪽으로서는 유일신도를 경계하는 무언가가 있었다고 보아야 할 것이다. 같은 해 말, 에도성에서 공포한 기독교 금제의 글 중에서 그러한 사정 일부가 나타나있다.

---

12) 일본 중세 이후에 신도에 관한 비밀스러운 사항이나 서적을 스승으로부터 제자에게 전하는 것을 말한다. 흔히 관정灌頂이라는 절차를 매개로 하여 이루어졌는데, 이는 밀교의 전법관정傳法灌頂을 모방한 것이다. 중·근세를 통하여 진언종 계통의 양부신도雨部神道, 천태종 계열의 산왕신도山王神道에서도 채택되었다. 신도전수가 처음 행해질 당시에는 밀교 의식처럼 비밀스러운 것이었으나, 무로마치시대 후기 이후에는 속인 남녀를 대상으로 하는 관정도 출현하였고, 좀 더 폭넓은 관정이 행해지게 되었다. -역주

무릇 일본은 원래 신국神國이다. (중략) 일본은 신국이자 불국佛國이므로. 그래서 신을 숭상하고 부처를 공경한다. (중략) 빨리 저 사악한 법을 물리치고, 더욱더 우리의 정법을 창성토록 하고자 한다. 세상은 이미 쇠퇴한 때 이르렀다고 해도, 그럴수록 더더욱 신도와 불법은 전 시대를 계승하여 더욱더 왕성하게 만드는 선정善政이다. 온 세상이 모두 제대로 이해해야 할 것이다. 감히 어기거나 잊지 말도록 하라.

원래 일본은 신국이었으나, 지금은 신과 불을 함께 섬기는 습합習合의 국가라고 하였다. 신도와 불법을 동격으로 열거하고 있으며, 히데요시의 기독교 금령이 '일본은 신국인 까닭에'라고 하여 불법을 무시하고 있는 것과 대조적이다. 왕정복고王政復古를 행하였고, 사후에도 유일신도唯一神道에 의하여 신으로 모셔진 히데요시는 '유신唯神'을 주창하였고, 왕정복고를 부정하는 이에야스는 '습합'을 중시하고 있는 사실은, 왕정복고를 목표로 전개된 막부 말기 유신기에 폐불훼석廢佛毁釈이 자행되는 사실과 대응되는 것이다. 즉 생전의 이에야스는 요시다신사의 유일신도에 대한 교설에 개인적으로는 흥미를 가지

면서도 국가적으로는 바람직하지 않다고 보았다는 증거
이지는 않을까?

산왕일실신도를 채용하다

위와 같이 본다면, 본슌의 유일신도에 의한 이에야스
신격화는 이에야스 생전의 신 관념으로 보아도 곤란할
만한 이유가 있었다. 더욱이 도요쿠니묘진(豊國明神, 秀吉)
에 대해서는 생각조차 하고 싶지 않은 도쿠가와 씨 입장
에서 보면, 더더욱 유일신도의 원용은 무리였을 것이다.

그렇다고 해서 덴카이가 주장하는 산왕일실신도山王一
實神道 역시 이미 선학들이 밝혀내었듯이 날조에 가까운
신기한 교리이다. 하지만 유일신도가 배척된 이후에는
천태종의 대승정이자 닛코산을 주지하고 있는 최유력자
인 덴카이가 대두하게 되는 것은 필연적인 전개였다. 본
슌을 편들고 있던 스덴은 "요시다신도를 방해하고 산왕
신도를 따르는 일이 일본국이 행할 수 있는 것인가. 저와
같은 기이한 의례는 전대미문으로 알고 있습니다"라고
울분을 토로하였지만, 히데타다가 덴카이를 등용하는 쪽
으로 기울어 이에야스의 묘에 관한 모든 사항을 일임하

는 형국이 이르자, "모든 것一圓에 우리는 전혀 상관하지 않겠습니다"라고 하면서 방관자가 되기로 입장을 굳혀가게 된다.

5월 26일, 부름을 받고 에도성에 등성한 덴카이는 히데타다로부터 "대어소님을 권현으로 모셔야 할 것입니다. 즉각 상경해주십시오"라는 명령을 받고, 당일로 이타쿠라 시게마사·하야시 에이키林永喜와 함께 교토로 향했다. 즉 이 시점에서 막부는 이미 권현이라는 칭호=산왕일실도를 채택하기로 결정하였고, 신호에 대한 천황의 칙허를 받는 절차만 남아있던 것이다.

2. 도쇼다이곤겐이라는 호칭 선정의 경과

천황이 신이라는 명칭을 내리다

덴카이와 지쇼는 6월 16일 교토에 도착하였다(시게마사는 22일에 도착). 같은 달 29일, 관백 니조 아키자네二條昭實의 저택에 소사대와 전주(廣橋兼勝·三條西實條)가 모여, 첫 번째 협의를 가졌다. 이때 무가에 대하여 원호院號나 신호神號를 허가한 예가 없다는 고미즈노오 천황의 입장이 전달되었다(히데요시에게 신호를 허락한 예가 있으므로, 아마도 장군가에 대한 전례는 없다는 의미일 것이다).

덴카이는 7월 4일, 천황을 알현하였다. 덴카이는 일찍이 이에야스와 고요제이 상황의 불화를 중개했던 관계로 상황과는 아주 가까운 사이였다. 덴카이와 소사대인 가쓰시게는 이번에 진행되는 신호에 대한 논의는 (1) 이에야스의 유지라는 점 (2) 신으로 권청하는 일(신으로 받드는 일)은 이에야스가 덴카이에게 남긴 유언이라는 점 (3) 무가에서 상주한 일이라는 점 등의 여러 점을 들어 강력하게 칙허를 요구하였다. 다음다음 날 여러 공경이 세료덴清涼殿에 모여서 의논하였는데, "법중法中에서 신을 권청하는 일은 처리할 수 있는 사안이 아니다(불승인 덴카이가 신을 권청하는 것은 불가하다)"라는 이론이 제기되었다고 한다. 이 단계에서는 천황도 덴카이가 아니라 히라노平野신사나 요시다신사의 신관에게 신 권청을 하게 하자는 속마음을 나타내고 있었다.

7월 13일, 먼저 신격神格을 권현權現으로 하라는 칙명이 내려졌고, 선례와 과거의 기록을 조사하고 검토하는 과정을 거쳐 하순에 결정하기로 정리되었다. 결국 권청에 따른 일체 의식은 덴카이가 맡도록 하였다. 쓰치미카도 야스시게의 일기에 따르면, "우리가 아니면 일본에서 맡을 수 있는 사람이 없다"라고 큰소리치던 시라카와신도[13]와 요시다신도 등의 신도가들은 이 칙명에 의하여 체면을 잃었다고 야유의 대상이 되었다. 궁궐 내에서도 유일신도와 습합신도 항쟁이 전개되었다.

도쇼다이곤겐이라는 신의 이름

그런데 정작 신호는 어떻게 정해진 것일까. 여러 가지로 고르고 고른 끝에 오즈키 다카스케小槻孝亮가 7월 24일 니조 관백의 저택에서 제시한 초안은 '일본대권현日本大権現'과 '동광대권현東光大権現'이라는 두 가지 칭호였다. 다카스케는 27일에 니조 저택에서 다시 이 두 가지 칭호를 정서하였고 이타쿠라 가츠시게도 확인하였으므로, 후보로서 에도에 보내진 것은 틀림이 없다. 그런데

---

13) 백가신도伯家神道라고도 하며, 가잔 천황花山天皇의 자손으로 신기백神祇伯이라는 관직을 세습하는 시라카와 가白川家에 전해져온 신도의 한 유파이다. 요시다신도가 이론을 정리하고 교의를 확립한 이후에도 시라카와 가는 교의를 따로 만들지는 않고, 예로부터 조정에서 전해진 제사 방법을 구전으로 이어왔다. 1680년에 이르러 시라카와 가가 황실이나 섭관가에 제사 방법을 전수해왔다는 사실을 주장하면서 요시다 가와의 차이를 드러내고자 하였다. -역주

일설에 의하면, 기쿠테이 하루스에도 '위령대권현威靈大權現'과 '동조대권현東照大權現'이라는 두 가지 칭호를 추천하였고, 강호에 송달되었다고 한다辻善之助. 일본대권현이 유력했던 사실은 선교사들이 본국으로 보낸 서한에서도 짐작할 수 있다.

그(히데타다)는 그의 아버지를 신으로 모시고자 하여, 그 이름을 히노모토도노 디아고구엔Finomotodono Dia-gouguen(日本殿 大權現) 즉, 태양이 처음 떠오르는 일본 신이라고 칭할 것을 원하였다. 여기에서 설명해야 할 것은 신이라는 우상에게는 두 종류가 있다는 사실이다. 그 하나는 원래 인간이었던 명신明神, 즉 가장 광휘 있는 신이며, 또 하나는 권현權現이라고 하여, 진실로 악마와 같은 존재로 때때로 출현하는데, 혹은 과거 우상이라고도 하고 혹은 죽은 사람의 영혼이라고 사칭하여, 자신을 존숭하도록 하는 존재다. 내부(內府, 이에야스)는 사람이었으므로, 앞의 첫 번째 종류에 포함되어야 하는 것이지만, 그들은 더욱 존숭토록 하기 위해서, 그를 두 번째 종류 권현으로 삼았다. 그는 오만한 대악마와 유사하고, 교회의 새로운 잔혹한 원수이기 때문에 그 칭호는 실로 그에게 잘 어울리는 것이다(『예수회일본통신』).

다만 어찌 되었든, 최종 결정은 덴카이의 몫이었던 것 같다. 덴카이가 에도로 내려가기 위해 교토를 떠난 9월 16일에, 지쇼는 일기에 "도쇼곤겐東照權現이라는 신호에 대한 일이 끝났다"라고 적고 있으므로, 히데타다에게 보이기 전에 도쇼곤겐으로 결정되어있었던 것 같다. 10월 하순에, 막부는 교토의 야마시나 가山科家[14)]에 장군이 신사를 참배할 때 입는 복장을 조달해달라고 의뢰하였는데, 그 문면에 "닛코 도쇼다이곤겐 천궁이 임박해왔습니다"라고 되어있어서, 이때 정식으로 도쇼라는 칭호로 결정되었음을 확인할 수 있다. 그렇다고 하더라도, '일본대권현'이라는 거창한 신호가 칙허되었는데도, '도쇼다이곤겐'으로 낙착된 것은 흥미로운 사실이다. 이에야스의 유언에 들어있는 '팔주(八州, 동쪽 지방)의 진수鎭守'라는 의사를 중시하였기 때문이었을까.

---

14) 후지와라 북가藤原北家에 속하는 공가公家로 가업으로 귀족들의 복색 및 복색의 문양을 담당하였다. 에도시대에도 다카쿠라 가高倉家와 더불어 복색을 담당하였다. -역주

국가사업이었던 도쇼구 조영

그런데 이에야스 유언에서는 "닛코산에 작은 당을 지으라"고 되어있었지만, 유해를 옮기라고 하지는 않았다. 하지만 덴카이나 막각幕閣은 구노잔에서 닛코산으로 묘지廟地를 변경하라는 뜻이라고 억지로 해석하였고, 그것도 대대적인 국가적 행사로 천궁을 추진하였다. 막부는 10월 26일 덴카이를 닛코뵤의 관령管領, 혼다 마사즈미本多正純와 도도 다카토라藤堂高虎를 조영봉행造営奉行으로 삼았다. 닛코산에 오른 다카토라는 천태종의 호법신인 마다라신(摩多羅神, 大黑·吒枳尼)[15]을 제신으로 하는 옛 뇌조당賴朝堂을 옆으로 옮기고 이에야스 묘지를 정했다고 한다(『고산공실록高山公實錄』). 12월 3일에는 임시 조영 개시·입주 및 상량·지붕 덮기·정식 천궁·신사 서위 등 일련의 일시를 금중禁中의 진의陣議를 통해서 정하도록 하고, 닛코에서 거행하는 제의에는 칙사를 파견해줄 것을 요청하였다.

닛코의 신전은 이듬해 1617년(겐나 3) 3월에 완성되었

---

15) 밀교, 특히 천태종에서 현지귀명단玄旨帰命壇의 본존으로, 『아미타경』과 염불의 수호신으로 여기고 있다. 민간신앙에서는 대흑천大黒天과 습합하여 복덕신福德神으로 간주되는 경우도 있었다. 야찬의 한 종류인 도지니천荼枳尼天을 제어할 수 있는 존재여서 질병 치료와 연명에도 효험이 있는 것으로 간주되었다. 사이초最澄와 엔닌圓仁 등이 당에서 귀국할 때 나타나서 수호하였다고도 전해진다. -역주

다. 구노신사久能社의 당초 양식이 이세伊勢와 같은 신명조였던 것과 비교하여, 이 신전은 본전本殿과 배전拜殿 사이를 이시노마(石の間, 신발을 신은 채로 들어갈 수 있는 바닥)로 잇는 석간조(또는 권현조)라고 하는 특징적인 양식을 취하였다. 이는 기타노北野社 덴만구天滿宮와 같은 형식으로 중세 선종 사원의 개산당(開山堂, 祖師堂) 건축에 많이 사용되던 양식이었다. 덴카이는 기타노 덴만구의 사례를 조사하고 있기 때문에(『산젠인문서三千院文書』), 덴카이는 명백히 의도적으로 건축양식을 변경하여, 석간조를 산왕일실신도를 상징하는 양식으로 결정하였을 것이다(아울러, 호화찬란하기로 유명한 현재의 닛코뵤는 당시의 건물이 아니고 1636년[간에이寬永 13]에 이에미쓰家光에 의하여 다시 세워진 것이다).

가매장되어있던 이에야스 유해는 3월 15일 구노잔을 출발하였고, 히데타다 이하는, 에도에서 대규모 행렬을 만들어 닛코로 향했다. 4월 17일 정식 천궁, 18일 법회, 19일 약사당의 공양이 이루어졌다. 이리하여 도쇼다이곤겐이 된 이에야스의 천궁의식이 완료되었다.

3. 도쿠가와 씨의 왕권 신화

칙허에 의한 사후 신격화

그런데 도쿠가와 씨의 시조인 이에야스를 신으로 모시게 된 경위 중에서 비록 형식적이라고 할지라도 천황의 칙허를 얻고자 한 사실은 중요하다. 히데요시와는 달리 천황의 정치·군사에 대한 개입을 남김없이 배제한 이에야스로서도, 자신의 신격화에 있어서는 마침내 천황의 손을 빌리지 않을 수 없었다. 이것은 무엇을 의미하는 것일까.

노부나가가 생전에 자신의 신격화를 꾀하였던 사실은 유명하다. 선교사의 기록에 의하면 노부나가는 아즈치성安土城 내에 소켄지摠見寺라는 사찰을 건립하고 천수각天守閣 바로 아래에 거대한 돌을 묻어 자기의 신체로 간주하고 그에 대한 숭배를 강요하였다. 이때 칙허 등을 얻으려고 한 흔적은 없으며, 노부나가의 독자적인 발상이자 실행이었던 것 같다. 그 결과는 혼노지의 변을 기다릴 것도 없이 무참한 실패였다. 무엇보다 노부나가를 신으로 숭앙하였다는 일본 측의 기록이 전혀 없기 때문이다.

이에 비해 히데요시 사후 신격화는, 천황으로부터 정1

위正一位 도요쿠니다이묘진豊國大明神이라는 신위와 신호
에 대한 칙허를 받음으로써 훌륭하게 성공하였다. 도요
쿠니임시제豊國臨時祭[16]는 성황을 이루었고, 여러 다이묘
는 이에야스의 눈 밖에 나는 것을 꺼려 구경을 삼가하였
으나, 이에야스의 간담을 서늘하게 할 정도였다. 바로 그
런 이유 때문에, 이에야스는 도요토미 가문을 멸망시켜
야만 했다. 오사카성을 함락시킨 두 달 후에 교토의 도요
쿠니다이묘진신사의 입구를 파괴하고, 신사는 호코지의
대불전 회랑 뒤로 옮겼으며, 내진內陣[17]에는 못을 박아
봉쇄하였고, 아미타봉의 히데요시 무덤은 통로를 막아
참배할 수 없도록 한 것이었다.

이에야스는 노부나가의 실패와 히데요시의 성공을 냉
정하게 관찰하고 있었음에 틀림없다. 천황에 의한 권위
부여 없이는 신격화가 성공할 수 없음을 인식하고, 칙허
획득의 필요성을 측근에게 미리 발설한 것은 아닐까. 천
황의 권위봉쇄를 도모해온 이에야스가 사후 신격화에 관

---

16) 도요토미 히데요시 사후 7주기가 되는 1604년에 도요쿠니신사에서는 8일간에 걸
친 임시 제례를 개최하였다. 그 모습을 그린 '도요쿠니제례도병풍豊國祭禮圖屛風'(일본 중
요문화제)을 통해서 당시 축제처럼 진행된 임시제의 모습을 짐작할 수 있다. 200명 전
후의 신관들이 말을 타고 신사로 이동하는 모습이나 수많은 사람이 춤을 추고 있는 모
습이 상세하게 묘사되어있다. -역주
17) 각 신사의 본전이나 사원의 본당 깊숙하게 위치하며 신체나 본존불을 모시는 공
간을 말한다. -역주

해서는 천황의 권위를 빌리지 않을 수 없었던 것은 의외이자 모순이다. 그만큼 종교계에서 천황 권위는 강력하게 잔존하고 있었다.

하지만 장군직에 대한 임명과 마찬가지로 절차상 천황의 도움을 받는다고 해도, 그 이후의 전개 여하에 따라 천황가를 초극할 가능성은 남아있다(아시카가 요시미쓰처럼). 이후 종교계의 천황 권위 배제야말로 막부 권위 확립을 위한 과제였으므로, 에도막부 초기의 종교정책은 아시카가 요시미쓰의 궁정 혁명과 같은 의미를 가지고 있다. 즉 형태를 바꾼 서임권敍任権 투쟁이자 제사권 투쟁이었다. 요시미쓰는 자신 한 대에 이 투쟁을 해냈지만, 도쿠가와 씨는 이에야스로부터 히데타다·이에미쓰에 이르는 3대 수십 년이 걸렸다. 더구나 그것은 요시미쓰 시대보다도 훨씬 어려운 투쟁이었다.

도쇼구가 점하는 위치

그러면 도쇼구東照宮는 그러한 과제 속에서 어떤 위치를 차지하게 되었을까. 이에미쓰 시대, 간에이 연간에 닛코의 신전에 대한 재건축이 이루어졌는데, 여기에서 홍미로운 사실을 발견할 수 있다. 막부 자신이 편찬한 『도쿠가와실기德川實紀』에는 여러 다이묘에게 그 공사비용을 부과하였음을 보여주는 다섯 통의 노중봉서老中奉書가 있는데, 이들은 모두 가짜 문서이다. 히라이즈미 기요시平泉澄가 밝힌 바에 따르면, 1634년(간에이 11)부터 1년 반에 걸친 공사비용은 모두 도쿠가와 가문의 적립금 중 일부로 조달하였다. 즉 실제로는 도쿠가와 가문에서만 조영 비용을 부담하였음에도 불구하고, 도쿠가와 가문의 사사로운 일이 아니라 국가적 대사업이었음을 더더욱 과시하지 않으면 안 될 사정이 있었다. 무가의 통합원리이자 결절점으로서 도쇼다이곤겐의 신적 권위가 시대가 내려갈수록 강조되었던 것이다.

도쇼다이곤겐이 이세신궁과 더불어 국가 최고의 신으로 자리매김한 것은 1646년(쇼호 3)[18]부터 시작되는 예폐사例幣使 파견 이후로 생각된다. 이세와 닛코는 근세를 통하여 예폐사가 파견되는 유일한 대사大社였다(중세에 행해지고 있던 이세신궁에 대한 예폐사 파견은 센고쿠시대에 중단되었

---

18) 닛코산 도쇼구에 매년 폐백을 봉납하기 위하여 파견되는 칙사를 말한다. 3대 장군 히데미쓰의 요청으로 1646년에 참의 지묘인持明院 모토사다基定가 파견되었고, 1647년부터 매년 봉폐사가 파견되었다. 이를 예폐사라고 하며 1867년까지 계속되었다. 이를 계기로 1647년에 이세신궁에 대한 봉폐사도 부활되었다. -역주

다가, 닛코의 예폐사와 함께 부활하였다). 하지만 천황가의 예폐사 파견에 따라 닛코의 국가적 신격이 보장된다면 신호에 대한 칙허와 마찬가지로, 여기에서도 에도막부 종교정책의 한계가 드러난다. 일찍이 요시미쓰는 자신이 비용을 지불하여 현밀불사顯密佛事와 음양도제陰陽道祭라는 칠일칠야에 이르는 국가적 기도체계廻祈禱를 만들어낸 사실과 비교하면(35쪽 참조), 그 낙차는 실로 크다. 도쇼신군東照神君을 강조하면 강조할수록, 그와 비례해서 아마테라스 오미카미의 신위를 되짚어보게 된다. 에도시대 중기에 융성하게 되는 '감사 순례(오카게마이리)[19]'의 복선이 벌써 깔려있던 것이다.

아마테라스 오미카미도 능가하다

하지만 닛코의 제사 종사자들 사이에서는 산노고겐山王権現을 아마테라스 오미카미를 능가하는 국가 최고신으로 규정하는 교설이 은밀히 떠돌고 있었다고 한다. 나이토 마사토시內藤正敏 연구에 의하면, 『동예산어건립지

---

19) 오카게마이리おかげ参り. 약 60년 주기로 일어난 이세신궁에 대한 순례를 말한다. 1650년에 처음으로 에도江戸 상인들이 유행시킨 것으로 전하며, 1705년에 약 350만 명, 1771년에 200만 명, 1830년에 430만 명 정도가 이세신궁으로 몰려들었다고 한다. -역주

취병륜왕사어문실유래東叡山御建立旨趣幷輪王寺御門室由来』
에 다음과 같은 기술이 있다. 이 문서는 에도막부 말기
도에이잔東叡山 별당別當이었던 지센慈泉의 교설을 문하
생이 기록한 것이라고 한다.

　닛코산 도쇼구의 별당別堂인 대락원大樂院의 가장 깊고
은밀한 곳에 손님이라고만 칭하는 신이 있는데, 가장 먼
저 공양하고, 그다음에 도쇼구 등에 공양해야 하는 신이
다. 이는 다른 신이 아니고 황공하옵게도 내조內詔를 받
들어 제사 지내는 곳으로, 곧 아마테라스 오미카미다.
또한 오쿠니누시노 오미카미大國主大神, 스사노오 오미
카미須佐之男大神를 모신다.

　도쇼구에 아마테라스 오미카미와 스사노오 오미카미
라는 남매신이 '손님신'으로서 합사되어있다는 것이다.
이러한 '비밀스러운 일秘事'은 별당別當과 문적門跡 이외에
는 아는 사람이 없었고, 막부 말기에는 닛코의 마지막 문
적이었던 기타시라카와노미야北白川宮만이 이어받고 있
었다고 기록되어있다.
　황당무계하다고 하면 그뿐이지만, 닛코산 제의의 심

오한 목적을 드러낸 것이라고 보면 대단히 흥미롭다. 나이토 씨에 의하면 원래 천태종 교리로는 산노고겐이 신도에서는 아마테라스 오미카미, 현교에서는 석가여래, 밀교에서는 대일여래의 모습으로 나타난다는 관념이 있으며, 산노고겐의 수적垂迹인 아마테라스 오미카미가 도쇼구에 합사되었다고 하더라도 반드시 특별하거나 잘못된 일은 아니라고 한다. 그렇다고 한다면, 선교사의 일본통신이 전하는 '일본전 대권현'이라는 취지를 뜻밖에도, 닛코산의 제의 종사자들은 인식하고 있었던 셈이다. '팔주의 진수'라는 이에야스 원래의 유지를 넘어서 닛코의 제의 교설은 확대 팽창하는 과정을 거쳤고, 그 중심에 덴카이라는 카리스마 넘치는 사제가 군림하고 있었던 것이다.

말사라는 그물을 둘러치다

그런데 닛코산 제의의 진면목은 위와 같은 신격에 대한 해석도 물론이지만, 국가의 제의 제도로서 지방에 말사라는 그물망을 둘러친 사실에서도 확인할 수 있다. 우선 겐나 연간(1615~1624)에 기이, 오와리, 미토라고 하는 도쿠가와 일족이 다스리는 각 번 안에 도쇼구東照宮를 권청하였다(덧붙이자면, 기이의 도쇼구는 당시 신전이 현존하고 있어 중요문화재로 지정되어있다). 덴카이의 일기에 따르면, 이 권청은 칙명이라는 절차를 거쳤다. 센고쿠시대 다이묘들은 영지 내에 있는 명신대사明神大社를 재건하기 위하여, 칙사와 칙명을 청하였지만, 에도의 다이묘는 자신의 가문의 조상신을 위한 묘지 조영과 제의에 대하여 칙명이라는 절차를 밟고 있다. 도쿠가와 씨의 왕권 신화 정착 과정에는 어디에나 천황의 권위가 함께 따라다니고 있다.

교토에서는 스덴이 주지로 있던 난젠지南禪寺 곤치인 내, 본순과 연관이 있는 요시다신사 경내, 조타이와 함께 사사봉행寺社奉行이었던 겐키쓰元吉의 엔코지圓光寺 내, 지온인知恩圓 내의 네 곳에 권청되었다(곤치인 내에 세운 건물만 현존한다. 중요문화재). 근대 기록이지만 『경부부사지고京都府寺誌稿』에 "교토에 있는 무가 및 그 밖의 참배에 편리하다"라고 되어있는 점에서 그 목적을 잘 이해할 수 있다.

앞에서 기술한 것을 포함하여 문헌에 의해 판명된 여러 지역의 도쇼구는 〈표 4〉와 같다.

주요 다이묘 가문에게는 성안이나 번의 영지 안에 도

지역명	소재지	창건년대	전거
교토京都	난젠지南禪寺 곤치인金地院內*	1616년	경도부사지고경都府寺誌稿
	요시다신사 내吉田神社內		산성명적순행지山城名蹟巡行志
	지온인 내知恩院內	1629년	나산별집羅山別集
야마시로山城	애탕군愛宕郡 엔코지 내円光寺內	1616~?	도명소도회都名所圖會
셋쓰攝津	오사카덴만大坂天滿	1617년	관정중수제가보寬政重修諸家譜
오미近江	사카모토坂本	1634년	동예개산자안대사전기
	히요시사말사日吉社末*		東叡開山慈眼大師傳記
기이紀伊	와카우라和歌浦*	1621년	무주동예개산자안대사전
			武州東叡開山慈眼大師傳
	고야산高野山 다이토쿠인 내大德院內	1643년	고야산대덕원어유서기
			高野山大德院御由緒記
	고야산 고잔지 내興山寺內	1628년	동조궁병흥산사건립기
			東照宮并興山寺建立記
이세伊勢	야마다 세이운인山田清雲院內	1630년	나산별집羅山別集
오와리尾張	나고야성 내名古屋城內	1621년	무주동예개산자안대사전
히타飛驒	니시이시키西一色 쇼타지 내松泰寺內	1629년	비태후풍토기斐太後風土記
미카와三河	오카자기岡崎 다이주지 내大樹寺內		대수사구기大樹寺旧記
	호라이지 내鳳来寺內		봉래사략연기鳳来寺略緣起
	다기산지 내滝山寺內		삼하제三河грач
스루가駿河	슨푸駿府 구노잔久能山	1616년	본광국사일기本光國師日記
에도江戶	에도성 내 江戶城內 모미지야마紅葉山	1618년	이대목지락원상서二代目智楽院上書
	우에노上野 간에이지 내寬永寺內	1625년	동예산연기東叡山緣起
무사시武藏	다마후츄多摩府中 로쿠쇼신사 내六所社內	1618년	신편무장풍토기新編武藏風土記稿
	가와코시川越 기타인 내喜多院內	1633년	신편무장풍토기고
히타치常陸	미토성 내水戶城內	1616~?	무주동예개산자안대사전
고즈케上野	세라타世良田*		
무쓰陸奥	아이즈会津 유주지 내融通寺內	1618년	이본탑사장장異本塔寺長帳
	아이즈 엔주지 내延寿寺內	1622년	이본탑사장장
	센다이仙台 센가쿠인 내仙岳院內	1650년	봉내명적지封內名蹟志
	히로사키弘前성 내城內	1619년	진경내기津輕内記
데와出羽	하구로산 내羽黑山內	1681~ 1683년	대천총지大泉叢誌
에치젠越前	후쿠이福井성 내城內	1670년	월번사략越藩史略
가가加賀	가나자와金澤성 외城外	1633년	월등가삼주지越登加三州志
에치고越後	다카다高田		월후경성군지고越後頸城郡誌稿
비젠備前	몬덴촌門田村	1645년	비양국지備陽國誌
미마사카美作	진산津山 라이고지 내 来迎寺內	1616년	삼가선대실록森家先代實錄
아키安藝	히로시마廣島 나가오산長尾山	1648년	예비통지藝備通志
이나바因幡	대일곡大日谷	1649년	인번지因幡志
아와阿波	쇼간지 내松巌寺內	1652년	아파지阿波志
이요伊豫	도후道後(현 이사니와신사現伊佐爾波社)	1618년	애원현지고愛媛県誌稿
도사土佐	양귀산陽貴山	1680년	관정중수제가보寬政重修諸家譜
후젠豊前	아다치산足立山	1648년	소립원충진년보小笠原忠眞年譜
지쿠젠筑前	후쿠오카福岡	1650년	축전속풍토기筑前續風土記
히젠肥前	히라토平戶 후몬지普門寺	1616년	송포가세속전松浦家世續傳

*은 현존하는 도쇼구.

<표 4> 문헌으로 확인되는 각 지역의 도쇼구

쇼구를 권청하도록 하여, 신군神君이 곧 권현 이에야스임을 선포하는 데 일정한 역할을 했다. 이러한 무가의 조상신에 대한 지방 제의 조직은 오다와 도요토미는 물론 아시카가 씨도 갖지 못했던 것이다. 도쿠가와 씨 제의권 투쟁의 도달점 중 하나로 볼 수 있을 것이다.

또한 미나모토 씨源氏, 호조 씨北條氏, 아시카가 씨足利氏 등 중세 무가들이 지방의 정청에 팔번신八幡神을 권청·제사한 것을 감안하면(무로마치 장군도 막부 내에 팔번사를 진수로서 모셨다), 이러한 도쇼구가 전국적인 제의 장소가 된 현상은 도쇼다이이곤겐(이에야스)에 의한 팔번신(譽田別命=應神天皇)의 신적 권위를 축출하는 과정이었다고 볼 수 있다. 도쿠가와 씨는 요소요소에서 천황가의 도움을 받으면서도 어떻게든 조상신의 권위를 방방곡곡으로 넓혀나갔던 것이다.

4. 자의제도-서임권 투쟁의 초점

세이칸에 대한 분노

이에야스가 살아있을 때부터, 천황가의 종교적 권위 박탈은 막부로서는 커다란 과제가 되어있었다. 그 초점이 된 것은 우선 자의제도紫衣制度였다. 이미 언급하였듯이 오사카성 전투의 발단이 된 호코지 범종의 명문을 기초한 도후쿠지 세이칸淸韓은 천황의 명령을 받아 자의紫衣를 입을 수 있었고, 이 때문에 이에야스는 자의제도에 관심을 기울이게 되었다. 스덴은 "이번에 한 장로(韓長老, 淸韓), 종의 명문에 기록한 내용을 아뢰자, 오산출세(五山出世, 자의칙허)한 무리 중에 미심쩍은 자들도 나오니, (중략) 누가 (자의를) 팔고 있는 것인지 거듭 물으셨다"라고 하여, 이에야스의 노여움을 전하고 있다.

자의제도란 무엇인가

그런데, 후에 공무 간의 긴장을 초래하는 가장 큰 문제된 자의란, 도대체 어떠한 제도였을까. 보라색은 중화사상에서는 천자天子의 색이다. 중국이나 일본 궁궐의 정전을 자신전紫宸殿이라고 부르듯이, 보라색은 일본에서도 천자(天子, 천황)와 관련되어있었다. 승려에게 자의를 내리는 것은 7세기 말 주나라 무측천(武則天, 이른바 측천무후)으로부터 시작되었다고 하며, 겐보玄昉·조넨奝然·조진成尋 등 유학승들은 모두 자의를 받고 귀국했다고 한다. 일본에서는 도바鳥羽 상황이 원정院政하던 시기에 천태종 승려들이 자의를 받은 것이 첫 사례이며, 선종 승려로는 도겐道元이 고사가後嵯峨 상황으로부터 받은 것이 효시로 여겨지고 있다.

하지만 그 수여권은 늘 천황가가 확보하고 있던 것은 아니었다. 아시카가 요시미쓰의 집정 시에는 완전히 무가가 그 수여권을 장악하였으며, 요시미쓰가 죽은 직후인 1409년(오에이 16) 아키국安藝 붓쓰사佛通寺 주지에게 자의를 칙허했을 때 고코마쓰後小松 천황의 윤지綸旨도 다음과 같았다.

예주藝州 풍전군豊田郡 붓쓰사는 우중(愚中, 周及) 본사이므로, 난젠南禪 제일의 훌륭한 사찰과 더불어 대대로 자의법복을 입어야 한다는 뜻으로 무가(아시카가 요시모치足利義持)의 주장奏狀이 올라와 듣게 되었다. 부디 보조寶祚

가 이어질 것을 빌어야 할 것이다. 위와 같은 내용이므로 천황의 뜻에 따라 내용과 같이 시행하라.

　3월 28일　　　　　　　　　　　좌소변左少辨 인장

붓쓰사 여러 승려 앞

즉, 무가의 주장(奏狀, 막부 집주)에 의하여 칙허 절차가 진행되었다고 말하고 있다. 다소 시대가 내려가서 1429년(에이쿄 원) 6월, 전주傳奏 마테노코지 도키후사萬里小路時房 일기에 대충 다음과 같은 내용이 들어있다.

　"정화원淨華院 주지 도키상인等熙上人이 '향의香衣' 착용을 허락받은 것은 오랫동안 문도들이 간절히 바라는 바였다. 나는 이 절의 유서로 미루어보아 충분히 착용을 허락받을 자격이 있다고 생각하여 집주하였더니, 오늘 아침 '산보인 준후三寶院准后 만사이滿齊'가 어전에 나타나 '재허裁許'를 받았다."

　'향의(香衣, 黃衣)'란 정토종 승려에게 부여되는 특권으로서, 선종에 있어서 자의와 같은 의미를 지닌다. 여기서 말하는 '재허'란 천황의 허가가 아니라 무로마치 도노(여기서는 아시카가 요시노리足利義教)의 재허였다. 재허권이 무로마치막부에 있었던 것은 아시카가 씨의 호지승護持僧이었던 만사이가 나타났다고 한 것으로부터도 알 수 있고, 또 도키후사가 이어서 "지금이든, 미래이든, 일문의 명예란 바로 이것이다. (중략) 빨리 향의를 입고 무로마치도노에게 나아가도록 도키等熙에게 일러주었다"라는 식으로, 인사할 상대로서 궁궐이 아닌 막부를 일기에 적시한 사실로 보아도 명백하다.

5산과 임하

하지만 무로마치시대 후반에는, 자의를 둘러싼 공가와 무가 간의 항쟁이 시작되었다. 무대가 된 곳은 교토 서쪽 지역에 있는 묘신지妙心寺와 북쪽 지역에 있는 다이토쿠지大德寺였다. 이 두 선종 사찰은 요시미쓰 시대에 탄압 혹은 푸대접을 받았고, 임제종臨濟宗 계열임에도 불구하고 5산五山 편입이 허락되지 않았다. 5산은 막부가 창설한 국립 선종사원의 총칭으로 난젠지南禪寺를 필두로 한 이 관사 제도는 요시미쓰의 시대에 확립되었다. 묘신지와 다이토쿠지라는 두 절은 천황가와 연결되어 부흥을 도모하였다. 다이토쿠지는 15세기 중엽에 칙지에 따라 주지가 자의를 허락받았고, 묘신지는 1452년(교토쿠 원)에 주지 기텐 겐쇼義天玄詔가 자의의 칙허를 받았다. 또 5산에 속하지 않은 선원林下으로서 재흥의 길을 걷는다.

문제는 이때 자의칙허가 막부의 내락 없이 무단히 이루어진 것 같다는 점이었다. 1491년(엔토쿠 3)의 기록에 의하면, 다이토쿠지의 자의칙허 사실을 알게 된 아시카가 요시마사足利義政는 격노했다고 한다. 이 두 절에 자의를 허락한 천황이 고하나조노後花園라는 사실은 흥미롭다. 당시 막각은 가키스嘉吉의 난 직후 막정을 재건하는 데 고하나조노 천황의 정치력이 필요하였으며, 15세기 중반이라는 시기는 치벌윤지治罰綸旨가 빈번히 발행된 때였다.

센고쿠시대에는 막부 규제도 완화되었기 때문에, 천황가는 무가 규제를 받지 않고 빈번하게 자의紫衣를 칙허하였다. 자의 칙허 한 건당 수십 관문의 사례금을 수령할 수 있었기 때문이며, 이 시기에는 자의·향의香衣에 국한되지 않고 상인上人이라는 칭호나 선사禪師라는 칭호 등도 남발되었다. 린카林下의 선원은 천황의 권위를 배경으로 다이묘·조닌町人과 연결되어 흥륭의 길을 걸었고,

막부의 권위에 의지하였던 5산에 대해서도 우위성을 주장하게 되었다. 한쪽은 무로마치막부, 다른 한쪽은 천황가라는 외호자大檀越의 정치력이 역전되면서, 사찰의 권위도 하극상의 양상을 보였다. 5산과 린카의 선원은 우열 자체가 바뀌게 된 것이다(만약을 위해 부언하자면, 5산의 주지직은 무로마치도노가 서명하는 공첩에 의해서, 린카 선원의 주지직은 천황의 윤지에 의해 임명되었다. 따라서 5산의 승려에 대해 천황이 관여할 수 있는 것은 자의의 착용 자격뿐이었다).

선원 간의 쟁론

이처럼 자의 문제는 윤허자인 천황과 무가, 자격 사원인 5산과 린카라는 이중의 요소가 폭주하였다. 그리고 1592년(겐로쿠 원), 같은 자의를 허락받은 5산·린카 선원禪院 간의 대립이 오만도코로天瑞院 장례식을 둘러싼 의례 속에서 표면화된다.

종래, 5산은 린카에 자의가 허락되는 것을 탐탁지 않게 여겼고, 함께 자리하는 것을 피하고 있었지만, 히데요시 시대에는 의식에 함께 앉지 않을 수 없는 상황이 생겼다. 당연히 앉는 순서가 문제였다. 이미 1590년에 도요토미 히데쓰구의 요도성淀城 입성에 즈음하여 그 순서가 문제시되었으며, 1592년 취락제에서 행해진 태합 하례는 난젠지 이하 5산 10찰이 먼저였고, 다이토쿠지·묘신지의 린카는 그다음이었다. 하지만 1592년 여름 히데요시 생모 오만도코로의 사망에 따른 다이토쿠지 법회를 둘러싸고 이 문제가 재연되었다. 마에다 겐이는 다이토쿠지가 말석을 차지할 것을 설득했지만 린카 측은 납득하지 않았고, 7월 28일 궁중에서 쟁론에 대해 협의되었다(히데요시는 나고야에서 상경 중이었다). 세 전주와 소사대, 난젠지, 쇼코쿠지 장로가 참가한 모임의 결론은 난젠지의 상좌였다. 귀경한 히데요시의 내락도 얻었지만, 장례식 이틀 전인 8월 6일에 이르러 다이토쿠지의 승도들 속에서 승복하지 않는 움직임이 나타났다.

다이토쿠지 측 주장의 근거는 고다이고 천황의 윤지였다. 거기에 "(다이토쿠지는) 부디 난젠지라는 제1산의 사찰과 마주하여 나란히 서야 한다"라고 되어있는 것을 들어 '나란히 서야 한다'는 말은 서로 대등하다는 의미라고 항변했던 것이다. 분쟁은 마침내 오기마치 상황의 판단을 요청하게 되었고, 결국 전주들이 협의한 것과 마찬가지로, 린카의 하좌로 결착되었다. 최후의 재정자가 천황

(상황)이었다는 사실 역시 히데요시 정권의 성격을 잘 말해준다. 마에다 겐이는 다이토쿠지 소임 승려 세 명을 불러, 동의하지 않는 것은 칙명을 어기는 것이므로, 장본인은 주살하거나 자의를 벗기겠다고 큰소리로 위협하였고, 마침내 다이토쿠지 측은 침묵하였다고 한다.

이 쟁론에서 주목되는 점은 무엇보다도 쟁론의 근거로 무로마치 장군의 교서가 아니라 고다이고 천황의 윤지를 들고나왔다는 점이다. 센고쿠시대 이후 천황의 권위가 상승하고 있다는 사실이 여기에서도 나타난다. 다음으로 이 무렵 자의는 주지의 위상을 나타내는 상징물이 되었고 동시에 승관 서임권의 상징이 되었다. 봉건사회에서 절대주의를 지향하는 국왕 권력과 성계 권위의 충돌이라고 할 수 있는 서임권 투쟁이 재연되는 것은 피할 수 없는 상황이다.

5. 다이토쿠지 묘신지의 분의
-다쿠안 등이 유죄에 처해지다

사사 통제가 본격화되다

자의를 둘러싼 공무 관계는 이상과 같은 과거를 가지고 있었다. 도쿠가와 막부가 선사 규제에 나선 것은 세이칸의 범종 명문 사건 전년도인 1613년 6월에 발령한 '칙허자의 법도勅許紫衣法度'가 최초이다. 이 법도는 다음과 같은 내용의 이에야스의 주인장이었다(수신자는 전주 히로하시 가네카쓰廣橋兼勝).

다이토쿠지·묘신지·지온지知恩寺·지온인知恩院·정화원淨華院·센뉴지泉湧寺·아오노코묘지栗生光明寺.

이상, 주지직의 일, 칙허勅許를 내리기 이전에 고지해야 한다. 불법의 상속을 위해 그 기량을 선발하고 서로 비교해야 할 것이다. 그런 과정을 거친 다음에 입원入院[20]한다는 일을 아뢰어야 할 것이다.

---

20) 승려가 주지가 되어 해당 사원에 들어가는 것을 말한다. 불교 용어이기 때문에 주엔 혹은 주인이라고 읽는다. -역주

이는 천황에게 주지住持에 대한 칙허를 내리기 전에 막부의 내락을 받아내도록 요구한 것이라고 할 수 있다. 하지만 이 규정은 준수되었다고는 말하기 어려웠다. 1615년(겐나 원) 7월 발포된 '금리병공가제법도禁裏幷公家諸法度'에서는 특히 자의를 언급하면서 재차 칙허를 남발하는 일을 엄하게 경계하고 있다.

하나. 자의를 입을 수 있는 사찰의 주지직寺住職이라는 것은, 선규先規에서는 아주 드문 일이다. 근년에 함부로 칙허를 내리거나, 또한 납차(臘次, 서열)를 흐트러뜨리고, 게다가 관사官寺를 더럽힌다. 대단히 옳지 못한 일이다. 향후에 있어서는 그 재주(인물)를 고르고 법랍을 쌓은 승려를 선택할 일.

이어서 '오산십찰제산지제법도五山十刹諸山之諸法度', '다이토쿠지제법도大德寺諸法度', '묘신지제법도妙心寺諸法度' 등 선종 사찰에 대하여 통제하는 법령을 내렸지만, 센고쿠시대 이후로 천황이 여러 사찰의 장로에 대하여 거의 자의적으로 주지직과 자의를 임면·수여해온 레짐이라고 할 수 있는 체제를 법령 몇 조항으로 간단히 뒤집을 수 있는 것이 아니었다. 하지만 이에야스 사후 그에 대한 신격화를 통하여 막부는 도쇼다이곤겐의 신위를 이미 창출하였으며, 이를 육성하고 확장시켜야 할 과제를 짊어지고 있었으므로, 더이상 물러설 수 없는 입장에 있었다. 이러한 도쇼다이곤겐의 신위를 선포하는 데 있어서, 막부가 가장 경계하지 않으면 안 되는 것이 천황의 성계에 대한 영향력이었다.

히데타다의 종교정책은, 이에야스 단계에서 정치·군사에 관해 거의 성공한 '천황 권위의 봉쇄'의 일환으로 전개되었다. 막부는 '금중병공가제법도禁中並公家諸法度' 제정과 병행하여 '제사원법도(諸寺院法度, 원화령元和令)'를 제정·공포하였다. 이를 통하여 현밀顯密·5산 이하 종파를 가릴 것 없이 사찰에 대한 관리강화·통제를 시도하였으나, 여기에는 중대한 약점이 있었다. 막부는 에도에 있기 때문에 교토에서 대단히 멀리 떨어져 있어서, 소사대의 감시만으로는 각 사찰의 내부 사정을 제대로 파악할 수 없었기 때문이다. 게다가 원격 조종에는 한계가 있는 반면, 천황가와 공가는 센고쿠시대 이후 기나이 주변 지역의 유력 사찰과 크고 작은 연고 및 정보망을 가지고 있었고, 이를 이용하여 막부의 통제를 물리치려 하고 있었다.

여기에는 물론 고미즈노오 천황의 개성도 크게 작용하고 있었다.

막부의 사찰 통제책을 아시카가 요시미쓰·요시모치·요시노리 3대의 무로마치막부 최성기 때와 비교해보자. 요시미쓰는 자녀 대부분을 유력 사찰의 문적, 즉 최고 승관으로 들여보내 그때까지 왕족으로 점철되었던 천태좌주(天台座主, 靑蓮院)·닌나지仁和寺·산젠인三千院까지 아시카가 일족들이 독점하여, 원격조종이 아니라 직접 심장부를 움켜쥐고 있었다. 이에 비하면, 에도막부가 추진하고 있는 법령에 의거한 압박은 가소롭기 그지없었다. 하지만 그마저도 쉽지 않았다.

천황의 명령서가 파기되다

1627년(간에이 4) 7월, 에도의 노중老中 도이 도시카쓰 저택에 소사대인 이타쿠라 시게무네板倉重宗, 사사봉행인 곤치인 스덴이 모여서 선원 등의 출세(주지직과 자의, 향의를 천황으로부터 하사받는 일)을 본격적으로 제한하기 위한 협의가 이루어졌다. 그래서 결정된 내용은 대략 다음과 같았다.

(1) 원화령 이후의 임하중林下衆의 출세 승려는 전면적으로 자격을 박탈한다.

(2) 원화령 이후 오산중五山衆 중, 공첩公帖을 보유하지 않은 자는 자의의 자격을 박탈한다.

(3) 정토종 승려의 황의는 조조지와 지온인[21]을 경유할 필요가 있다.

내용은 우선 보기에 강경하다. 하지만 원화령 이전에 있었던 일은 이른바 '시효時效'를 적용하여 모두 불문에 부쳤고, 또한 위의 세 개 조항 역시 즉시 집행하는 것이 아니라, 산조三條와 나카노인中院 두 전주를 통하여 천황의 판단을 확인하는 절차를 밟기로 하였다. 천황의 체면을 배려하고 있다.

이 세 개 조항 중 (2)는 원래 불법행위라 실질적인 영향은 별로 없었으며, 주안점은 (1)과 (3)에 있었다. (3)의

---

21) 교토에 있는 정토종의 총본산이다. 개조開祖는 호넨이며 호넨法然과 아미타여래를 본존으로 모시고 있다. 호넨은 전수염불專修念佛이라는 교리를 제창하였는데, 이는 어떤 사람이라도 한결같은 마음으로 아미타불이라고 염불하기만 하면 극락왕생할 수 있다는 것이다. 1575년 오기마치 천황으로부터 정토종 본사로 승인을 받았고, 각 지역의 정토종 승려에 대한 향의의 부여와 박탈에 대하여 천황에게 건의할 수 있는 권한을 부여받았다. 도쿠가와가는 지은원의 조영에 힘을 쏟았는데, 이는 도쿠가와가 가 정토종을 믿었고, 지온인의 스물다섯 살 주지가 일족이기도 하였기 때문이다. 니조성과 더불어 교토에서 도쿠가와 가의 거점이었다. 가문의 위세를 과시하고 천황의 어소御所를 내려다보아 조정을 견제하려는 의도를 나타낸 것이라는 의견도 있다. -역주

명령이 나온 이후 지온인의 기록에 다음과 같은 내용이
있다.

　(조조지와 지온인을 거치지 않은 황의 수여) 윤지를 파기하라
는 취지에 따라 타산(정토종 사원)에서 집주하여 향의를
내리라고 허락한 윤지 29통을 지온인의 보고에 보관하
였다.

　절차를 제대로 밟지 않은 29통의 윤지가 파기되어 지
온인의 보고에 수장되었다고 하는 내용인데, "윤지는 흘
린 땀과 같다"라고 하였듯이, 천황이 발급한 문서는 원래
대로 돌이킬 수 없다는 원칙이었으므로, 윤지를 궁궐로
되돌려보낼 수도 없었다. 그래서 지온인에서 맡아두는
조치가 취해진 것이다.
　이제 교토 사람들의 눈길은 다이토쿠지와 묘신지로 쏠
렸다. 이 두 절은 천황가와 깊이 연관된 사원이므로, 이
절의 고승들이 어떤 태도를 취할 것인가가 관심을 끌었
다. 그리하여 다이토쿠지·묘신지 두 절 모두 강·온 두
파로 나뉘어 분의紛議가 일어났다.

묘신지, 타협하다

먼저 묘신지는 제자 중에 자의를 받은 승려가 아홉 명이나 있을 정도로 실세였으며, 가장 격이 높은 장로인 료안지龍安寺 양화원養華院의 하쿠호 에료伯蒲惠稜[22]가 온건파의 총수 격이 되었다. 이 하쿠호를 보좌한 승려가, 훗날 일본을 방문하게 되는 명나라 승려 은원隱元이 황벽종黃檗宗[23]을 개산할 수 있도록 도운 다쿠수좌(琢首座, 竜渓)였다. 그러나 묘신지 강경파는 "하쿠호는 (중략) 크게 권위가 있어서, 본산과 의논하지 않는다"라고 하쿠호 등의 농단을 비난하고, 또 "하쿠호의 무리들은 언변이 있어서, 항상 하쿠호를 도와 이러한 논의(온건파)를 주장한다. 하쿠호는 나이가 너무 들어서 오로지 다쿠의 말에만 따른다"라고 하며 하쿠호의 노쇠함을 틈타 다쿠가 전횡을 한다고 비방하였다. 여하튼 하쿠호와 다쿠가 활발한 움직

---

22) 혜릉慧稜이라고도 한다(1543~1628). 임제종의 승려로 료안지 12대, 묘신지 62대 주지이며 묘신지 주쇼인壽聖院의 개조이기도 하다. 자의사건에 휘말려 묘신지의 경파들과 대립하면서, 묘신시의 미래를 위해서는 막부의 입장에 따라야 한다고 판단하고 막부에 직소直訴하였다. 이후 다이토쿠지의 승려 등이 유배에 처해지고, 아흔다섯 명의 고승의 자의가 박탈되기에 이르러 다른 종파의 승려로부터 원한을 샀다. -역주

23) 조동종曹洞宗·임제종臨濟宗과 더불어 일본의 3대 선종이다. 에도시대에 일본으로 건너온 은원 융기(隱元隆琦, 1592~1673)가 개조. 임제종과 뿌리가 같지만, 막부의 외호를 배경으로 여러 다이묘의 지원을 얻었고, 각종 사회사업 및 대장경 출간에 힘써 교세가 확장되었다. 철안도광鐵眼道光은 명나라의 대장경을 원판으로 하여 황벽판 일체경을 판각하여, 불경을 간행하였다. -역주

임을 보이면서 묘신지는 막부와 타협하는 쪽으로 기울고 있었다.

　이러한 정세를 보고 있던 막부는 1628년(간에이 5) 3월, 온건파가 받아들이기 쉽도록 양보안을 제시하였다. "얼마간 사면할 필요가 있을 것"이라고 하면서 당근을 내밀었는데, "(주지로서) 입원하게 된 승려와 50세 이상으로서 윤지를 받은 승려(입원식을 올린 승려와 자의를 받은 승려 중에서 50세 이상)"에 대해서는 박탈 대상에서 제외한다는 것이다. 그런데 한편으로는 사면하는 대신 앞으로는 막부의 법도를 어기지 않는다는 '사죄문'을 제출하게 만들고자 하였다. 그래서 이타쿠라 시게마사를 묘신지에 파견하게 되었는데, 이 때문에 논의는 다시 복잡하게 얽히기 시작하였다. 공의公儀에 속한 고위 관인의 파견이라는 사태로 인하여, 재차 강경파의 울분을 자극하였고, 짓눌려 있던 산문 내의 강경파가 다이토쿠지의 강경파와 결합하여 반격에 나섰던 것이다. 강경파의 급선봉이었던 단덴 시인單傳士印은 산문 내의 대중에게 "묘신지가 설령 황량한 땅으로 변한다고 해도 글(사과문)을 내지는 않을 것이다"라고 사자후를 토하였고, 타협 쪽으로 기울고 있던 산문 전체의 중의가 갑자기 유동적으로 변했다.

경악한 것은 하쿠호였다. "산문 전체의 멸망과 불법이 단절될 위기가 바로 지금"이라는 위기감에 여든 살이라는 노구를 무릅쓰고 에도 쪽으로 하향하여, 사정을 해명하게 되었다. 이해 5월 하쿠호는 에도에서 스덴에게 간절한 심정으로 막부에 공손히 순종할 것을 맹세하는 글을 올렸다. 그 안에는, 다음과 같은 구절이 있었다.

연전에 도쇼다이곤겐께서 마련하신 주인장朱印狀의 뜻을 어기고 심려를 끼쳐드렸습니다만, 이제 다이곤겐의 13회 제례이오니, 사면해주신다면, 불법을 계속 이어가도록 가엾게 여기는 바가 얕지 않으니 자비로움으로 생각하겠습니다. (하략)

칙원으로 세워지고 칙허를 받은 절이 도쇼다이곤겐의 신위에 굴복해가는 과정을 상징적으로 보여주는 내용이라고 하겠다. 자의를 둘러싼 쟁론이 서임권 투쟁인 동시에 도쇼신군의 신위 선포 수단으로 여겨졌음을 잊어서는 안 된다.

하쿠호는 7월 도이 도시카쓰를 면담하고 산문의 고충을 호소한 뒤 교토로 돌아오는 여행에 나섰다. 여행 도중에 근심과 무리로 탈이 났던지, 오미近江 쓰지야마土山에서 불귀의 객이 되었다. 하지만 강경론이 지배하고 있던 묘신지가 그 유해를 받아들여 줄 것 같지 않았으므로, 시종하였던 교신行深과 다쿠 수좌는 입적한 사실을 감춘 채 료안지로 하쿠호의 가마를 들여보냈고, 그곳에서 장례를 치렀다. 료안지에 조문하러 온 묘신지 승려가 전혀 없었다고 하지만, 하쿠호가 산문이 위기에 직면한 상황에서 순절한 형국이 되었으므로 강경파에게도 적지 않은 영향과 동요를 가져왔다. 강경파의 대표격인 단덴 시인과 주게 겐코宙外玄杲 이하 일곱 명은 연명으로 스덴에게 유감을 뜻하는 글을 보냈고, 다음 해인 1629년(간에이 6), 단덴·주게 두 사람이 에도로 내려가서 주선을 청함과 동시에 막부에 '사과문'을 제출했다. 묘신지에 관한 건은 이로써 낙착되었다.

분규에 빠진 다이토쿠지

한편, 다이토쿠지에서는 어떠하였을까? 다이토쿠지의 강경파는 용원龍源·대선大仙의 두 원이 중심이 되었으므로 북파라고 했고, 타협파는 진주眞珠·용천龍泉의 두 암자를 근거로 하였으므로 남파라고 불렀다. 강경파는 논객이 많고 또한 유력 단월들을 거느리고 있었다. 그 중심은 이즈미和泉 사카이堺의 난주지(南宗寺, 미요시 나가요시三好長慶가 외호한 절)에 있던 다쿠안 소호澤庵宗彭와 고케쓰 소간江月宗玩·교쿠시쓰 소하쿠玉室宗珀 세 명이었다.

1628년(간에이 5) 봄, 다쿠안 등 세 명은 연명으로 막부에 서한을 보내 막부의 조치를 격렬히 질타하였다. 출세의 실상을 알리면서 "어찌 되었든 선규에 어긋나는 말씀 하시는 것은 있을 수 없는 일"이라고 강하게 주장하면서 이렇게 끝을 맺었다.

앞에 말씀드린 바, 옳지 않다고 생각하시더라도, 3백여 년의 관례였던 일입니다. 이전과 마찬가지로 입원入院·개당開堂을 집행하도록 판단해주실 것을 청하는 바입니다.

산문 내의 논객답게 당당하게 의견을 개진하고 있을 뿐 비굴함은 전혀 보이지 않는다. 하쿠호의 태도와 선명하게 대조된다. 하지만 에도막부에서는 이 문구가 막부 권위를 거스르는 것으로 받아들였다. 소사대를 거쳐, 다

쿠안 등의 항변서를 보게 된 스덴은 "심히 막부의 뜻에 합치되지 않는다"라고 그의 일기에 적고 있다. 3월 13일, 에도성 니시노마루西の丸에서 열린 각의에서는 묘신지는 사면하기로 결정한 후, 다이토쿠지에 대해서는 다음과 같이 조치하기로 결정하였다.

단, 다이토쿠지는 답변하는 글을 보내지 않았으므로, 상양(上樣, 히데타타)과 공사公事를 받드는 몸인 까닭에, 거듭 음미해야 할 것이다(스덴의 일기).

공의(公儀, 에도막부)를 두려워하지 않고 장군가에 대하여 호소하는 논의를 벌이는 괘씸한 사람으로 배척되었던 것이다.

한편, 남파를 대상으로 한 분열 공작이 진행되고 있었다. 그리고 이해 11월 말, 묘신지 단덴 등의 사과문을 전후하여, 남파 대표는 막부에 "북파의 일은 알지 못하고 있습니다. 남파의 일은 이제 막부의 뜻이 내려왔으니, 앞의 법도를 잘 지켜서, 대대로 불법이 서로 이어질 수 있도록 하고자 합니다"라고 맹서하는 사과문으로 사면을 청하기에 이르렀다. 또한 이들 남파는 이듬해인 1629년

5월 에도로 내려가서 막부에 사면해준 것에 대하여 감사의 뜻을 표하였다. 이로써, 북파의 다쿠안 등만 남게 되었다.

다쿠안 등은 유배에 처해지다

에도로 소환된 다쿠안 등은 이미 죽음을 각오하고 있었던 것으로 보인다. 이전부터 다쿠안에게 귀의하고 있었던 단마수但馬 이즈시성出石城 성주 고이데 요시히데小出吉英는, 일부러 다쿠안이 머물고 있던 가와사키숙川崎宿까지 사람을 보내어 정중하게 위문하는 뜻을 밝혔다.

에도에 도착한 다쿠안·고에게쓰·교쿠시쓰 세 승려는 다시 연명으로 도도 다카토라藤堂高虎에게 소명하고, 각로閣老인 도이 도시카쓰에게도 호소하였다.

대어소大御所로 불리는 히데타다가 직접 참석한 각의에서는 다시 스덴과 덴카이가 대립하였다. 스덴은 "법도를 저버렸고, 본인들도 그와 같이 자백한 이상에는 엄하게 처분해야 마땅하다"라고 극형을 주장하였는데, 이에 덴카이는 "절을 위하여 행한 일로 생각되며, 죽을 각오로 글(항변서)을 올린 행동은 기특하다"라고 하면서 다쿠안 등의 행위를 변호하였고, 나아가 "이러한 사람은 요즘은 보기 어려우므로, 감동을 받았다"라고 하면서 관대하게 처벌할 것을 주장하였다. 도도 다카토라는 덴카이의 의견에 찬동했다.

6월 26일 막부의 결정이 내려졌다. 다쿠안은 데와出羽의 우에노야마上の山에, 교구시쓰는 무쓰陸奧의 다나쿠라棚倉에, 또한 강경파의 한 사람인 도겐 게이토東源慧等는 쓰가루津輕에 각각 유배되었다(고게쓰는 사면). 여기에 우스꽝스럽기 그지없는 인물이 묘신지의 단덴으로서, "설령 황량한 땅이 되더라도" 운운한 것은 결코 자신이 아니라고 스덴에 읍소했지만 받아들여지지 않았고, 데와의 유리由利에게 유배되었다.

고미즈노오 천황상(묘호인 소장)

VI장. 여제 소동
- 고미즈노오 천황의 반격

1. 마사코 납비를 둘러싼 분규

미루고 미루어진 마사코의 납비

자의사건紫衣事件이라고 하면, 일반적으로는 고미즈노오 천황의 양위까지 서로 연결된 사건으로 본다. '흘린 땀과 같다'라고 하여 결코 번복될 수 없는 천황의 윤지와 구선口宣 수십 장이 무효가 되는 사태는 천황 역사상 전례가 없는 일이었다. 고미즈노오 천황으로서는 견딜 수 없을 만큼 굴욕적인 일이 아닐 수 없었다. 하지만 고미즈노오 천황이 양위를 거론한 것은 이때가 처음이 아니었다. 실제로 무로마치 말기의 고쓰치미카토 천황後土御門天皇과 함께, 고미즈노오 천황은 재위 중에 몇 번이나 양위를 자청한 천황으로 알려져 있다. 자의 사건 이전에 이미 복선이 깔려있던 것이다.

고미즈노오 천황이 양위하고자 하는 속내를 발설한 것은 히데타다의 딸인 마사코和子 납비를 둘러싼 분규 때가 최초이다. 마사코 납비는 이에야스 생전부터 조정과 막부 간의 현안이자 이에야스의 유지이기도 하였다. 마사

코의 어머니(히데타다의 정처) 스겐인崇源院[1]은 요도도노淀
殿의 동생이므로 마사코와 도요토미 히데요리豊臣秀頼는
종형제에 해당하였다. 이에야스는 1608년 손녀 마사코
를 고토히토 친왕(政仁親王, 후의 고미즈노오 천황)과 혼인시
키려고 하였다. 마사코는 1607년생이기 때문에, 태어난
다음 해인 불과 두 살 때의 일이다. 고토히토 친왕은 당
시 열세 살이었다. 고토히토는 1611년 3월에 즉위한다.
평소 미나모토노 요리토모의 행적을 흠모하고 있었던 이
에야스는 미나모토노 요리토모의 딸 오히메大姫[2]를 납비
하려고 했던 것을 본받고자 하였고, 또한 후지와라 씨를
따라서 외척 정치를 구상하고 있었을 것이다.[3] 이 이야
기는 오사카성 전투 직전에는 거의 마무리되고 있는 중

1) 아사이 나가마사淺井長政의 셋째 딸이며, 어머니는 오다 노부히데織田信秀의 딸인 이
치市이다. 나가마사의 큰딸은 요도도노淀殿으로 히데요시의 측실이고, 둘째 딸은 교고
쿠 다카쓰구京極高次의 정실이었다. 스겐인은 시호이고 일반적으로 고江, 오고小督, 에
요江與 등으로 불리웠다. 첫 번째 결혼 상대는 사지 가즈나리佐治一成였고, 두 번째는
히데요시 조카 도요토미 히데카쓰였고, 세 번째가 히데타다였다. 히데타다와의 사이
에서 이에미쓰家光와 마사코和子 등을 낳았고, 마사코와 고미즈노오 천황 사이에 태어
난 딸이 메이쇼 천황明正天皇이 된다. -역주
2) 가마쿠라막부를 개창한 미나모토노 요리토모源頼朝 장녀로 어머니는 호조 마사코
北條政子. 여섯 살 때 요리토모와 대립하고 있던 미나모토노 요시나카源義仲의 아들 미
나모토노 요시타카源義高와 혼약을 맺었으나, 요시타카가 처형된 후 충격을 받아 이후
혼담을 거절하였다. 고토바 천황後鳥羽天皇 사이에 혼담이 있었으나, 혼인은 성사되지
못하였고 스무 살로 요절하였다. -역주
3) 후지와라 씨藤原氏는 천황가와의 지속적인 혼인을 통하여 외척이 되었고, 어린 천황
이 즉위하면 외조부나 외숙부에 해당하는 후지와라 씨 일족이 천황을 후견하는 섭정
攝政·관백關白이라는 자격으로 실권을 행사하였다. -역주

이었다.

하지만 오사카성 전투로 인하여 사촌 오빠인 히데요리가 죽었고, 나아가 이에야스의 죽음이라는 사건으로 인해 납비는 자꾸만 늦추어졌다. 우여곡절 끝에 겨우 1618년에 이르러 다음 해에 궁궐로 들어가기로 하였는데, 납비 직전에 이르러 관녀官女 요쓰지 씨四辻氏가 황자 가모노미야加茂宮를 출산한 사실이 발각되었다(이 아들은 1622년에 요절하였다). 부정에 대해 엄격한 스겐인이 격노한 탓으로 납비는 다시 연기되었다. 이때 도토 다카토라가 입경하여 관백 등과 일을 원만하게 수습하기 위하여 노력하였다는 사실을 기록에서 확인할 수 있다. 다카토라는 건축가로서 저명하여 앞서 말한 바와 같이 닛코 도쇼구의 조영에 관여하였으며, 또한 단바丹波 사사야마성篠山城 등 요지의 성곽 축조에도 관계하고 있었지만, 한편으로는 교토의 공가 사회에도 정통한 인물이었다. 소사대 이타쿠라 가쓰시게와 콤비를 이루어 조정 막부 간의 주선에 힘쓰고 있었다.

그렇지만 다카토라가 조정에 고심하고 있는 가운데, 1619년 6월, 또다시 요쓰지 씨가 황녀 우메노미야梅宮를 낳았다. 궁녀가 황자·황녀를 낳는 것은 오랜 관례로서 전혀 드문 일이 아니었다(또 고미즈노오 천황의 아이를 낳은 관녀는 요쓰지 씨뿐만이 아니었다).[4] 그러나 장군의 딸을 납비하려고 준비하고 있던 막부는 이를 용서할 수 없었다. 다시금 다카토라가 상경하여 원만하게 처리하려고 하였으나, 천황은 다카토라의 거듭되는 상경에 충격을 받았다. 고노에 노부타타近衞信尹의 양자가 되어 고노에 가문을 이은 친동생 고노에 노부히로近衞信尋에게 마사코의 입궁이 지연되는 점에 불만을 털어놓으면서, 자신의 아우에게 양위하고 난 다음에 출가하고 싶다고 속내를 드러냈다.

틀림없이 나의 행동이, 히데타다 공의 마음에 맞지 않으므로 짐작됩니다. 그렇다고 한다면, 입내(入內, 입궁)가 지연되고 있는 일은, 공가와 무가 모두 면목이 서지 않는 일입니다. 그러므로 나에게는 마침 아우들이 많이 있으니, 누구라도 즉위시켜놓고, 나는 삭발을 하고, 은둔을 하겠다고 하면 쉽게 끝날 일입니다. (중략) 앞에서 말

---

4) 고미즈노오 천황은 서른여섯 명의 자식을 두었다. 중궁 도쿠가와 가즈코德川和子를 비롯하여, 문제가 된 전시典侍 요쓰지 요쓰코四辻與津子 이외에도 전시 소노 미쓰코園光子, 전시 구시게 다카코櫛笥隆子, 전시 소노 구니코園國子, 전시 요쓰지 쓰구코四辻繼子, 궁인宮人 미나세 우지코水無瀨氏子 사이에서 자식을 두었다. 막내아들은 58세 때인 1657년에 태어났다. 특히 1629년 양위한 이후에 30여 명의 자식을 두었으며, 자식 중에서 여성 천황인 메이쇼明正를 비롯하여, 고코묘後光明·고사이後西·레이겐靈元 등 네 명이 천황이 되었다. -역주

한 바와 같이 서로 준비할 수 있도록, 도토 화천수(和泉守, 다카토라)가 주선을 해준다면, 영원토록 잊지 않겠다는 뜻을 전달해주신다면, 대단히 기쁘겠습니다.

9월 5일

우대신 전(고노에 노부히로)

이에야스가 많은 처첩을 두었고 자녀도 많았다는 사실은 잘 알려져 있다. 도쿠가와 가문의 그러한 속사정을 제쳐두고, 비록 미래의 사위라고 하지만, 고미즈노오 천황에게만 결벽성을 요구하는 것은 대단히 자의적이라고 할 수 있다. 막부의 반응에는 아마도 공처가였던 히데타다나 스겐인 본인 의사가 작용하였던 것 같다. 한편 고미즈노오 천황도 고요제이 천황의 핏줄을 이어받아서인지 신경질적인 데가 있었고 또 경솔한 성격이었다.[5] 증조할아버지 오기마치 천황의 완강함과 노회함은 당시 천황가에는 많이 부족했던 것 같다.

---

5) 고요제이 천황은 이노쿠마 노리토시猪熊敎利가 공가 남성들과 궁중 궁녀들을 끌어들여 밀통한 사건이 일어나자 관련자들은 모두 처형하고자 하였다. 조사 결과 공가 일곱 명과 궁녀 다섯 명이 관련되었음이 밝혀지면서, 이들을 모두 처형하면 공가 사회에 혼란을 초래할 것을 염려한 막부가 주모자인 노리토시와 가네야스 비후兼康備後만 참형에 처하고, 나머지는 먼 섬에 유배시켰다. 이 사건을 계기로 낙담한 천황은 측근이나 생모·부인과도 만나지 않으면서 고독하게 지내다가 양위하게 되었다. -역주

조정의 숙정을 단행하다

소사대 가쓰시게와 다카토라는 어찌할 바를 몰랐다. 막부는 천황가는 불문에 부치는 대신에 궁중 내에 풍기 문란이 있었다며 묘당廟堂 숙정을 단행하였다. 9월 18일 히데타다는 소사대와 전주를 통해 이러한 뜻을 아뢰고, 전 대납언 마데노코지 미쓰후사萬里小路光房를 단바丹羽 의 사사야마篠山로, 중납언中納言 요쓰지 히데쓰구四辻秀 繼와 좌중장左中將 야부 쓰구요시藪嗣良를 분고豊後 후나 이府內로 유배보내고, 중납언 나카노미카도 노부히라中 御門宣衡, 좌중장 호리카와 야스타네堀河康胤, 좌위문좌左 衛門佐 쓰치미카토 히사나가土御門久脩를 궁중 출입 금지 에 처했다. 요쓰지와 야부는 각각 황자녀의 생모 친정이 었고, 마데노코지 히로후사는 궁중에 경성傾城[6]·백박자 白拍子[7]·여원악女猿樂[8] 등을 출입시킨 죄로 처벌을 받았 다. 하지만 경성 이하의 궁중 출입은 무로마치시대 이후

6) 원래는 나라를 기울일 만한 미녀라는 뜻이었지만, 일본에서는 유녀遊女 즉 매춘부 별칭으로 사용되었다. 근세에는 상급 유녀를 가리키는 용어로도 사용되었다. -역주
7) 헤이안시대 말기에 출현한 매춘부(당시 용어는 유녀)의 한 종류다. 인형의 흉내를 내는 괴뢰녀傀儡女와 남자 춤을 추는 백박자白拍子가 단순한 성욕 발산을 위함이 아니라, 정 서적인 요소를 포함하는 특징을 가지고 있다. -역주
8) 여자들이 공연의 주체가 된 원악猿樂을 말한다. 원악은 무로마치시대에 성립된 일 본의 전통 예능이자 연극·무용·음악을 아우른 종합 예술이었다. 현재의 노能의 원형이 라고 할 수 있으며, 간아미觀阿弥·제아미世阿弥가 대성시킨 것으로 전한다. -역주

관례로서, 공가를 유배 보낼 정도의 범죄라고 할 수 없었다. 나카노미카도 노부히라 이하는 측근으로서 감독을 소홀히 하였다는 것이 처벌 이유였다.

가스가타이샤春日社神의 신관인 나카토미 스케노리中臣祐範 일기에 의하면, 나라奈良에서는 천황의 생모인 고노에 씨를 에도 쪽으로 끌고 오거나, 전주 히로하시 가네카쓰를 사형에 처할 것이라는 소문까지 나돌았다고 한다. "아침저녁으로 노닐며 구경하거나 술자리를 펼친다는 소문이 만발하였다. 그런 소식이 모두 장군 (히데타다) 귀에 들어가서, 화를 내는 것이 이만저만이 아니었다고 한다. 이 때문에 딸의 입궁도 지연되었다"라고 한 스케노리의 기록을 통해서, 장군보다도 오히려 스겐인의 개입을 짐작할 수 있다. 술자리를 좋아한다고 해서 비난받는 일은 천황으로서는 참을 수 없는 일이었다.

처분이 내려진 9월 18일, 쓰치미카도 야스시게(土御門泰重, 처벌을 받은 히사시게의 아들)는 "가문의 부침이, 바로 지금의 일이다"라고 생각하고 있던 차에, 소사대 가네카쓰勝重 부자로부터 궁중 출입 금지 처분을 전해 듣고 "곤란한 가운데에서도 유배에 처해지지 않았으므로, 우선 안도하고 있습니다"라고 하여, 최악의 사태를 피한 기쁨

을 기록하고 있다. 야스시게는 26일 천황이 불러서 입궐
하였는데, 이때 천황의 모습은 "이번에 대수(大樹, 秀忠)[9]
가 도리에 어긋나는 일을 했고, 히로하시(廣橋, 兼勝)는 괘
씸하다曲事고 말씀을 하셨는데, 역린을 범한 상황"이라
고 하였다. 히데타다의 사안 처리와 전주 가네카쓰에 대
한 분노를 감추지 않았던 것이다. 가네카쓰는 막부 방침
에 이의를 제기하지 않았으므로, 막부에 아부하는 사람
으로 간주되어 천황의 증오를 한 몸에 받게 되었다. 야스
시게 또한 "히로하시 내부(廣橋內府, 가네카쓰는 1618년에 내
대신에 임명되었다)는 300년 이래 처음 보는 간사하고 아첨
하며 반역을 일삼는 신하다. 중국에 있어서는 조고와 이
사, 일본에 있어서는 소가노 이루카蘇我入鹿·모노노베노
모리야物部守屋 같은 신하보다 곱절이나 나쁜 자이다"라
고 가네카쓰를 맹렬하게 욕하고 있다. 신조토몬인新上東
門院·이치조 가네토一條兼遐·고노에 노부히로·호소카와
다다토시 등 공가와 무가의 사람들이 야스시게를 위로하
고 있는 점은 막부 처분의 희생자에 대하여 동정하고 있
었다는 사실을 보여주는 한편, 이번의 처분이 뭔가 석연

---

9) 『후한서』에서 풍이馮異라는 장군이 다른 장군들이 모두 자신의 공을 자랑할 때 홀로
큰 나무 아래에 가서 공을 자랑하지 않았다는 고사에 따른 것이라고 한다. -역주

치 않았다는 사실 또한 말해준다. 가스가타이샤 신관 스케노리도 "역린에 저촉되는 것은, 지당하다"라며 천황의 분노에 공감하였다.

　미쓰히사 등을 단바丹波로 유배를 보낸 그날, 히데타다는 니조성 수축을 핑계 삼아 입경入京하여 궁중을 압박하였다. 히데타다는 당일로 교토를 떠나 에도로 향했는데, 이러한 행동이 공가 사회를 뒤흔들어 놓았다는 사실은 부정할 수 없다. 또한 이 처분을 전후하여 막부는 소사대 이타쿠라 가쓰시게를 경질하고 그의 아들 시게무네를 임명하였다. 시게무네는 아버지 가쓰시게의 눈으로 봐도 '가혹한 성격'이라고 비쳤을 정도로, 융통성 없는 면이 있어 미묘한 안배를 필요로 하는 궁중·공가의 대응에 적합한 인물이라고 말하기 어려웠다. 소사대의 경질 또한 공가와 무가 간에 새로운 긴장을 조성하는 요인이 되었던 것이다.

　미쓰후사 등에 대한 처분이 있은 지 한 달 후에, 또다시 천황은 우대신 고노에 노부히로에게 양위하고자 하는 의사를 전달하였다.

　오늘 그쪽에, 이타쿠라 이하수伊賀守, 도도 화천수和泉

가 갔었다는 사실은, 내밀히 듣고 있습니다. (중략) 모든 일이 그렇게 된 것도, 내가 재주가 없는 까닭입니다. 필경 장군(히데타다)도 단념하셨을 것이니 부끄럽습니다. 과거의 도가 끊어지고 금중禁中도 피폐해졌으니 또한 무가를 위해서라도, 이제 나의 형제 누구라도 즉위시켜서, 왕법이 바르게 되도록 해야 하지 않겠습니까? (중략) 한편으로 입산하고자 하는 뜻이 있으므로, 이러한 취지를 자세히 납득가도록 설명하고, 양위하는 건에 대하여 두 사람으로 하여금 장군에게 아뢸 수 있도록 부탁드립니다.

마사코 입비의 일시가 결정되다

천황이 미쓰후사光房 등의 처분을 전후하여, 두 번이나 사의를 표명한 것은 소사대 그리고 막부에 충격을 준 것 같다. 다카토라의 노력으로 결국 천황은 양위를 단념하고 막부도 양보하여, 마사코 입궁을 이듬해 실행하기로 결정하였다. 11월경 다카토라는 수습할 복안을 안고 에도로 내려가 히데타다에게 교토의 상황을 복명하였다. 한편 이와 반대로 새로운 소사대인 이타쿠라 시게무네가 그 조정안을 가지고 상경하였다. 11월 말, 노부히로는 에도에 있는 다카토라에게 다음과 같이 알렸다.

하나, 주방(周防, 시게무네)이 상경하여, 상황을 자세하게 들었습니다. 기쁘게 생각합니다. (중략)
하나, 그 글에 적힌 대로 천자께 말씀드리면 각별히 만족하실 일입니다.

이렇게 하여, 에도막부가 결정한 수습안은 고미즈노오 천황을 만족시켰고, 1620년(겐나 6) 6월, 마사코 입궁이 실현되었다. 입궁의 성대한 의식이 치러진 9일 후에 유배되었던 미쓰후사 이하 공경은 모두 사면되어 귀경하게 되었고, 출사出仕 금지도 해제되었다. 이 또한 앞의 수습안에 포함되어있었던 것이 아닐까 추측된다. 1년 남짓한 유배는 막부의 위광과 체면을 드러낸 것뿐이며, 유배를 풀어준 것은 막부가 천황에 대하여 양보하였음을 뜻한다.

왜 막부는 만류하였을까
이러한 일련의 경과 속에서 주목해야 할 것은 천황이

막무가내로 퇴위를 암시할 때마다 막부가 당황하여 수습하려고 분주하게 움직이고 있다는 사실이다. 본래의 관할기관인 소사대를 제쳐두고 이세伊勢 아노쓰安濃津 성주 도도 다카토라를 급파하여 공작을 펼치거나 노련함으로 잘 알려진 소사대 이타쿠라 요시시게를 굳이 교체하고 있는 것은 막부가 허둥대고 있는 상황을 말해주는 것이라 하겠다. 헤이안시대의 섭관가라면 "어서 그만두십시오"라고 말하지는 못하지만, 간단히 퇴위를 인정했을 터인데, 막부는 필사적으로 만류하고 있다. 한편 조정(천황·공가)을 압박하면서도 막부가 천황의 퇴위 선언을 두려워하는 것은 무엇 때문이었을까.

궁중 스캔들이 천황이 양위하고자 하는 마음을 먹는 계기가 되었다는 점에서는, 1610년(게이초 15) 고요제이 천황의 경우와 같다. 시초류 씨의 논법에 따르면, 이번 사건도 막부가 미쓰후사 등의 유배(궁중의 풍기문란 사건)와 연관되는 것을 회피하기 위해 양위를 무마하는 쪽으로 움직인 셈이다. 그것도 버리기 어려운 흥미로운 발상이다. 하지만 나는 오히려 다음과 같이 추측하고 싶다. 즉 "천황의 퇴위가 막부가 조정에 대하여 압력을 가하고 불성실한 태도(즉 공의가 천황을 괴롭히는 상황)를 보였기 때문"

이라고 일반에게 받아들여질 것에 대한 우려 때문이 아니었을까. 미쓰후사 등의 유배를 1년도 채 안 되어 취소하고 있는 사실은 막부 측에서 천황에 대한 압박이 지나쳤다는 반성이 있었던 결과가 아닐까.

여기에는 큰 딜레마가 있었다. 막부로서는 막부 권위(즉 동조신군의 권위)가 손상되는 것도 곤란하지만, 동시에 천황이라는 또 다른 권위가 붕괴되는 것은 결코 원하지 않고 있었던 셈이다. 다시 말해서 막부제도를 시행하고 있는 이상, 무가의 수장(혹은 그 후보)을 정이대장군征夷大將軍으로 임명하는 명목상의 상위자가 필요불가결하며, 한편으로 도쇼다이곤겐의 신위가 탄생하였으므로, '명목상의 상위자'는 최대한 눈에 띄지 않게 하는 것이 상책이었다.

고쓰치미카도 천황의 사례와 다르다

여기서 고미즈노오와 마찬가지로 재위 중에 거듭 퇴위하겠다고 선언하여 무로마치막부를 곤혹스럽게 만든 고쓰치미카도後土御門 천황(재위 1464~1500년)의 사례와 비교해보자. 고쓰치미카도의 불만·분노의 기본적 이유는 천황가의 경제적 상황이었으며, 궁중의 영지였던 장원庄園 원상복구에 막부가 성실히 대응하고 있지 않다는 데 있었다.

고미즈노오와 고쓰치미카도는 그 구체적인 이유는 다르지만, 모두 막부의 불성실함에 대한 불만이라는 점에서는 유사하다. 하지만 양위를 막으려는 막부 측 이유는 전혀 달랐다. 무로마치막부 경우는 선동(仙洞, 퇴위한 천황의 거처) 조영이나 새로운 천황의 즉위 등 왕위 계승 의례에 필요한 재원을 조달할 여유가 없었으므로, 양위를 인정할 수 없는 재정적인 이유가 있었던 셈이다(그 결과 천황의 종신 재위제가 정착되었다). 하지만 에도막부는 그럴 이유가 전혀 없었다. 재정적으로는 양위·즉위에 대한 지원이 모두 가능하면서도 그를 억제하지 않을 수 없었다. 바로 여기에 근세 천황제, 막번체제 하의 천황이라는 본질적인 문제가 가로놓여 있다고 생각된다.

2. 양위 문제가 다시 불거지다

다카히토 친왕, 요절하다

마사코가 70만 석이라는 거액의 지참금으로 마련한 혼수용품과 선물을 가지고 들어온 이후 한동안 에도와 교토 사이는 평온하게 유지되었다. 하지만 자의 소동의 발단이 된 에도의 도이 도시카쓰 저택에서 회의가 시작되기 얼마 전인 1627년 4월, 에도로 하향한 전주 산조 니시자네三條西實·나카노인 미치무라中院通村 두 사람이 등성해 대어소 히데타다를 면회하고 은밀히 고미즈노오 천황의 속뜻을 전달했다. 마사코가 낳은 어린 다카히토高仁에게 자리를 물려주고 싶다는 것이다.

이때 막부의 회답은 전해지지 않고 있으나, 아무래도 기본적으로 천황의 뜻을 받아들이는 내용이었던 것 같다. 이듬해 2월 상황의 거처인 선동 어소御所의 조영에 대하여 소사대 이타쿠라 시게무네가 막부와 협의하였다는 기록이 있으나, 선동 어소가 화제가 되었다는 사실 자체가 양위를 전제하는 것이기 때문에, 막부가 양위를 대체로 인정하였음은 의심할 여지가 없다. 원래 마사코 입궁 목적이 도쿠가와 가문의 피를 이어받은 황자를 만들어 천황 외척으로서 그 위세를 더하려는 것이었기 때문에, 이번 양위만은 막부도 싫지 않았을 것이다.

1627년(간에이 4) 7월, 복건봉행伏見奉行[10] 고보리 세이이치(小堀政一, 후에 엔슈遠州로 개명하였다. 사찰 조경 및 다도로도 저명한 인물이었다)가 선동 어소의 조영 책임자로 지명되었다. 하지만 호사다마라고, 1628년 봄에 기나이에서 유행한 천연두가 원인이 되어, 다카히토는 6월에 불과 세 살로 요절하고 말았다. 다카히토 병사는 막부에 큰 충격이었다. 제1보가 들어온 날, 미토水戸의 도쿠가와 요리후사德川頼房 등은 중대한 사건이 생겼다고 하여 서둘러 등성하였다.

황자 탄생을 기다리다

다카히토의 상도 아직 끝나지 않은 7월, 고미즈노오 천황은 다시 양위의 뜻을 막부에 전달하였다. 왕위에 세우려고 한 인물은 다카히토 누나이자 첫 번째 황녀(훗날의

10) 교토 남쪽의 후시미숙伏見宿 일대를 지배하는 역할을 맡은 에도 막부 관직명이다. 주변 촌락의 지배뿐만 아니라, 우치천宇治川·정천淀川 등의 하천 관리 및 참근교대参勤交代를 행하는 시국西國 지역의 다이묘에 대한 감시, 교토 경비 등의 책임을 맡고 있었다. 그래서 신분이 높은 다이묘 급의 무사가 임명되었다. -역주

오키코 내친왕興子(內親王이자, 메이쇼 천황)였다. 수백 년 동안 사례가 없었던 여제였으므로 히데타다·이에미쓰 모두 단호하게 양위를 거부하였다. 8월 2일자로 히데타다가 천주 앞으로 보낸 문서에 의하면, "10월에 왕위에 오르게 하려는 뜻은 잘 알았습니다. 아직 늦지 않은 일로 생각하고 있습니다"라고 하였다. 즉 황자의 탄생을 기다려도 늦지 않을 것이라고 하였다. 막부는 아직 마사코에게서 황자가 태어날 수 있다는 희망을 버리지 않고 있었다. 과연, 8월 6일에 착대着帶[11]의 의식을 거행한 바 있는 중궁 마사코는 9월 말에 남아를 출산하였다. 하지만 기대도 헛되이 10월 6일, 열흘도 안 되는 생을 마감하고 말았다. 유아사망률이 높은 당시로서는 드문 일이 아니었다.

더 이상 견딜 수 없었던 천황

때마침, 이해 여름부터 가을에 걸쳐 분규를 거듭하고 있던 자의 사건은 막바지에 접어들고 있었다. 다쿠안·고게쓰江月 등 강경파의 고승들은 다음 해인 1629년(간에이

---

11) 임신한 지 5개월 되는 달의 술일戌日에 임부의 배에 흰 띠를 매는 의식을 말한다. 개가 쉽게 출산하는 것처럼 아이를 쉽게 낳을 수 있도록 기원하는 뜻이 담겨있다고 한다. -역주

6) 2월, 에도로 소환되었다. 유배냐, 극형이냐를 두고 항간에 온갖 소문이 자자했을 것이다. 노부나가도 종종 천황의 체면을 구긴 일이 있었으나, 전란의 시대인 때라면 몰라도 태평성대에 세상 이목을 집중시키는 방식으로 천황의 체면을 구겨놓은 것이다. 천황이 견딜 수 없는 심정이었으리라는 것은 상상하기 어렵지 않다. 노골적으로 천황을 억압하는 것은 아니었던 만큼, 오히려 음습한 일로 비쳤던 것은 아닐까.

천황은 5월 초 이번에야말로 실행하겠다는 뜻을 굳히고, 생모 주카몬인中和門院 고노에 씨와 의논하였다. 표면적인 이유는 종기를 치료하기 위함이었다. '옥체'를 해칠 수 있기에 재위 중에는 뜸을 뜰 수 없었다. 전의典醫 나카라이 쓰우센半井通仙이 종기를 진찰하고 종기에 심이 있다고 아뢰었으므로 병 자체는 사실이었으나, 퇴위하려는 진의는 자의 사건 때문임은 의심할 여지가 없다.

천황으로부터 상담을 받은 주카몬인은 5월 7일 섭가 및 대신급 주요 공가 십여 명에게 두 조항으로 각서(자문서)를 나누어주었다. 제1조는 뜸 치료를 필요로 하는 천황의 용태에 대한 것이었고, 제2조는 다음과 같은 내용이었다.

하나. 여성 천황의 일은 곤란한 일이 아니므로, 그와 같다면 첫 번째 황녀興子에게 왕위를 맡겼다가, 새 황자가 탄생한 후에 양위해야 할 일.

남자아이의 탄생 때까지 '원 포인트 릴리프'로서 여제가 즉위한다면, 상관없다고 생각하는데 어떠냐고 물은 것이다. 천황의 의견에 대한 답변은 교토 어소御所의『동산어문고東山御文庫』에 사본이 남아있으며, 다카쓰카사鷹司·구조九條·니조二條. 사이엔지西園寺, 산조니시三條西, 히노日野, 가라스마烏丸, 이마데가와今出川, 나카노인中院, 고노에近衛의 열 명이 답신하였다. 그들의 회답은 "주상의 질병 치료를 위하여 첫 번째 황녀에게 양위해야 하는가라는 일에 대하여, 여성 천황은 선례도 종종 있었던 것으로 알고 있으므로, 특별한 의견이 없사옵니다"(다카쓰카사 노부후사의 답변)라고 하는 등, 대체로 여성 천황의 즉위를 인정하는 내용이었다. 공가가 일치하여 양위를 지지하였던 것이다. 이런 상황은 고쓰치미카도 및 고요제이의 양위 소동 때에는 없었던 일로, 여러 공경들이 자의 사건을 자신의 문제로 받아들였음을 알 수 있다.

여성 천황이 출현하게 되면 나라 시대의 쇼토쿠稱德 천

황 이후의 사례가 되는 셈이다. 그렇다면 그동안 전혀 여성 천황이 등장할 가능성이 없었는가 하면, 그렇지 않다. 『우관초愚管抄』에 의하면, 1155년(규주 2), 고노에 천황의 사망에 즈음하여 당시의 '치천治天의 군郡'이었던 도바鳥羽 법황은 고시라카와後白河가 유희를 좋아하는 것을 꺼려 고노에 천황의 누나인 하치조인八條院을 여성 천황으로 세우려고 했던 것이다. 하지만 중세 무가의 시대에 들어간 뒤 여성 천황 즉위가 구체적인 정치 일정에 오른 적은 전혀 없었다.

어쨌든 공경들의 지지로 천황의 입지가 강화되었다. 5월 11일 양위의 뜻을 전달하기 위하여 산조니시 사네에다三條西實條와 나카노인 미치무라中院通村 두 전주와 주카몬인의 사신인 후지에 사다토키藤江定時 등의 공경이 에도를 향해서 출발하였다. 22일 에도성에 등성하여, 막부의 신년 하례(정월 24일에 이루어진 고가중高家衆[12]의 입궐을 가리킨다)에 답한다는 명목으로 양위의 뜻을 전달하였다.

---

12) 에도막부에서 행하는 각종 의식과 전례를 담당하는 역직을 고가高家라고 하며, 그 직책에 취임할 수 있는 가격의 기본旗本을 고가중高家衆이라고 한다. 이들 가문은 주로 저명한 수호守護 다이묘·센고쿠 다이묘戰國大名의 자손 및 공가의 분가 등, 이른바 명문에 속하였다. -역주

막부는 회답하지 않다

하지만 막부는 이를 뭉개버리고 회답을 주지 않았다. 그 사이, 자의 사건의 처분은 예정대로 결정되었고, 다쿠안 등 승려들을 무쓰·데와 등의 동북쪽 먼 곳으로 유배 보냈다. 단, 극형에 처해야 한다는 스덴의 주장은 배제되고, 무쓰·데와 유배로 결론지은 것은 앞서 말한 바와 같다. 처분이 완화된 형태로 결착된 것은, 5월에 천황이 양위하겠다는 의사를 표명한 사실이 미묘한 영향을 주었을지도 모른다(히데타다의 의중은 먼 섬으로 유배를 보내는 것이었다).

막부는 그 앞에 있었던 양위 표명 때, 장군 부자의 편지 한 장으로 멈출 수 있었기 때문에 이번에도 "또, 시작이야" 하는 식으로 방심했던 흔적이 보인다. 또한 마사코가 네 번째 임신했다는 정보가 있었기 때문에, 황자의 탄생을 기다리려는 의도도 있었을 것이다. 그런데 8월 27일 마사코는 딸을 낳았다. 이 단계에서 막부는 즉각 양위를 중지시킬 수 있는 절차를 밟았어야 했다. 하지만 히데타다秀忠는 9월 28일 고가중高家衆인 오사와 모토시게大

澤基重·기라 요시후유吉良義冬[13]를 상경·입궐시켜, 황녀 탄생에 대하여 축하하는 인사를 하게 했을 뿐 더는 손을 쓰지 않았다. 그 대신 교토의 상황을 떠보기 위해서 궁궐로 보낸 것이 가스가노쓰보네春日局였다.

가스가노쓰보네는 원래 이름이 야마자키 후쿠山崎福이며, 아케치 미쓰히데明智光秀의 중신이었던 사이토 도시미쓰斎藤利三의 딸이다. 자원해서 히데미쓰의 유모가 된 다부진 여성이다. 후쿠는 장군을 대신하여 참배한다는 명목으로 이세 양궁을 참배한 다음 바로 교토에 들러 천황을 알현하고 싶다고 청했다. 관위도 없고 관직도 없는 여성이 천황을 알현하는 일은 전대미문의 사건이었다. 그래서 당상관의 신분을 갖춘 공가의 유자猶子 즉 공경 중 누군가의 자식 자격으로 궁중에 초대되는 격식을 갖추기로 하였으나, 유감스럽게도 너무 나이가 많았으므로, 양부모가 될 만한 공경을 찾기 어려웠다. 그래서 어쩔 수 없이 취해진 방법이 막부 측 기록인『동무실록東武實錄』에서 "산조 대납언의 형제에 준하여"라고 운운한 내

---

13) 에도시대 전기 하타모토旗本 가문 출신으로 막부 의례를 담당하였다. 1617년 열한 살의 나이로 히데타다를 배알하였고, 1634년 도쿠가와 이에미쓰德川家光가 상경하기 전에 아버지 요시라 요시미쓰吉良義弥와 함께 교토에 올라갔다. 1640년에는 무사시국 武蔵國 센바仙波의 도쇼구 재건을 위하여 현지에 파견되었다. -역주

용에 따라 전주인 산조니시 사네에다의 자매에 해당하는 것으로 간주하였다. 덧붙여서 가스가노쓰보네란 무로마치시대 쇼군 가문의 유모를 뜻하는 용어였으므로, 이때 후쿠는 그에 따라 가스가노쓰보네라는 칭호가 허락된 것이다. 이러한 일은 일찍이 후쿠와 잘 알고 있었던 중궁 마사코가 주선한 것이라고 전해진다.

10월 10일 밤, 후쿠는 예정대로 입궐하여, 금중어학문소禁中御學問所에서 천황을 만났는데 서쪽 계단 가까이로 나아가 구당내시(勾當內侍, 나가하시노쓰보네長橋局)가 술을 따름으로써 천황이 내리는 술잔을 받았다. 『대내일기大內日記』(후술할 바와 같이, 중궁 소속 무가인 풍전수豊前守 아마노 나가노부天野長信의 일기로 추정된다)에 의하면, 이때 후쿠는 마사코가 있는 중궁어소中宮御所에서 소사대인 시게무네와 만나서, 거기에서 전주인 사네에다의 안내로 알현한 것이라고 한다. 어쨌든 후쿠는 원만하게 천자가 하사하는 술잔을 받았고 체면을 세울 수 있었다.

그러나 지하(地下, 무위·무관의 사람) 신분의 여인이 막부의 권위를 등에 업고 천황을 알현하였으니, 공경들의 분노와 불만은 극에 달했다. 쓰치미카도 야스시게土御門泰重는 일기에, "참으로 안타까운 일이다. 천황의 권위가,

백성들의 흙먼지 속으로 떨어진 것과 같은 일이다"(『토어문태중경기土御門泰重卿記』)라고 기록하였고, 전 참의 니시노토인 도키요시西洞院時慶도 일기에 "희대의 일"(『시경경기時慶卿記』)이라고 썼다. 천황 스스로도 나중에 다음과 같이 술회하였다.

　무가의 딸이 당상堂上인 사람의 유자猶子 따위가 되어 어전까지 올라오는 일, 근래까지는 전례가 없는 일이었다. (중략) 당시(지금) 아무런 이유 없이 이런 부류의 일이 많다. 어쩔 수 없는 일인가.

　후쿠의 알현이 원만하게 진행되었기 때문에 오히려 금중에서 진행되고 있던 일대 음모극을 눈치채지 못한 채 끝나는 결과를 가져왔다. 히데타다·이에미쓰에게 복명한 사실이 아무런 소용이 없었던 것은 아이러니한 일이었다.

3. 궁지에 몰린 쥐가 고양이를 물다-양위 강행

쓰치미카도 야스시게의 밀칙

서장에서도 등장한 쓰치미카도 야스시게는 아버지 히사나가가 궁중의 풍기문란 건으로 처벌받은 적도 있어서, 반막부적 기풍이 강한 공가였다. 지위는 종4위상으로 아직 전상인殿上人은 아니었지만, 고미즈노오 천황이 주목하는 인물이었다. 그러한 야스시게가 가스가노쓰보네가 천황을 알현한 닷새 후에 종기의 증상도 상당히 회복되고 있으니 잠시 입궐하라는 여방봉서女房奉書[14]에 의하여 천황에게 호출되었다. 그때 천황으로부터 예사롭지 않은 소식을 듣게 된다. 야스시게의 일기에는 "그래서 식사한 후에 알현하였다. 입 밖으로 낼 수 없는 말을 듣게 되었다"라고 하였다. 즉 후세에 '밀칙'이라고 부르는 내용을 들은 것이다. 하지만 그 '밀칙'의 내용은 기록되어 있지 않다. 이날 야스시게는 숙직으로 궁중에 남아있을 예정이었으나, 특별히 면제를 받아 아들 야스미쓰에게 대리를 부탁하고 궁중에서 물러났다.

---

14) 천황을 가까이에서 모시는 여관이 천황의 의사를 받들어 가나로 써서 발급하는 문서를 말한다. -역주

하루 이틀 후 야스시게는 다시 부름을 받고 참내했다. 여삼궁(女三宮[15]), 다카쓰카사 노부히사鷹司信尚의 후실로, 사야코 내친왕淸子內親王)에게 준삼후准三后의 지위를 내리고 싶은데 뜻(의견)이 있으면 아뢰라는 것이었다. 이와 관련하여 내친왕의 서위에 대한 선례를 검토해줄 것을 요구받자, 야스시게는 궁중에 보관되어있던 『삼대실록三代實錄』 두 권을 빌려서 돌아갔다.

같은 날, 두중장頭中將 소노 모토나리園基音가 변관국辨官局 좌대사左大史인 오쓰키 다카스케小槻孝亮에게, 내친왕 임명의 사례에 대하여 자문하였다. 이에 따라 변관국과 외기국外記局의 사무 관료가 소노 가문의 저택으로 나아가 선례를 답신하였다. 다카스케는 또한 좌대변左大辨 가주지 쓰네히로勸修寺經廣로부터 모레 내친왕으로 임명할 예정인 사실을 전달받았다. 내친왕 임명이란 여일궁女一宮 오키코의 칭호임에 다름이 없으며, 앞서 야스시게에게 요구한 내친왕 서품(친왕·내친왕은 위가 아닌 품을 받음)도 오키코와 사야코의 서품을 가리키는 것으로 보인다. 나중에 보면, 오키코에 대한 내친왕 임명은 즉위를 위한 준비였다고 짐작되는데, 당시에 그 의도를 알고 있었던 사람

---

15) 세 번째 황녀라는 뜻을 가진 일반 명사로서 이름을 대신한 것이다. -역주

은 아무래도 '밀칙'을 받은 야스시게뿐이었던 것 같다.

내친왕 임명

여하튼 10월 29일, 일곱 살 소녀인 오키코에 대하여 내친왕 임명이 이루어졌고, 전주인 산조니시 사네에다가 내친왕가의 별당別當[16]을 겸임하게 되었다. 이날 천황의 형인 유키카쓰幸勝가 친왕으로, 사야코가 준삼후에 임명되었다. 도합 세 건의 황족 임명이 있었기 때문에, 오키코의 내친왕 임명에 특별한 의도가 있는 줄은 아무도 몰랐다.

내친왕 임명이든 준삼후準三后 임명이든, 보통은 의식상 필요한 황족의 명예 칭호 이상의 의미를 갖지 않지만, 그렇다고 하더라도 황위 계승의 전제가 되는 내친왕 임명과 같은 중대한 인사에 막부가 전혀 관여하고 있지 않았던 것은 이상한 일이다. 크고 작은 공가의 인사에 적극적으로 개입했던 역대 무로마치막부는 물론, 관백의 인

---

16) 원래 일본 고대 율령제에서 이미 특정 관직을 가지고 있는 사람이 다른 관사의 직무 전체를 총괄·감독하는 지위에 취임할 때 부여되는 지위이다. 후에는 관사의 장관을 일반적으로 가리키는 용어로 사용되었다. 헤이안시대 이후에는 상황의 원院을 비롯하여 여원女院, 친왕가, 섭관가 이하의 공경들의 가정家政을 담당하는 원사院司나 가사家司의 장관이라는 뜻으로 널리 사용되었다. -역주

사나 친왕 임명에도 적극적으로 관여했던 이에야스 시대에도 생각할 수도 없는 사태라고 할 수 있다.

히데타다秀忠·소사대와 금리禁裏·공가公家 사이 어딘가에서 의사소통이 크게 부족했다. 그 원인의 상당 부분은 소사대 이타쿠라 시게무네의 개인적 자질로 귀착시킬 수 있을 듯하다. 공가와 무가 각층의 신망이 두터웠던 아버지 가쓰시게와 달리 막부 관료의 경험밖에 없었던 점도 영향을 미쳤을 것이다. 또한 대어소 히데타다 자신도 사람들의 미묘한 마음을 읽지 못했기 때문에, 천황을 달래고 관백이나 전주를 농락할 만한 기량을 갖추지 못했던 것 같다. 마데노코지 미쯔후사 등을 유배 보낸 처리 방식이 그러하였고, 오사카성의 전투 이후 무가 인사에서도 도요토미 멸망 후에 안정이야말로 절실한 때였지만 다이묘의 영지 배치를 자주 변경하였고, 우쓰노미야성宇都宮城主 성주 혼다 마사즈미本多正純·야마가타성山形城 성주 모가미 요시토시最上義俊를 제거하는 등, 개역改易과 전봉轉封이라는 거친 처분을 일삼았던 사실을 훑어보더라도, 그러한 생각은 멈출 수 없다.

누가 사전에 알고 있었을까

이렇게 해서 무대가 모두 갖추어졌다. 그리고 11월 8일, 서장에서 소개한 바와 같이, '급작스런 양위'라고 하는 장면이 전개된다. 서장에서는 얼마나 이례적인 방식으로 비밀리에 진행된 의식이었는지를 공가들의 일기를 바탕으로 재현하였는데, 천황 이외에는 아무도 아는 사람이 없었는가 하면 그럴 리가 없다. 그럼 도대체 누가 사전에 이러한 양위와 즉위를 알고 있었을까.

우선 우대신 니조 야스미치二條康道가 알고 있었다. 서장에서 언급했듯이, 히노 스케카쓰日野資勝는 절회節會 직전에 양위의 의식이라는 사실을 야스미치로부터 듣고 있었다. 스케카쓰의 일기는 "그 후 니조전을 참내하는 동안 천황의 뜻을 알게 되었는데, 양위하시려는 마음을 들었다"라고 적었다. 다음으로 나카노미카도 노부히라中御門宣衡일 것이다. 니시노토인 도키요시의 일기에는 "아무도 아는 사람이 없다. 나카노미카도 대납언뿐일 것이다. 모두 놀랄 따름이었다"라고 되어있다. 또한 요시히라는 양위한 고미즈노오 상황의 원집권院執權[17]이 되었다. 그

---

17) 퇴위한 천황이 상황이 되면 상황을 중심으로 한 원청院廳이 조직되는데, 원청의 사무를 총괄하는 사람이 원집권院執權이다. 상설직으로는 1246년에 원집권에 임명된 하무로 사다쓰구葉室定嗣가 최초로 보이며, 고카쿠 상황光格上皇 때까지 존속하였다. -역주

리고 또 한 사람은 '밀칙'을 받은 쓰치미카도 야스시게일 것이다. 앞서 말한 바와 같이 야스시게는 일기에 '밀칙'의 내용을 기록하지 않았고, 당일의 일기에서도 모르는 척하고 있지만, 틀림없이 미리 고지를 받았을 것이다.

현재로서는 각종 기록에서 짐작할 수 있는 것은 이상의 세 명뿐이다. 하지만 막부에 대해 누구보다도 책임을 지는 입장에 있던 전주(산조니시·나카노인)가 모르고 있었다고는 믿기 어렵다. 양위 직전인 11월 2일의 제목(除目, 임관 의식)에서 나카노인 미치무라는 중납언에서 대납언으로, 같은 달 6일의 제목에서 산조니시 사네에다가 대납언에서 내대신으로 승진하였다. 두 사람이 어렴풋이 알고 있었거나 혹은 확실히 알고 있었기 때문에 입막음의 의미도 담아서 이러한 승진이 이루어졌을 가능성이 있다.

양위 의식을 마치다

그런데 11월 8일 당일의 양위 의식은 야스시게 이외에도 히노 스케카쓰의 일기(『자승경기資勝卿記』) 그리고 오쓰키 다카스케小槻孝亮의 일기(『효량숙녜일차기孝亮宿禰日次記』)에 상당히 상세하게 기록되어있다. 절회에서 양위한다는 분부가 내려진 이후 의식은 선명의 정서, 이에 대한 주문奏聞으로 이어졌으며, 산조니시 사네에다의 내대신 임명에 대한 축하, 관백 이치조 가네토의 섭정 임명 등의 절차가 진행되었다. 관백 가네토가 화려하게 위의를 갖추어 몸단장을 하고, 참내했을 무렵은 이미 신시(오후 4시)가 되어있었다. 양위를 마친 고미즈노오는 상황이 거처하는 선동 어소가 완성되지 않았으므로 마사코의 중궁 거처御里를 임시 선동어소로 삼았다. 땅거미가 질 무렵에 여러 공경들이 원참院參을 해야 하는 상황이었지만, 두중장 소노 모토나리는 중궁의 어소가 협소하기 때문에 섭정인 이치조 가네토·원집사 별당 산조니시 사네에다·원집권 나카노미카토 노부히라·원어구院御廐 별당 사이온지 긴마스西園寺公益 등 원사중院司衆만 원참하라는 분부가 있었다. 그래서 대부분 공경은 궁궐에서 물러났고, 이렇게 해서 의식은 모두 종료되었다.

아마도 진작부터 '밀칙'을 통해서 이런 날이 있을 것이라는 사실을 알고 있었던 야스시게는 의식의 자초지종을 한순간이라도 놓치지 않으려는 각오를 하고 있었던 듯하다. 일기에는 평소보다 자세히 이날 있었던 과정을 적은 후 다음과 같이 밝혔다.

오늘의 일, 구체적인 과정은 자세히 알 수 없었으나, 직접 본 바로는 이와 같았다. 훗날 지혜로운 사람을 만나서 물어서 알게 된다면, 거듭 적어두어야 할 일이다.

이날의 의식은 후대에 기억될 것이라는 예감이 들었을지도 모른다. 들끓어오르는 마음을 억누르는 듯한 문투다. 여하튼 860년 만에 여성 천황 출현이기는 하였다.

다음날인 9일 일곱 살 난 소녀 오키코가 궁녀들의 시중을 받으며 기거하던 내전에서는 천황의 생모가 된 마사코 여원호女院號를 정하는 진의陣儀가 거행되었다. "천황의 어머니, 중궁中宮이라는 호칭을 고쳐 도호쿠몬인東福門院으로 삼으라"라는 분부에 따라 도쿠가와 마사코德川和子는 도호쿠몬인으로 불리게 되었다. 이리하여 상왕 측의 기정사실화하려는 사후 공작은, 순조롭게 진행되어갔다.

막부 측에서 본 기록

그런데 막부는 언제 양위와 여성 천황 즉위의 사실을 알아차리게 되었을까. 현재 국립공문서관 내각문고에 수장되어있는 고전적 중에서 『대내일기大內日記』라는 제

목의 사본이 있다.『국서총목록國書総目錄』에서는 해당 일
기의 저자도 제시하지 않았고, 또 현재로서는 최대의 일
본사 관계 사전인『국사대사전國史大辞典』에도 서목조차
나와 있지 않지만, 저자는 중궁 소속 무사인 아마노 나가
노부天野長信 바로 그 사람으로 추정된다. 후술할 바와 같
이, 나가노부는 사태 수습을 위해, 11월 중순부터 12월
하순에 걸쳐 에도에 머물고 있었는데, 그 기간 동안 일기
에 기록되어있는 것은 에도의 일뿐이고 교토 상황은 전
혀 기록되어있지 않다, 또한 일기 중에는 막각으로부터
중궁 소속 무가에 보낸 문서가 인용되어있기에 이러한
추측을 뒷받침해준다. 즉『대내일기』는 급작스러운 양위
를 막부 측에서 바라본 희유한 기록인 셈이다. 그렇다면
『대내일기』는 8일을 어떻게 기록하고 있을까.

여일궁(女一宮, 興子)에게 양위하였다. 아무도 몰랐다.
그렇지만 공가 쪽에는 아침 다섯 시 무렵, 조복을 갖추
어 입고 입궐하라는 뜻을 전달하였다. 입궐해야 할 시각
에 임박해서 이 사실을 아는 공가도 있었고, 그 전부터
(사전에) 알고 있었던 공가도 있었다. 은밀했던 까닭에,
중궁마마 거처에서도 아래위가 모두 알지 못하였다. 신

시(申時, 오후 4시)에 내전에서 그 의식이 있었다. 그때 방주(防州, 이타쿠라 시게무네)도 듣게 되었다. 이러한 급작스러운 일에 대하여 다음날인 9일에 파발飛脚을 에도에 보냈다. 이날 밤 금중마마(고미즈노오 상황), 중궁마마의 거처로 가시고 공주마마興子를 금중에 머물도록 하시어, 양위하는 등의 일이 있었다.

이에 따르면 중궁에 출사하던 나가노부 등은, 궁중에서 무슨 일이 벌어지는지 까맣게 모르고 있었다. 소사대인 이타쿠라 시게무네가 안 것은 신시, 즉 새롭게 섭정에 임명된 이치조 가네토가 관복을 차려입고 우아하게 입궐한 직후였던 것 같다. 고미즈노오 천황은 정실부인인 마사코에게도 알리지 않았다. 막부 첩자라고 할 수 있는 중궁 소속 무가가 눈치챌 것을 우려한 것이다.

하지만 일각을 다투는 정보라고 생각되는데도, 소사대는 급보를 바로 알리지 못하고, 다음날인 9일까지 하루 가까이 끌었다. 크게 놀란 시게무네가 즉각적으로 조치할 방책을 찾지 못했던 점, 즉위가 실제로 이루어졌는지 여부(공주의 금중 이사에 이르러 즉위의 의식은 완결된다)를 확인할 필요가 있었기 때문일 것이다.

소사대가 반격을 개시하다

동시에 시게무네는 9일 반격을 개시한다. 우선 이날부터 중궁 거처에, 여성들의 출입을 위한 통행증 발부를 중단하였다(『대내일기』). 중궁 거처의 문을 폐쇄하여, 출입을 굳게 통제함으로써(야스시게의 일기), 선동仙洞 역할을 하게 될 중궁 거처에 대한 출입이 금지되었다. 그래서 선동에서 거행해야 할 포의 착용 의례를 위해 중궁 어소로 들어가려고 한 상황 소속 신하 및 기타 공경들은 덧없이 되돌아가게 되었다. 9일에 시게무네가 마사코에게 아뢰었던 내용에 대하여, 야스시게는 일기에 다음과 같이 적어놓았다.

소사대 이타쿠라 주방수周防守, 중궁을 찾아뵙고, 뜻하지 않은 일, 급작스러운 양위, 심각한 문제, 언어도단 사태입니다. 그렇다 하더라도 에도 양처(히데타다와 이에미쓰)에 알리고, 답변이 있을 때까지 편안하게 지내셔야 할 것으로 생각합니다. 또한 (상왕께서) 기분을 상하지 않도록 잘 말씀드려야 할 것으로 아룁니다.

여기서 시게무네가 말한 '급작스러운 양위'라는 표현이

이후 이 사건을 가리키는 용어가 되었다. 신류인 본슌은 11월 말 일기에 "지난 8일 당금(當今, 천황) 급작스럽게 양위하시고, 저녁에 중궁 거처로 옮기셨다"라고 적고 있다. 시게무네가 말하고 있는 "답변이 있을 때까지 편안하게 지내셔야 할 것"은 에도 측의 이 상황에 대한 지시가 있을 때까지, 더는 황위 계승에 관한 의례를 행하지 말라는 것이다. 이러한 사항을 마사코和子를 통해 상황에게 분명하게 인식시키고자 했던 것이다(또한 고미즈노오를 상황이라고 부르고 있지만, 막부의 조치 여하에 따라서는 어떻게 될지 알 수 없기에 사후 승낙이 떨어질 때까지는 고미즈노오와 마사코의 지위가 매우 불안정한 것이었음은 말할 필요도 없다). 한편으로 시게무네는, 고미즈노오의 '기분'을 상하지 않도록 아뢰어주었으면 하고 공을 들이고 있다. 시게무네도 급작스러운 양위가 고미즈노오의 분노로 인해서 일어난 일을 어렴풋이 짐작하고 있어서, 더는 고미즈노오를 자극하는 것은 능사가 아니라고 판단한 것이다.

나가노부, 에도로 향하다

시게무네·나가노부 등은 9일, 사건을 에도에 통보하기

위하여, 분주하게 움직이기 시작한다. 9일의『대내일기』
를 보자.

어제 금중禁中의 상황으로 인하여 오늘 오시 상각(오전
11시)에 에도로 파발을 파견하였다. 촛불을 켜야 할 시
각에 풍전수(豊前守, 나가노부)가 에도로 출발하셨다. 중궁
마마로부터 대어소님(히데타다)께 보내는 내서內書를 지
참하였다.

황위 계승에 필요한 일련의 의식을 거행하였다는 사
실이 확정된 단계에서, 시게무네는 우선 제1보를 전하기
위해 파발을 출발시켰다. 이는 노중인 도이 도시카쓰 앞
으로 쓴 시게무네 자필 편지로 추정된다. 다시 그것을 뒤
쫓아가는 형태로 이날 저녁, 나가노부 자신이 마사코가
히데타타에게 보내는 편지를 휴대하고 에도로 향했던 것
이다.

한편, 여러 가지 정보가 난무하는 가운데, 소문이 퍼지
고 있었다. 전 참의 니시노토인 도키요시는 이날 무쓰 센
다이성仙台城 성주 다테 마사무네와 이요의 이타지마(板
島, 우와지마宇和島) 성주 다테 히데무네伊達秀宗에게 서신을

작성하여 급파하였다. 대납언 히노 스케카쓰의 저택에는 다이후쿠안大福庵이라는 음양사陰陽師가 방문하여 "천자 탈사(脫徙, 퇴위)의 상황"을 이야기하고 있다. 그때 다이후 쿠안은 "내년의 점괘가 한층 더 나쁘다. 천지비天地否[18]의 괘이기 때문이다"라고 하여 즉위식이 거행될 예정인 내 년은 상서롭지 못한 해라고 알렸다고 한다. 공경 사이에 차츰 무거운 기운이 퍼져나가고 있었다.

9일 저녁 무렵에는 고미즈노오의 생모 주카몬인이 궁 중으로 돌아왔다. 주카몬인은 마사코와 같이 살기를 싫 어해, 교토에서 멀리 떨어진 야마시로山城 우지宇治의 오 와다(大和田, 현 교토부 우지시 고카쇼五箇庄)에 있는 별장에 머 무르는 경우가 많았는데, '급작스러운 양위' 소식을 듣고 달려왔다. 그녀는 12월 하순까지 궁중에 머물게 된다.

---

18) 건괘가 위에 있고 곤괘가 아래에 있는 괘를 말한다. 하늘의 기운과 땅의 기운이 각 각 그 위치에 고정되어있어서 섞이거나 만나지 못함으로 좋지 않은 것으로 본다. 괘 사卦辭에서는 사람의 도가 제대로 행해지지 않는다. 군자가 상도常道를 지키려고 해도 방해를 받아 제대로 되지 않는다. 대인大人이 쫓겨나고 하찮은 소인小人이 날뛰기 때 문이라고 하였다. -역주

4. 호소카와 산사이의 등장-무가의 교토 공작

사흘 만에 에도에 도착하다

아마노 나가노부는 도카이도東海道를 이용하여, 정확하게 사흘 만에 에도에 도착했다. 따라서 예사로운 여행이 아니라 틀림없이 조마早馬나 조가마早駕馬를 사용하였을 것이다. 덧붙여서, 가도의 교통이 빈번해짐에 따라, 통행인에게 위해를 가할 우려가 있는 조마는 제한을 받게 되었다. 『충신장忠信藏』으로 친숙한 아사노 나가노리淺野長矩의 칼부림 사건에서는 고향으로 가는 사자는 조마를 이용하였다. 이 시기에는 아직 말을 이용했을 가능성이 있다. 어쨌든 나가노부는 11월 12일 밤 에도에 도착하였다. 이날 『대내일기』에는 다음과 같이 기록되어있다.

술시 상각(오후 7시)에 부젠(豊前, 나가노부)이 에도에 도착하였다. 밤중이었기 때문에, 대취전(大炊殿, 도이 도시카쓰土井利勝)에게만 통지하였다. 오시午時에 이르자 계비각繼飛脚도 에도에 도착하였다.

나가노부보다 먼저 출발한 계비각(繼飛脚, 막부 공용의 파밥)과 함께 도착한 것이다. 밤이었으므로 노중 중에서 우두머리격인 도이 도시카쓰에게 도착 소식만 알렸다고 하는데, 아마도 나가노부가 너무나 피곤한 몸이었기 때문일 것이다. 다음 13일, 옷을 고쳐 입은 나가노부는 도이의 저택으로 출두하였다. 『대내일기』 13일조에는 다음과 같이 나와 있다.

도이 대취전에 부젠이 찾아뵙고, 상황을 보고하였다. 바로 사카이酒井 아악료(雅樂寮, 다다요忠世)에게 찾아갔으나, 이미 출사하였고, 가로家老가 나오므로, 문밖에서 살짝 알려드렸다. 오늘 교토 상황이 (히데타다의) 귀에 들어갔다. 부젠은 성에서 나오지 않았다.

우선 나가노부는 도이 도시카쓰와 면회하고, 상황을 보고한 뒤, 그 길로 노중인 사카이 다다요 저택으로 향했다. 그러나 다다요는 이미 등성하여 부재중이었으므로, 나가노부는 문밖에서 사카이의 가로에게 개요를 전달했다고 한다. 도시카쓰는 즉시 등성했다. 그리고 히데타다·도시카쓰·다다요 세 사람이 밀담을 나누었던 것으로 추정된다. 어쨌든, 이날 도시카쓰·다다요가 보고할 때까지, 히데타다·이에미쓰 부자는 전혀 사태를 파악하고 있지 못했다. 아마노 나가노부가 밤낮으로 쉬지 않고 도카이도 위를 달리고 있던 10일, 이에미쓰는 도도 다카토라·덴카이·스덴 등을 에도성의 본환으로 초대하여, 느긋하게 다연 등을 열고 있었다.

히데타다 부자를 면회하지 못한 나가노부

도이·사카이 저택을 쫓아다녔던 나가노부는 숙소로 돌아와 대기하고 있었다. 그러나 예상과 달리 성안에서 좀처럼 출두하라는 명령이 내려오지 않았고, 마침내 그날은 아무런 연락도 없이 지나갔다. 오히려 나가노부는 히데타다 부자와의 대면이 허락되지 않은 채 숙소에 연금되어있는 상태가 계속되었다. 『대내일기』가 11월 13일조에 이어서, "12월 5일까지, 위 용건에 대해 아무런 분부도 없었다. 오늘(12월 5일) 중궁마마께서 풍전수가 지참하여 가져가도록 한 글을, 대취전이 열어보았다. 에도에서"라고 적고 있듯이, 나가노부는 12월 5일까지 헛되이 마사코의 내서를 끌어안고 있었던 셈이다.

히데타다는 왜 중궁 소속 무가와 만나지 않았던 것일

까. 시초륜 씨는, 에도에서 사건이 표면화하는 것을 최대한 피하려는, 막각의 의도가 있었을 것이라고 추측하였다. 나도 이 견해를 지지하고 싶다. 막각은 오키코 즉위를 없었던 일로 하고 고미즈노오의 복위 가능성을 모색하였던 것으로 보인다.

호소카와 산사이 등장

하지만, 사건이 공공연하게 드러나는 것을 막기 위해서, 중궁 소속 무가로부터 직접 캐묻는 일을 회피하고 싶었던 막각은, 그런 만큼, 더욱더 교토의 분위기에 직접 접하면서 획득한 신뢰도 높은 상세한 정보가 아무래도 필요하게 되었다. 그러나 정보 수집 때문에 섣불리 교토에 눈에 띌 만한 다이묘를 보내면 공경들에게 엉뚱한 의혹과 의심을 품게 해서 역효과가 날 우려가 있었다. 그래서 막각은 부젠의 고쿠라성小倉城 성주 호소카와 다다토시細川忠利의 아버지 산사이三齋를 낙점하였다.

산사이는 다름 아닌 호소카와 다다오키細川忠興였다. 호소카와 유사이(細川幽齋, 藤孝)의 아들로, 1620년(겐나 6)에 가독의 지위를 아들 다다토시에게 물려주고 출가하여 산사이 소류三齋宗立를 자칭하고 나카쓰성中津城에 은거하고 있었다. 비극적 최후를 보낸 독실한 그리스도교 신자 가르시아[19]를 부인으로 삼은 사실로도 저명한 인물이다. 이때 예순일곱 살 산사이는 교토에 나타나도 반드시 기이하다고는 생각하지 않을 만한 입장에 있었다. 아버지 유사이가 고금전수의 계승자였던 것에서 알 수 있듯이 폭넓은 문화인으로서 교토의 공가계에서 얼굴이 알려진 존재이기도 하였고, 더불어 딸을 대납언 가라스마루 미쓰카타烏丸光賢에게 시집보낸 인척 관계가 있었기 때문이다. 이 시기, 양위 소동 때마다 등장하고 있던 도도 다카토라는 심하게 노쇠하였기 때문에, 산사이 이외에는 적당한 인물을 찾아낼 수가 없었다.

양위 사건을 전후한 시기에, 산사이는 부젠에 있었다. 에도에 있던 다다토시는 11월 6일, 부젠으로 귀국하는 길에 올랐고, 산사이는 이와 교대로 에도에 출부할 예정이었던 것 같다. 산사이는 11월 14일, 다다토시 앞으로

---

19) 은총을 뜻하는 Gratia인데, 세례 당시에는 라틴어 발음에 따라 '그라치아'로 불렸다고 한다. 혼노지의 변에서 오다 노부나가를 공격한 아케치 미쓰히데明智光秀의 딸로, 호소카와 다다오키細川忠興와 정략결혼을 하게 되었다. 그가 세키가하라 전투로 부재 중에 서군의 이시다 미쓰나리石田三成나 그녀를 인질로 잡으려고 하였다. 그러자 그녀는 "흩어져야 때를 알아야만 이 세상의 꽃도 꽃이 되고 사람도 사람이 된다(散りぬべき 時知りてこそ 世の中の 花も花なれ 人も人なれ)"는 말을 남기고 자결하였다고 한다. -역주

"우리 일, 오는 19·20일 사이에 현지에서 출항한 후 동안 도해渡海 중에 만나보고자 합니다"라고 써 보냈다.

이는 억측이지만 아마도 11월 13일 에도성 어전회의에서 산사이에게 교토 정찰을 의뢰하기로 결정했던 것 같다. 그리고 산사이의 에도 하향 일정을 알고 교토에 머무를 것을 명하며 정보를 수집하려 한 것은 아닐까. 이 아이디어는 도이 도시카쓰로부터 나온 것일 가능성이 크다. 후술하듯이 히데타다는 제1보를 받고, 처음에는 놀라고 나중에는 격렬하게 화를 냈다. 그 정신상태 속에서 히데타다가 곧바로 냉정한 판단을 할 수 있었다고는 생각되지 않는다. 역시 도시카쓰가 주도한 것으로 보는 편이 자연스럽다.

언제 어디서 지령을 받았을까

덧붙여 양위 소동이 전해지기 전부터, 산사이는 어쨌든 에도로 향할 계획이었던 것으로 나는 추측하고 있지만, 소사대인 이타쿠라 시게무네가 에도로 급히 알려옴과 동시에 부젠의 산사이에게도 파발을 보내 상경을 재촉하였을 가능성이 전혀 없는 것은 아니다. 여러 사료의 날짜와 모순되지는 않지만, 나는 그러한 가능성은 적다고 생각한다. 애당초 시게무네에게 그만한 재치와 유연성이 있었다면 공가와 무가의 관계가 이렇게 꼬이는 일은 없었을 것이고, 좀 더 결정적인 것은, 입경 후 산사이의 동정에 대해 기록한 변관국 좌대사(左大史, 官務[20]) 오쓰키 다카스케小槻孝亮의 일기이다(12월 12일자).

에도 대취두(大炊頭, 도시카쓰)로부터, 호소카와 산사이에게 알려오기를. 내년 정월과 2월 사이에 대수(大樹, 이에미쓰)가 상경할 것이라는 소식 운운.

즉 산사이는 교토 체류 중에 노중인 도이 도시카쓰가 발신한 정보를 공가에게 전달하고 있으므로, 도시카쓰로부터 어떠한 지령을 받았음이 분명하다.

그렇다면 산사이는 언제 어디서 막각의 지령에 접하였을까. 11월 13일에 에도에서 파발을 보냈다고 하더라도, 산사이가 출항할 예정이었던 19일까지 부젠에 도착하기에는 빠듯한 상황이었다. 이 또한 추측이기는 하지만, 이

---

20) 태정관 변관국의 사史들 중에서 최상위인 관인을 말한다. 통상적으로는 5위의 관위에 서위된 좌대사가 이에 해당한다. -역주

미 귀향하는 길에 있었던 호소카와 다다토시를 매개로 해서 산사이에게 전하려고 하였던 것은 아닐까. 6일에 에도를 출발하여, 유유히 도카이도를 통하여 서쪽으로 가고 있던 다다토시를 따라잡기 위한 파발이었다면, 충분히 여유를 가지고 시간에 맞출 수 있었을 것이다.

11월 16일, 다다토시는 다이묘 행렬을 만들어 입경하였다. 다음날인 17일에는 벌써 산사이가 입경했다는 소문이 나 있었다. 니시노토인 도키요시의 일기에는 "가라스마루烏丸 재상(미쓰카타光賢)에게 사신을 보내어 산사이가 상경하는 날짜를 물었다. 아직은 모르겠다고 하였다"(17일조)라고 쓰여 있어서, 가라스마루 가에 산사이 입경일을 조회하고 있음을 알 수 있다. 앞서 언급한 것처럼 가라스마루 미쓰카타의 부인은 산사이의 딸이었다. 따라서 양위 소동이 일어나기 이전부터 산사이의 여행은 이미 예정되어 있었다고 해석하는 편이 타당할 것이다.

20일경, 부젠에서 배를 타고 출발한 산사이는 23일 "어슴푸레한 새벽(여명)"에 아키安藝의 요코지마橫島에 도착, 여기에서 다다토시가 오사카에서 작성한 19일자 서장을 받았다. 산사이는 곧 답장을 써서 파발꾼에게 맡겼다. 다다토시 앞으로 쓴 이 23일자 서한에서 산사이는 "무로室

(위) 호소카와 산사이 화상(다이토쿠지 소장)
(하) 나카노인 미치무라 화상(교토대학 문학부 박물관 소장)

와 우시마도牛窓 사이에서 만날 수 있을 것으로 생각합니다"라고 했지만 우시마도는 산요도山陽道에서 멀리 떨어진 세토우치 연안의 바람을 기다리는 항구였기 때문에, 다다토시 일행도 오사카에서 배를 타고 나왔을 것이다. 바다 위에서 서로 멀리 떨어져 있으면서도 신속한 상호 연락이 가능한 것으로 보아 호소카와 번의 정보망은 상당히 완비되어있었다고 할 수 있다.

어쨌든, 산사이는 아키의 요코지마에서 19일자 편지를 통해서, 이번 양위 소동에 관한 정보와 도이 도시카쓰의 극비 지령을 접수하였다. 25일경 무로나 우시마도 근처에서 다다토시와 만나 더 자세히 막부 지시를 들었다. 막부의 밀명을 띤 채 산사이는 29일에 입경하였다.

교토의 공경 중 일부는 산사이 입경과 그 후의 에도 하향(이는 필연적으로 히데타다 부자에게 보고된다)에 기대를 걸고 있었다. 니시노토인 도키요시와 같은 경우는 17일 뿐만 아니라 24일과 28일에 거듭해서 가라스마루 가에 산사이의 입경일을 문의하고 있어서, 일기의 행간에서 문자 그대로 산사이의 등장을 학수고대하는 모습을 확인할 수 있다. 도키요시時慶는 29일 산사이가 도착하자 교토의 호소카와 저택에 도착을 반기는 사자를 보냈고 가라스마루鳥丸 집안에도 축하 인사를 올렸다. 하지만 산사이가 상경한 사실은 도키요시 이외에 신류인 본슌의 일기에만 보일 뿐, 야스시게·스케카쓰·사네에다·다카스케·노부히로 등 여러 공경의 일기에는 전혀 나오지 않는다. 이는 밀명을 띤 상황이었으므로 밖으로 드러나는 움직임을 보이지 않았기 때문일 것이다.

동요하는 공가들

산사이가 상경한 29일, 쓰치미카도 야스시게는 전주인 나카노인 미치무라 저택에서, 이번 양위 소동의 향방에 대하여 이야기를 나누고 있었다. 무엇보다도 소사대와 중궁의 보고는 이미 에도에 도착했을 텐데도 막부에서는 아무런 소식이 없었다. 도키야스가 얻은 정보에 의하면, 아마노 나가노부는 장군가의 얼굴을 직접 보지도 못한 채로 숙소에 갇혀있다고 하였다. 미치무라는 왕위를 물려받은 오키코의 즉위 가능성에 대해서 비관적으로 내다보고 있었다.[21] 야스시게는 그날 선동 어소의 숙직을 맡

---

21) 원문에서는 천조踐祚와 즉위卽位를 구별하여 사용하고 있다. 천조는 천황위의 상징인 3종의 신기를 받음으로써 천황가 내부에서 천황의 자리를 이어받은 단계라면, 즉위는 이를 즉위 의례 등을 통하여 공식화하는 단계이다. -역주

았기 때문에 여원女院의 어소에서 근무하고 있었다. 고미즈노오 상황은 야스시게를 불러 '세상의 사태' 즉, 이번 양위 파동이 어떻게 소문이 나고 있는지 물었다. 야스시게로부터 나카노인 미치무라의 비관론을 들은 후, 상황은 "나카노인을 부르라"라고 명하였고, 황급하게 미치무라가 상황의 거처로 달려왔다. 야스시게는 고미즈노오와 미치무라의 문답을 옆에서 듣고 있는 형식으로 다음과 같이 기록하였다.

안토쿠安德 천황, 다시 복위하는 등의 일이 있었습니다라고 하자, 납득하지 못하시겠다는 기색이셨다. 나카노인의 생각이 상황의 마음에 들지 않는다는 기색을 자주 보이셨다.

미치무라 의견은 헤이케平家와 함께 서해에 빠져 죽은 안토쿠 천황의 운명을 오키코興子 내친왕內親王과 비교하면서, 안토쿠와 같은 불행한 일을 피하기 위해서는 다시 복위하는 것보다 나은 방법이 없다는 것이었다. 고미즈노오는, 안토쿠의 예를 끌어오는 것은 불길하다고 하여 물리치면서, 복위 제안에 강하게 반발하였다.

12월 1일 전주 미치무라와 야스시게는 소사대 저택으로 출두하라는 명령을 받았다. 전날 밤에 상황 어전에서 세 사람의 밀담이 있었다는 사실이 이미 마사코에 의하여 통보된 결과일 것이다. 이때 소사대는 두 사람에게 다음과 같이 전한다(야스시게의 일기에 의함).

에도의 두 어소, 도대체 무슨 까닭으로 양위하신 것인가, 대단히 의문스럽다고 묻고 계시므로, 어떠한 일이 있더라도 답변해야 할 각오가 공사公私 모두에게 긴요한 일입니다.

"히데타다공 부자는 양위의 이유에 대해서, 대단히 의심스럽게 여기고 있다. 어떠한 질문이 있어도 대답할 수 있도록 각오하기 바란다"라는 내용이었다. 야스시게는 이에 대하여, "지당한 일"이라고 일기에 적었다. 이타쿠라 시게무네는 다시 이어서 여성 천황에 대하여 에도 쪽에서 유자儒者인 하야시 도슌(林道春, 羅山)의 답신을 전했다.

여성 천황, 상대로부터 상당히 오래된 일이다, 게다가 그럴듯한 사례가 없다.

"여성 천황이 즉위하지 않은 지 오래인데다가 특별히 여성 천황의 세상이 태평스러웠던 예가 없다"라고 하여, 여성 천황에 대하여 의심스러워하는 마음을 표명한 것이다. 막부가 여성 천황의 즉위를 환영하지 않고 있는 것이 분명하였다. 시게무네는 이 분부를 통해 상황과 여러 공경들을 견제하고자 한 것이다.

야스시게는 소사대의 저택에서 물러난 뒤 섭정 이치조 가네토 저택으로 향하였고, 다음으로 고노에 저택을 찾아가 시게무네가 말한 내용을 전달한다. 또한 도호쿠몬인 마사코에게도 사람을 통해서 보고하였다. 다시금 상황으로부터 원으로 들어오라는 여방봉서女房奉書를 받고 즉시 입궐한 야스시게는 상황에게 소사대 저택에서 일어난 일을 보고하였다.

2일 야스시게는 또다시 여원의 거처인 선동에 나아가 상황 임석 하에 원집권院執権 나카노미카도 노부히라와 중납언 아노 사네아키阿野實顯 등에게 소사대의 말을 전하였다. 이를 협박으로 받아들이고 전전긍긍하는 사람이 있는가 하면, 상황과 마찬가지로 반발하는 사람 등 갖가지 파문을 불러일으켰다. 4일에 다카쓰카사 노부후사 저택으로 찾아가서 잡담을 나누었던 오쓰키 다카스케小

槻孝亮는, 일기에 "이타쿠라 주방수(周防守, 重宗), 뭐라고 말할 수 없이 화를 냈다는 풍문"이라고 기록하고 있다.

산사이의 정보 수집이 완료되다

호소카와 산사이는 활동을 개시하였다. 산사이의 유력한 정보원이 되었던 공경 중 한 사람이 니시노토인 도키요시西洞院時慶였음은 거의 틀림없다(당시 도키요시는 은거하고 있는 상태였으므로 비교적 자유롭게 움직일 수 있었다). 도키요시는 12월 1일, 궁중에 들어갔을 때, 이타쿠라 시게무네에게도 인사를 건넸고, 그 후 호소카와 저택에서 산사이와도 만나게 되어 삼원지杉原紙[22] 등을 선물하였다. 도키요시는 3일과 6일에 각각 서한을 주고 받았으며 일기에도 산사이의 동정을 기록하였다. 6일의 일기에서는, "산사이에 서신을 보냈다. 아스카이飛鳥井 저택에 처음으로 가서, 밤중에 이르게 되었다"라고 하여, 산사이가 참의

---

22) 일본 중세부터 널리 사용되기 시작한 종이로, 특히 무사 계급이 배타적으로 사용했던 종이로 무사 신분의 상징이기도 하였다. 근세에는 서민 사이에도 보급되었으나, 메이지시대에 들면서 급속히 수요가 줄어들어 사라지게 되었다. 무사 계급 사이에는 일속일본一束一本이라는 선물을 주고받는 관습이 있었는데, 이때 일속一束이 바로 삼원지 1속 약 500매를 말한다. 무사에 대하여 편지를 쓸 때도 삼원지를 사용해야 하는 것이 관행이었다. -역주

아스카이 마사타네飛鳥井雅胤를 방문하여 깊은 밤까지 머물렀다는 사실을 전하고 있다.

산사이는 드디어 9일에 에도로 출발하게 되었다. 산사이는 8일 요시다吉田의 정승원淨勝院을 방문하여 여기서 신류인 본슌과 만났는데, 본슌은 일기에 "급하게 동쪽으로 돌아갔다"라고 표현하고 있다. 에도로부터 빨리 올라오라는 적극적인 재촉이 있었음을 시사하고 있다. 출발하면서 산사이는 고향의 다다토시 앞으로 간단한 편지를 보냈는데, 그 안에 보이는 공가·무가 관련 기사는 다음 3조다.

하나, 금중 쪽에서는, 양위에 대하여 공가중과 이타쿠라가 서로 다투고 있음.

하나, 동쪽으로부터 반응이 없음

하나, 동쪽, 특히 심기가 좋지 않으신 일에 대해서 알려왔음.

산사이가 재경 중에도 전주와 소사대 간에 절충이 거듭되고 있었던 점, 게다가 '서로 다투었다'라는 표현으로 미루어, 가볍고 편한 교섭이라기보다 상황의 복위=천조

무마를 꾀하는 막부와 기정사실화를 꾀하는 공가 측과의 대립이 극심했음을 짐작할 수 있다. 앞서 말한 오쓰키 다카스케의 일기에 있었던 "주방수, 예상 밖의 분노"라는 표현도 그러한 분위기를 전해주고 있다. 이타쿠라 시게무네는 강경한 태도를 보임으로써 상황과 공경들의 양보와 타협을 끌어내려고 하고 있었다.

'동쪽의 반응'이 없다는 것은 여전히 아마노 나가노부가 숙소에 연금되어있었고, 막부의 결정이 지연되고 있음을 보여준다. 막각은 산사이의 보고를 기다려서 태도를 결정하려 했던 것이다. 또한 '심기가 좋지 않은 상황'이라고 하여, 히데타다의 불쾌감이 드러나고 있어, 아무리 외손녀가 천황이 됨으로써 외척이 된다고는 하지만, 도쿠가와 가는 여성 천황의 탄생을 바라지 않음을 분명히 하고 있다. 또한 '알려왔다'라는 어구는 에도에서 정보를 받고 있던 산사이의 입장을 확인할 수 있다.

교토에 있었던 다테 히데무네

그런데 니시노토인 도키요시의 7일자 일기에 주목할 만한 기사가 있다. "산사이로부터 어제 이러한 답장이 있었다. 내일 에도로 내려감. 아쉬운 마음을 전합니다"라는 내용이다. 산사이와 도키요시의 친밀한 관계를 엿볼 수 있는 이 기사 뒤에, "다테 시종(侍從, 히데무네秀宗), 고조五條의 숙소로 찾아왔으나, 지병이 도져서 만나지 못했다"라고 기록되어있다.

이미 언급한 것처럼 도키요시는 11월 9일, 다테 마사무네·히데무네 부자에게 '급작스러운 양위'를 서둘러 알렸는데, 그 히데무네가 교토에 있었다는 사실이 이 일기에 의해서 밝혀졌다. 따라서 히데무네 역시 막각의 지시를 받고 정보 수집에 돌입해있었을 가능성이 있다. 산사이나 히데무네와 같은 외양外樣 계열의 다이묘를 이용하여 정보를 수집하려는 막부 자세는 흥미롭다.

5. 천황의 판단에 맡겨야 할 것이다
-막부, 천조를 추인하다

답답한 분위기의 공가 사회

호소카와 산사이가 교토에 머물러있는 동안, 쓰치미카

도 야스시게 등은 아는지 모르는지 자주 선동에서 서로 만나서 예상되는 에도의 처리 방식에 관해 이야기를 나누었다. 12월 4일, 원에 나아간 야스시게는 궁녀 차차노 쓰보네茶茶局 등으로부터 전주 나카노인 미치무라를 비난하는 소리를 들었다. 그녀는 전부터 막부의 입장에 치우친 견해를 피력하는 미치무라에게 비판적이었고, 자연히 상황도 미치무라를 의심하는 눈초리로 보게 되었다. 상황과 전주의 대립을 염려한 야스시게는 이날 저녁 상황에게 군신 간의 격의를 두지 말도록 간언했고, 상황도 '합당한 일'이라며 야스시게의 쓴소리를 용납하였다.

5일 밤부터 교토에 폭설이 내렸다. 이런 폭설에도 불구하고 6일과 7일 밤에 연이어 미치무라와 야스시게는 양위 문제를 논의하였다. 시게무네의 복위 강요에 대해 굴복해 천조를 취소하느냐, 끝까지 저항해 일을 벌일 것이냐, 논란은 그것을 둘러싸고 암초에 부닥쳤다.

산사이가 에도로 출발한 것은 9일이었는데, 그 사흘 후에는 산사이가 도이 도시카쓰의 뜻에 따라 교토에 머물고 있었다는 사실이 공경 사이에 알려졌다(오쓰키 다카스케의 일기). 산사이는 14일, 미카와의 후지카와藤川에 이르렀지만, 그때부터 시간이 지체되고 만다. 때마침 에도로 향하던 기이번주紀伊藩主 도쿠가와 요리노부德川賴宣의 행렬과 마주쳐 앞질러 갈 수 없었기 때문이다. 영지에 머물고 있는 다다토시 앞으로 보낸 편지에서 다른 행차 때문에 앞으로 나아갈 수 없다고 하면서, 여정이 순조롭지 않음을 토로하고 있다. 에도 도착이 늦어질 것 같았으므로, 산사이는 파발을 먼저 보내 수집한 정보의 개요를 도이 도시카쓰에게 알려준 것으로 보인다.

한편 교토에서는 20일 야스시게가 선동으로 불려와 상황으로부터 방위의 길흉으로 인한 행행(특정 방위를 꺼리는 터부 때문에 임시로 다른 건물로 옮겨서 거처하는 일)에 대하여 자문하였다. 야스시게는 막부의 지시가 없어 왕위 계승이 확정되지 않았다는 이유로 "우선 중지하십시오"라고 조언하였다. 소사대 쪽에서 나온 정보인지, "연내에는 두 어소(御所, 히데타다·이에미쓰)의 답신이 없을 것, 풍전수의 상경도 이루어지지 않을 것"이라고 하는 소문이 퍼지고 있었다. 이렇게 되면 이제 에도와 교토의 인내심 싸움이다. 야스시게는 "지루하게 여기실 일이다"라고 하여 상황의 고충을 동정하고 있고, 본순은 "여러 가문이 모두 상당히 조심하고 있어서, 이렇다 할 방도를 내놓지 못하고 있다"라고 하여, 에도의 조치를 기다릴 수밖에 없는 공가

사회의 답답한 분위기를 드러내고 있다.

산사이가 에도의 호소카와 저택에 들어간 것은 12월 22일 밤이었다. 교토에서 13일이 걸려 에도에 도착하였으니, 산사이로서는 긴 여행이었다. 24일자로 다다토시 앞으로 보낸 편지에는, '23일, 두 어소께서 모두 들으시고'라고 하였으므로, 산사이는 쉴 틈도 없이, 도시카쓰의 사정 청취에 응하고 있던 것이다. 도시카쓰는 산사이가 보낸 파발을 통해서 이미 사정을 대략 파악하고 있었고, 막각의 방침도 굳어져 있었던 것으로 보아, 이날 청취는 정보의 확인이었을 것으로 생각된다.

여기서, 숙소에 연금되어있던 아마노 나가노부의 이야기로 넘어가자. 나가노부가 가져온 중궁 마사코의 내서가 도시카쓰에 의해서 어전에서 공개된 것이 12월 5일이었고, 나가노부는 그로부터 다시 18일간 대기하고 있었다. 산사이가 도착 다음 날인 23일에야 나가노부에게 등성이 허락되었다. 이날의 『대내일기』는 다음과 같이 기록하였다.

23일까지 부젠(豊前, 나가노부)을 불러들이지 않았다. 오늘 불러서 (히데타다의) 답변을 듣도록 하고, 답변서를 구두로 직접 분부하셨다. 본환(本丸, 이에미쓰), 또한 앞과 같았다. 본환으로부터는 문서는 오지 않았다. 이는 문서가 중궁마마(마사코)로부터 오지 않았기 때문이다. 신시 하각(오후 4시 이후)에 부젠은 에도로부터 물러났다.

아마도 이날 오후에 나가노부는 등성하여 히데타다를 알현하였고, 히데타다의 입을 통해 조정(수신처는 전주)에 대한 답변을 들은 다음, 전주 앞으로 보내는 장군의 문서를 휴대한 채 저녁 무렵에서 성에서 나와 곧바로 가마(또는 말)를 타고 교토로 향하였을 것이다.

나가노부가 교토의 중궁 소속 무가의 저택에 도착한 것은 26일 술시 상각(오후 7시 이후)이었다. 잠시 휴식을 취한 나가노부는 다음날인 27일 이른 아침, 소사대의 저택에 출두하여 시게무네에게 '에도의 의중'을 전달하였다. 히데타다의 내서(內書[23])는 시게무네가 즉각 두 전주에게 가져간 것 같다.

야스시게는 이날 아침 선동에서 보낸 입궐하라는 문서

---

23) 무로마치시대에 아시카가 장군가足利將軍家에 의하여 시작된 장군이 발령하는 문서. 형식은 발신자가 문서의 내용에 표시되는 사신私信과 같지만, 장군이 직접 서명·날인한 것이다. 장군 개인의 사적인 성격이 강한 명령서이지만, 막부의 공식적인 명령서와 동일한 법적 효력을 가지고 있었다. 이러한 문서 형식은 도요토미 정권 및 에도 막부에서도 장군의 의사를 전달하는 문서로 계승되었다. -역주

를 받고, 조찬을 한 뒤 입궐하였다. 금중의 흑호어소黑戸御所[24]에서 상황과 대면하였고, 상황으로부터 나가노부가 가져온 히데타다의 답변을 들었다.

의외의 최종 결정

이 히데타다가 보낸 내서는, 원문이 지금 전해지지 않기 때문에, 그 취지를 기록한 세 사람의 일기를 발췌해보도록 하자.

(A) 양위하시다니 놀랍사옵니다. 그 이후의 일은 여하튼 예려叡慮에 달려있습니다(쓰치미카도 야스시게의 일기).

(b) 양위하신 일, 놀랍게 생각하는 바입니다. 결국 예려에 맡겨야 할 따름입니다(오쓰키 다카스케의 일기).

(C) 히메미야에게 양위하신다니, 어쩔 수 없는 일이다. 아무튼 예심叡心에 달렸습니다(니시노토인 도키요시의 일기).

---

24) 내리內裏 세이료덴淸凉殿의 북쪽, 농구호瀧口戸의 서쪽에 있는 길쭉한 건물을 말한다. 장작을 때어 검게 그을렸기 때문에 붙은 이름이다. -역주

(A)와 (B)는 먼저 '급작스러운 양위'에 경악하였다고 말하여, 문제와 불만을 드러내면서도 결국 고미즈노오 천황(상황)의 뜻을 존중한다는 내용이다. 당시의 내서內書의 체재로 보아 (B)의 글이 가장 원형을 충실히 전하고 있는 것 같지만, 어쨌든 세 기록 모두가 결국 천황가에 전면적으로 양보하는 내용을 전하고 있다. 이 시점에서 시게무네가 추진하던 상황의 복위 공작은 중단되었다.

최악의 사태도 예상했던 야스시게는 상황으로부터 이 뜻을 전해 듣고 "별일이 없으니 참으로 축하할 일입니다"라고 기뻐하였다(도키요시의 일기에도 "경사스러운 답변이다"라고 되어있다). 이때 상황은 계속해서 야스시게에게 선동 어소가 완성될 때까지 임시 상황 어소가 될 '중궁어소어리(中宮御所御里, 東福門院의 별전)'로 이사하는 일에 대해 물었다. 본래 야스시게의 가문(쓰치미카도 가)25)은 음양도陰陽道26)가 가업이고, 음양사陰陽師이기도 한 야스시게에게

---

25) 헤이안시대 중후기 이래 음양도의 가업으로 하게 된 가계로는 아베 씨安倍氏와 그 적류인 쓰치미카도 가土御門家, 가모 씨賀茂와 그 적류의 후손인 가네노코지 가勘解由小路家가 있었다. -역주

26) 일본 고대에 관인들이 학습하던 여러 학문 분야 중 하나로, 유학儒學을 명경도明經道, 율령을 명법도明法道라고 하는 것처럼 음양료陰陽寮에서 가르치던 천문도天文道·역도曆道와 함께 음양도陰陽道가 있었다. 이는 국가기관이 가르치던 전문지식과 기술을 지칭하는 용어이며, 사상이나 종교체계를 뜻하는 말은 아니었다. 원래 고대 중국에서 생성된 음양오행설을 기원으로 하여 일본에서 독자적인 발전을 이룬 주술과 점술의 기술적인 체계를 뜻한다. -역주

이사하는 날의 길흉을 자문하였다. 야스시게는 즉각 "오늘이 길한 날이다"라고 답하여, 당일로 이사 의식을 거행하기로 결정하였다.

'엄청난 화' '특별하게 기분이 상하셨다'라고 하던 막부의 불쾌감이 전해지고 있었는데, 대어소 히데타다 그리고 막각의 최종 결정은 전혀 의외였다. 복위를 단념하고 여성 천황 천조를 추인한 이유는 무엇일까. 막각 방침 변경의 계기는 도대체 무엇이었을까.

6. 공무 융화체제의 성립

산사이의 편지

막각의 최종 결정에 큰 영향을 주었을 것으로 추측되는 것은 12월 8일~10일경에 에도에 급히 전달되었을 것으로 보이는 산사이의 보고서이다. 이때 산사이는 도대체 어떻게 교토의 분위기를 보고하였을까? 원문은 남아있지 않고 관계 기록도 전무하지만 추측할 만한 단서가 있다.

아마노 나가노부가 교토로 출발한 다음 날인 24일, 산사이는 도시카쓰·다다요忠世 등의 각로의 안내로 등성하여 히데타다와 이에미쓰를 직접 알현하였는데, 그 만남이 부족한 것이 없이 모든 것이 원만하게 잘 진행된 배알이었다고 한다. 산사이는, 이때의 일을 고향에 보내는 편지에서, "상국님(히데타다)의 기색, 예상 밖으로 아주 좋아 보였다"라면서, 히데타다가 기분이 좋아 보였음을 전하고 있다. 이는 막각이 산사이가 정보를 수집하는 데 노고가 많았다는 사실을 인정하고, 그의 공적을 높이 평가하고 있었음을 보여주는 대목이다. 그 사흘 뒤, 산사이는 다다토시에게 장문의 편지를 작성하여 천황이 퇴위한 이유에 대해 상세히 설명하였다. 우선 히데타다의 방침 변경과 관련된 사정을 다음과 같이 말하고 있다.

하나. 금중 양위 의식, (히데타다의) 귀에 들리자, 처음에는 대단히 화를 내셨지만, 그러고 나서는 특별한 분부를 내리셔야 하였지만 그러지 않으셨으니, 무엇이든지 (천황의) 뜻에 맡기도록 하라는 생각이라는 점을 국사(스덴)가 이야기하였다.

이는 산사이가 교토에서 견문한 "공가중과 이타쿠라가

매일같이 서로 다툰다"라고 하던 상황과는 얼핏 모순되는 듯하다. 그러나 "특별한 분부를 내리셔야 하였지만 그러지 않으셨으니"라는 표현은 시게무네의 협박이나 공갈에도 불구하고, 상황을 비롯한 공가의 결속이 의외로 굳건하여 복위 가능성이 절망적인 단계에 이른 상황을 말해주는 것이다.

물론 가마쿠라막부라면 할 수 있었을 법한 '끌어내린다'고 하는 거친 수단을 에도 막부로서도 쓸 수 없는 것은 아니었다. 그러나 이를 실행한다면 두 전주를 비롯한 다수의 공가에 대한 처벌은 물론이고 소사대의 경질도 불가피하여, 공무 관계에 더 큰 파장을 미칠 것을 각오해야만 했다. 히데타다나 도시카쓰는, 그러한 가능성을 감안하여, 결국 복위 강행이나 혹은 제3의 방법이라고 할 수 있는 남성 천황 옹립 등의 조치를 보류한 것이라고 생각된다(이 점은, 마지막 장에서 다시 한번 생각해보고자 한다).

산사이는 다음으로 "교토에서 궁중의 의향을 받아들이고 있다"라고 하면서, 천황이 퇴위한 이유라고 생각되는 사정을 열거하였다. 우선 공가의 관위 수여나 승진에 관하여 막부의 관리·규제가 엄격하여 천황이 재량권을 행사할 여지가 전혀 없다는 점이었다. "어떤 방법으로 공

가들에 대하여 느끼도록 하고자 해도 그럴 방법이 없다",
즉 천황으로서 신상필벌의 방법이 없다고 한탄하고 있다
고 하였다.

궁궐에 딸려 있는 여러 관리(무가)가 여유 재원을 천황
에게 쓰지 못하게 하는 정도가 아니라, 심지어 사복을 채
우기 위해 민간에 대출하여 자금 운용을 하고 있다고 하
였다. "왕께서는 쌀을 얼마나 빌리셨을까. 금은은 어느
만큼이나 빌리셨을까"라고 교토의 어린 아이들이 노래
하고 있다고 보고하였다. 천황이 이러한 상황에 대하여
"신대神代로부터 궁중에 이러한 일이 없었다"라고 한탄
하며, 제왕의 치욕으로 받아들인 것이 아닌가 하고, 산사
이는 동정하였다(무엇보다도 관위 수여에 대한 개입 및 궁중의 재
정난은 무로마치시대에도 큰 차이가 없었고, 요시미쓰 때는 더욱 개
입이 심했다는 사실을 산사이는 모르는 상태였다).

또 산사이는 자의 사건의 충격을 지적하였다. "혹은 옷
을 벗기고 또는 유배를 보냈으며, 천황의 명령서가 한 번
에 칠팔십 장이나 찢겨나갔습니다. 주상으로서는, 이보
다 더 수치스러운 일은 있을 수 없다"라고 말한 것처럼,
자의 사건의 처리는 천황가의 중대한 권위 실추를 초래
하였다. 하지만 산사이가 뒤이어 언급한 퇴위 이유는 더

욱 흥미롭다. 산사이는 이를 '숨겨져 있는 사정'으로 드러내놓을 수 없는 이유라고 하였는데, 그것은 황자·황녀를 '눌러 죽이기' 혹은 '유산시키기'라는 사건이었다. 그 부분은 다음과 같이 기록되어있다.

   또 숨겨져 있는 사정으로는 후궁들의 배에 아이가 생겼다는 사실이 조금이라도 알려지게 되면 배를 눌러 (태아를) 죽이거나 또는 유산시키는 일, 너무나도 가혹하고 너무나도 분통하게 생각하셨습니다. 비록 몇 명의 자식이 생긴다고 하더라도 무가(히테타다)의 손자 이외에는 어위에 오를 수 없는데도 불구하고, 너무나 거칠고 포악한 일이라고 깊이 생각하시고 있습니다.

마사코 이외의 궁녀가 출생한 황자녀를 소사대가 몰래 처리해버린 사실에 대한 지적이다. 측실의 자식을 낙태시키거나 영아일 때 죽이는 관행은 당시 상류 무가 사회에서 행해지고 있었다. 이에미쓰의 형제 사이에도 그러한 사례가 있었다. 훗날 4대 장군 이에쓰나家綱의 보좌가 된 호시나 마사유키(保科正之, 이에미쓰의 친동생)와 같은 사람도 탄생 직후에 살해될 뻔하였다. 하지만 천황 가문이나 공가에는 그런 풍습이 없었다. 마사코 입내와 함께 무가의 잔혹한 관행이 궁중에 들어온 것이다. 마사코 입내 직전에 궁녀 소생으로 요절한 가모노미야加茂宮 등은 사실 막부에 의해서 살해되었을 가능성이 있다.

이상과 같이, 아들 앞으로 보내는 편지라고는 해도, 산사이는 실로 솔직하게 무가의 "천황 괴롭히기"를 열거하고, 마지막으로 고미즈노오 상황이 직접 지은 와카和歌로 마무리하고 있다. 그 와카의 내용은 "생각나는 일/쉽게 흐르는 눈물/등지는 세상에/서글퍼지더라도/아쉬울 것 없는 몸을"이라는 것이었다. 앞에서 언급한 것처럼, 일찍이 마쓰다이라로 개성해도 된다는 조건을 도이 도시카쓰 앞에서 거절했을 정도였던 산사이다(103쪽 참조). 아마도 도시카쓰에게 행한 보고에서도 이상의 여러 사안을 거리낌 없이 말한 것이 아닐까. 막각도 아마 이로 인해 복위를 단념하였을 것이다.

당면 과제는 공무 관계의 회복이었다

이렇게 막각의 방침이 확정됨으로써, 공무 관계 복원이 시급한 과제가 되었다. '급작스러운 양위'는 천황과 조정을 포함한 무가 정치(공의)에 있어서 공무 관계의 파탄으로 받아들여졌기 때문이다. 우선 막부가 취한 수단은 즉위 준비를 늦추면서, 그것도 표면화시키지 않는 것이었다고 한다(시초룬 씨의 설). 12월 23일자 장군의 명령문에서 교토에 대해서는 "예려에 달렸다"라고 허용하는 사인을 보냈지만, 에도에서는 그것을 비밀로 하고 있었다.

이듬해인 1630년(간에이 7), 정월 26일에 교토를 떠나 에도 하향길에 오른 소사대 이타쿠라 시게무네를 무려 7월 13일까지 에도에 머물게 하고 교토에 돌려보내지 않았다. 그 사이에, 신중하게 공가와 무가의 관계를 회복하기 위한 방안을 강구하고 있었던 것이라고 생각되는데, 에도에서는 여전히 고미즈노오 천황을 복위시킨다는 소문이 끊임없이 나돌고 있다. 8월 3일, 산사이가 아들에게 보낸 편지에 다음과 같은 내용이 들어있을 정도였다.

원마마(고미즈노오 상황)가 전과 같이, 자리에 다시 앉으시기를 바라는 마음(히데타다의 뜻)을 여기에서만 슬쩍 이야기합니다. 도대체 어찌 해야 할까요.

여성 천황의 즉위 발표는 막부 권위가 실추되는 일을

피할 수 없었기 때문에 가급적 발표를 늦추려고 한 것이다. 산사이가, "새로운 천황의 즉위는 9월 12일이고, 8월 하순에 도시카쓰·다다요 두 각로가 상경한다"라고 드디어 영지에 알린 것은 8월 13일의 일이었다.

마침내 사태가 수습되다

그리고 뒷마무리가 시작된다. 막부는 일찍부터 양위 소동의 책임자로 전주 나카노인 미치무라를 지목하였으나 바로 처벌하지 않았다. 오키코 내친왕明正天皇의 즉위가 끝난 사흘 후에 미치무라를 파면하고, 대납언 히노 스케카쓰를 전주로 임명하도록 상주하였다. 상황은 당일로 "무가 의사에 따르겠다"라고 하여 막부 뜻에 맡기겠다고 답변하였다. 또 다음날에는 도이 도시카쓰·사카이 다다요가 입회한 상황에서, 섭관가가 어린 메이쇼 천황을 보좌하는 중심이 되기로 합의하였다. 에도막부는 시행착오를 거듭한 후에야 비로소 섭관과 신뢰 관계를 구축하는 일의 중요성을 깨달았다고 말할 수 있을 것이다.

10월에 에도로 간 산조니시 사네에다와 히노 스케카쓰 두 전주와 원사院使 나카노미카도 노부히라는 에도성에서 히데타다 부자에게 환대를 받았으며, 도이·사카이 그리고 이타쿠라 시게마사 등 여러 각로들과 향후 공무 관계에 대해 협의하였다. 고압적인 수단만으로는 아무것도 이룰 수 없다는 사실을 막부가 깨달았기 때문일 것이다. 11월에 막부는 시게마사와 스덴을 상경하도록 한 다음, 소사대를 포함한 세 사람을 섭정의 저택 회합에 참여하도록 하여 공가 및 문적 예우에 대한 건을 협의하였다. 이로써 공무 융화체제가 일단 궤도에 오른 것으로 보인다.

또한 나카노인 미치무라中院通村·미치즈미通純 부자는 사건 후 5년이 지난 1635년(간에이 12) 3월에 에도로 소환되어 우에노의 도에이잔에 유폐되었다(덴카이의 주선으로 반년 남짓 만에 석방되었고 미치무라는 귀경하였다).

도쿠가와 가문과의 충돌을 거듭하여 퇴위한 고미즈노오 상황은 그 이후에도 장수를 누렸다. 실로 퇴위 후 50여 년을 살았고, 1680년에 왕생하였다. 만년에는 자신을 닮아 기질이 거센 고코묘천황(後光明天皇, 메이쇼를 이어 1642년에 천조)에게, 막부와 협조와 융화를 도모하도록 꾸준히 타일렀다고 한다.

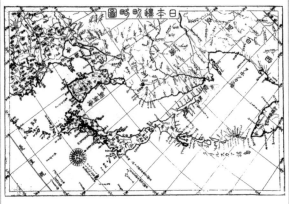

일본변계략도(국립공문서관 내각문고 소장)

종장. 왕권 회복의 길 |

공의에 대하여 천황은 어떤 존재인가

막부 혹은 무가와 천황 사이에 황위 계승 문제로 분규를 일으킨 것은 반드시 드문 일이 아니었다. 특히 황위 계승이란 천황의 인사이기 때문에 공무 관계에서는 항상 가장 크고 가장 민감한 문제이다. 막부의 개입 양태도 다양하였지만, 아무튼 1240년(닌지 원) 시조四條 천황의 요절로 발생한 계승자 문제 이래로, '급작스러운 양위' 사건까지 막부의 내락 없이 천황가가 독자적으로 일을 진행한 사태는 없었다. 후시미노미야 사다후사伏見宮貞成가 "조큐 연간 이래 무가에서 헤아려 아뢴다"라고 단정하고 의심하지 않았던 이유이다.

또 오닌의 난 이후로는 양위 자체가 어려워졌다. 막부가 일체 퇴위를 인정하지 않았던 것은 선동어소의 조영비나 황위 계승에 필요한 의례 비용을 막부가 지불한다는 것이 표면적 명분이었기 때문이다. 노부나가 집정기 말년에 노부나가가 퇴위를 원했는데도 불구하고 천황(오기마치 천황)의 저항에 부닥쳐 실현되지 않았던 사건이 발생하면서, 후계자 문제에 관한 천황가의 발언권이 강화된 시기가 있기는 하였지만, 황위 계승이 실현되는 경우는 무가의 승낙을 얻은 후라는 원칙은 변하지 않았다. 메이쇼 천황의 즉위가 갖는 이례성은 무엇보다 바로 그러한 점에 있었다.

따라서 사상 유례가 없는 영주 계급의 결집을 이루어내고, 권력을 집중하는 데 성공한 것으로 간주되던 에도 막부가 그 권위가 실추되는 상황을 감수하면서 여성 천황의 천조를 묵인한 것은 아무래도 기이한 일이다. 문제는 공의(公儀, 근세막번제近世幕藩制)에 있어서 천황이란 어떤 존재인가 하는 물음으로 귀결되지 않을 수 없다. 나와 같은 중세사 연구자의 입장에서 보면, 에도시대의 천황은 가마쿠라나 무로마치시대 이상으로 시스템 안에 완전히 편제되어있는 것처럼 보인다. 무가의 수장(혹은 후보)을 장군으로 임명하고, 크고 작은 무가에 대하여 관위를 수여하는 절차는 물론, 도쇼다이곤겐이라는 무가의 조상신 형성 과정에서 신호神號를 수여하고 정기적으로 폐물을 보내는 사신을 파견하는 형태로 천황이 관련되어있는 이상, 천황이라는 존재는 무가정권의 필요불가결한 보완물이었다고 단정하지 않을 수 없다.

'급작스러운 양위'는 오사카성의 전투가 종료되고 14년이 지나 막부의 다이묘 통제가 확립된 시기에 일어났다. 계급 결집 상징이라 할 수 있는 장군에 대한 출사 의례, 관위에 대응되는 예복 착용의 강제 등 평화시대의 도래와 함께 예식 세계의 중요성은 날로 커지고 있었다. 천황은 그 체계의 깊고 은밀한 핵이자, 사람의 눈길이 미치지 않는 신비로운 영역에 해당하였다. '급작스러운 양위'를 뒤집기 위해서 그 은밀하고 신비로운 장소에 발을 들였다면 어떻게 되었을까. 막부는 하고 싶어도 할 수 없었고, 히데타다·이에미쓰에게 있어서 공무융화·협조는 필연적인 과제가 될 수밖에 없었다. 아시카가 요시미쓰처럼 중국사상을 빌려서라도 천황을 배제한 국가 체제를 구상한다면 모르겠지만, 에도막부는 끝내 천황 권위를 극복할 길을 찾지 못했다.

황녀 강가를 바라는 막부

'급작스러운 양위' 이후, 고미즈노오가 상황으로 있던 약 50년간은 공무 관계가 대체로 평온하였다. 1651년 이에미쓰의 죽음으로 겨우 열한 살의 이에쓰나가 후계자가 되자, 막부는 고미즈노오가 상황에게 황녀의 강가降嫁를 요청하였다. 이는 고미즈노오 가의 거부로 실현되지 못하였으나, 시대가 내려와서 1715년(쇼토쿠 5)에도 막부는 레이겐靈元 상황에게 장군 이에쓰구家繼에 대한 황녀 강가降嫁를 요청하였다. 이때 레이겐 상황은 승낙하였고, 황녀 야소노미야八十宮의 강가가 결정되었으나 이에쓰구의 급사로 인하여 실현되지 못하였다. 도쿠가와 마사코 이후 자녀의 입궁을 단념한 도쿠가와 씨가 이번에는 거꾸로 장군의 배우자로 황녀를 보내주기를 바라는 역전 현상이 일어났던 것이다. 황녀 강가 요청은 장군가의 권위 유지 방책이라는 해석이 있는데, 그러한 해석이 옳다면, 막부는 벌써 유서 깊은 천황가의 역사에 의지하지 않으면 안 될 정도로 무문으로서 권위가 기울어진 것일까. 결국 황녀 강가는 막부 말기의 가즈노미야和宮의 강가에 의하여 처음으로 실현되었다.

쓰나요시 시대의 변화

평화로운 시대에는 장군 집안에서조차 존왕주의적 인물을 낳게 된다. 그 대표적인 사례가 5대 장군 쓰나요시綱吉이다. 1704년, 에도성 소나무 낭하에서 유명한 아사노 나가노리淺野長矩의 칼부림 사건이 일어났지만, 싸움을 한 양쪽 당사자를 모두 처벌하는 법喧嘩両成敗法을 무시하고 아사노 나가노리를 당일로 할복하도록 한 것은 '천황의 칙사가 에도성을 찾아온' 바로 그 장소를 더럽힌 불경 사건이라는 인식이 있었기 때문이다. 천하의 대법이 천황의 권위에 의해서 왜곡된 드문 사례이다. 후에 장군이 된 요시무네는 그의 저서 『기주정사경紀州政事鏡』에서 이 처분을 극렬하게 비판하였다.

센고쿠시대 이후 단절되었던 대상제大嘗祭[1]가 레이겐 상황의 강력한 요청으로 이루어진 것도 쓰나요시가 장군이었던 1687년(조쿄 4)의 일이었다(히가시야마東山 천황의 시대). 뒤를 이은 나카미카도中御門天皇 천황의 대상제는 레이겐 상황과 히가시야마 상황의 대립으로 인하여 연기되었지만, 이후 막부가 재원을 지원함으로써 대상제가 부활·정착하게 된다. 이에미쓰家光 이후 순사殉死의 금지 등 센고쿠시대 무가의 습속이 수정됨과 동시에, 1684년(조쿄 원)의 복기령服忌令[2]처럼 공가의 습속이 막부 내에

---

1) 일본 천황이 황위 계승을 할 때 거행하는 궁중제사. 새로 즉위한 천황이 새로 수확한 곡식을 신에게 바치고 자신도 그것을 먹는 의식을 행한다. 대상제야말로 새롭게 천황이 되었음을 천명하는 최종적인 의식이다.
2) 에도시대 무가 사이에서 근친자의 죽음에 대하여 복상服喪하는 기간을 정한 법령을 말한다. 이 법령에는 금기사항에 대해서 다양하게 규정하고 있다. 에도막부에서는 5대 장군 쓰네요시綱吉가 1684년에 막부의 공식적인 법령으로 시행하였다. 이 복기령은 막부의 장군도 대상으로 하였으므로, 장군은 도쇼다이곤겐에 대하여, 다이묘·기본旗本·어가인御家人은 장군將軍에 대하여, 배신陪臣은 각각 주군主君에 대하여 죽은 사람에 의한 부정不淨이 미치게 해서는 안 된다는 관념을 가지고 있었다. 이는 봉건적인 신

360

도입되었지만, 그 배후에 '조정 의례의 부활'을 슬로건으로 하는 레이겐 상황의 의도가 손에 잡힐 듯이 숨겨져 있다는 사실을 직시해야만 한다.

행행 제한에는 성공하다

다카노 도시히코高埜利彦의 연구에 따르면, 막부는 천황이 일반 사람들에 눈에 띄는 것을 극단적으로 두려워하여, 이른바 천황의 행차를 제한하였고, 천황이 선동으로 문병을 하러 가는 것조차 싫어했다고 한다. 이에 따라 대상제는 부활되었지만, 이와 관련된 중요한 의례 중 하나인 가모賀茂 강변에 행하는 목욕재계를 위한 행차만은 허용하지 않았다. 18세기 후반의 존왕사상가인 야마가타 다이니山県大貳가 "궁중은 행차도 하지 못하므로 사로잡혀 있는 것과 마찬가지 일"이라고 하여, 천황을 구속하고 있는 막부의 잘못을 드러내놓고 비난하였고, 이것이 다이니 처형의 이유가 되었다(메이와잇키明和一揆).

천황뿐만 아니라 상황도 마찬가지였다. 저 유명한 고

분제를 유지하는 틀이기도 하였다. 특히 무사에 대하여 복기령을 엄격하게 준수할 것을 요구하였으며, 막부와 번을 막론하고 상중이나 금기를 지켜야 할 기간에 관직에 나아가거나, 반대로 상이 끝났는데도 출사出仕하지 않으면 처분의 대상이 되었다. -역주

미즈노오의 경우도 별궁에서 정양하는 정도는 너그럽게 봐주었지만, 1653년(조오 2) 6월 소사대가 자리를 비운 틈을 타서 기내의 사사寺社로 순례를 떠나려고 했을 때, 선동 소속 무가인 다카기高木 이세수伊勢守가 무력으로 저지하겠다고 간언하였고 마침내 중단하게 되었다. 천황의 행차 부활은 에도막부 말기인 1863년(분큐 3) 고메이孝明 천황의 유명한 양이攘夷 기원 때문이라고 한다. 이렇게 보면, 천황을 물리적으로 궁중으로 밀어 넣어 대중에게 숨기는 정책은 어느 정도 성공했다고 볼 수 있다.

천황 권위가 고양되는 가운데

그렇다고 해도 천황 권위가 고조되고 있는 것은 분명하였다. 천황가의 조상인 아마테라스에 대항할 수 있도록 창출된 도쇼다이곤겐의 신위는 무가 계층은 고사하고 민중 수준에도 침투했다고는 도저히 생각할 수 없다. 반면에 대중 사이에서 천황의 조상신을 모시는 이세신사의 신위가 높아진 사실은 이미 잘 알려진 바와 같다. 이세신사와 닛코의 신궁의 승부는 이미 결론이 나 있었다.

이세 이외의 신사의 경우는 18세기부터 19세기에 걸쳐 공가에서 신도가인 요시다 가문과 시라카와 가문이 적극적으로 중소 잡사雜社의 조직화를 꾀하고 있었으며, 지방 제사 또한 그 통제에 복종하게 되었다는 사실이 지적되고 있다. 에도시대 중기가 되면 신관뿐만 아니라 음양사, 주물사鑄物師, 맹승盲僧, 씨름꾼 등 여러 예능·기능 집단이 교토의 쓰치미카토土御門 가문, 마쓰기眞繼 가문, 쇼렌인青蓮院 등 여러 본소本所의 권위를 요구하게 된다. 그렇게 되자 학예·종교라는 틀 안에 포섭될 수 없는 모종의 세속적 권위가 공가와 사사에서 생겨나게 되고, 나아가 천황의 권위를 좀 더 고양시키는 구조를 형성해 나가게 되었다. 중세 말기에 단절되어야 할 좌座나 본소의 권위가 모습을 바꾸어 부활하게 되었다.

이러한 사태를 방치해두면 사사봉행 나아가 막부 권위의 동요를 면할 수 없었다. 막부도 결코 수수방관하고 있었던 것은 아니며, 상황을 봐서 천황가와 조정에 대한 통제를 가하려고 하였다. 또한 아라이 하쿠세키는 앞에서 설명한 바와 같이, 일본 국왕이라는 칭호를 부활시켜 국제적으로 무가의 수장을 최고 군주로 자리매김하려고 하였다. 18세기 중반의 호레키사건寶曆事件[3]과 메이와사건

---

3) 에도시대 중기에 존왕론자가 탄압된 최초의 사건으로, 1758년(호레키 8) 교토에서

明和事件[4]은 존왕론자를 처벌한 사건으로 저명하지만, 간세이寬政 연간의 개혁을 주도한 마쓰다이라 사다노부松平定信도 존호일건尊號一件[5]으로 일컬어지는 사건에서 조정을 공격하고 있다. 고카쿠光格 천황이 천황이 된 적이 없는 자신의 아버지에게 태상천황太上天皇이라는 존호를 추증하려고 한 것에 대하여 사다노부는 단호히 저지했던 것이다.

위기 속 신국 사상

하지만 18세기 말부터 점점 닥쳐온 외압에 대해 막부가 저항할 수 없게 되자, 천황가에 대한 강경한 방침 따위는 안개처럼 사라질 수밖에 없게 되었다. 1804년(분카

조정의 권한 회복을 주장하는 존왕론자인 소장과 공경들과 다케노치 시키부竹內式部가 장군을 비방하면서 조정의 권력을 회복하려는 학설을 주장하였다. 관련 공경들은 영구 칩거에 처해졌고 시키부는 중추방형에 처해져 이세로 물러나게 되었다. -역주
4) 1766~1767년에 야마가타 다이니山県大貳와 후지이 우몬藤井右門 등이 에도막부에 대한 모반 혐의로 체포되어 처형된 사건이다. 에도막부를 타도하고자 한 최초 사건으로 다케노우치 시키부竹內式部는 다시 하치조섬八丈島으로 유배되었다.
5) 에도시대 후기에 조정과 에도막부가 고카쿠 천황의 아버지인 노리히토 친왕典仁親王에게 태상천황(太上天皇, 上皇)이라는 존호를 올리고자 하였다. 막부 측에서는 황위에 오르지 않은 사람에게 황호를 올린 선례가 없다고 반대하였고, 조정은 에도시대 이전의 선례를 끌어옴으로써, 조정과 막부의 학문적인 논쟁으로 발전하였다. 이 문제는 충을 효 이상으로 중요시하는 주자학의 입장에서 반주자학적인 양명학·고학古學·존왕론 등을 제압하기 위하여 막부에서 강경책을 취한 것으로 해석하고 있다. -역주

원) 나가사키에 내항한 러시아 레자노프에 대하여 막부가 경직된 대응을 하자, 러시아는 1806년부터 이듬해에 걸쳐 당시 일본 영토로 인식하고 있었던 사할린樺太의 쿠순코탄과 에트로프 섬을 공격하였고, 이 때문에 북쪽 변경에 대한 방비 체제가 유명무실한 것이라는 사실이 폭로되었다. 이 사건을 계기로 막부는 본래 그럴 필요가 없었는데도 불구하고 사건의 개요를 조정에 보고하였다. 막부가 자신의 군사력에 자신감을 상실하였을 때 천황의 권위에 의존하는 체질이 다시 나타난 것이다. 히데요시가 말하는 '일본은 신국이다'이든, 이에야스가 말하는 '일본은 신국이자 불국이다'이든, 외압을 의식했을 때 민족의 아이덴티티가 신국 사상으로서 다시 표출되는 구조는 히데요시 시대 이후 일관된 것이었다.

여기에서 흥미로운 사실이 하나 있다. 이노 다다타카伊能忠敬의 지리학 스승이자 막부 천문방天文方 다카하시 가게야스高橋景保가 작성한『일본변계략도日本邊界略圖』는 청나라의『황여전람도皇輿全覽圖』(이른바 강희도康熙圖)를 본받아 수도 위에 중심이 되는 경선이 되는 중도中度라는 선을 그렸는데, 그것을 에도가 아니라 교토 위에 설정하였다(종장 첫머리 사진 참조). 또 가게야스의 세계지도『신정

만국전도新訂万國全圖』의 왼쪽 위에는 일본의 수도를 중심으로 한 평사도법平斜圖法, 사축법斜軸法에 의한 반구도半球圖를 그렸는데, 이 지도에서도 중심은 교토이다(후나코시 아키오船越昭生의 연구에 의함). 서물방봉행書物方奉行 겸 천문방 필두筆頭라고 하는 막부의 고급 관리조차 천황 중심의 국가관·국토관을 가지고 있었던 증좌라고 말할 수 있을 것이다.

고조되는 외압 속에서 막부는 변경이 조용하기를 기원하기 위해 1820년(분세이 3)에 국내 사찰과 신사의 서열을 발표하였다. 그리고 그것은 출가한 친왕 등이 주지로 거주한 사원, 대사대사大寺大社, 22사二十二社6), 각 지역의 중심이 되는 신사諸國一宮, 유서가 깊은 신사로 되어있었고, 조조지增上寺 등 도쿠가와 가문 보리사보다 중세 이후 전통적인 대사사가 존중되고 있어서, 에도 초기에 사사에게 부여한 등급제와는 딴판이었다.

막부는 한편으로 조정의 권위를 포섭하면서 존왕 운동을 억압하려고 하였지만, 외압이 격화되는 속에서 모순

---

6) 신사의 사격 중 하나로, 국가의 중대사나 천변지이가 있을 때 조정으로부터 특별한 폐백을 받은 신사를 말한다. 헤이안시대 후기인 1081년에 이 제도가 확립되었다고 한다. 주로 기나이에 있는 신사들이 포함되었으나, 현재는 신사의 등급 제도가 폐지되었다. -역주

을 얼버무리기에는 한계가 있었다. 안으로부터 국학존왕론國學尊王論이 급격히 대두하는 한편, 밖에서는 1853년(가에이 6)에 페리의 내항을 계기로 외압이 거세지는 가운데 막부를 타도하려는 운동의 불길이 치솟았다. 판도라의 상자는 일단 열리면 수습이 되지 않는 것처럼, 왕정복고를 근간으로 하는 메이지유신을 맞이하게 된다.

참고문헌

이 책 전반에 관련되는 책

- 쓰지 타쓰야辻達也 편, 『천황과 장군天皇と將軍』(『일본의 근세日本の近世』2, 중앙공론 사中央公論社, 1991년)
- 다카노 도시히코高埜利彦, 「에도막부의 조정 지배江戸幕府の朝廷支配」(《일본사연구 日本史研究》319호)
- 아사오 나오히로朝尾直弘, 『천하일통天下一統』(『대계 일본의 역사大系日本の歴史』8, 소학관小學館, 1988년)
- 오노 신지小野信二, 「막부와 천황幕府と天皇」(『이와나미강좌 일본역사岩波講座日本歴 史』(구판) 근세近世 2, 이와나미서점岩波書店, 1963년)
- 미즈바야시 다케시水林彪, 「막번체제의 공의와 조정幕藩体制における公儀と朝廷」 (『일본의 사회사日本の社会史』3, 이와나미서점, 1987년)
- 미즈바야시 다케시, 「근세 천황제 연구에 대한 일고찰近世天皇制研究についての 一考察」(《역사학연구歴史學研究》, 596·597호)
- 후카야 가쓰미深谷克己, 「영주권력과 무가 '관위'領主権力と武家「官位」」(『강좌일본 근세사講座日本近世史』1, 유비각有斐閣, 1981년)
- 후카야 가쓰미, 「막번제 국가와 천황幕藩制國家と天皇」(『막번제 국가 성립과정의 연 구幕藩制國家成立過程の研究』, 길천홍문관吉川弘文館, 1978년)
- 아사오 나오히로朝尾直弘, 「막번제와 천황幕藩制と天皇」(『대계일본국가사 3 근세大系 日本國家史3近世』, 도쿄대학출판회東京大學出版会, 1975년)
- 야마구치 게이지山口啓二, 『쇄국과 개국鎖國と開國』(『일본역사총서日本歴史叢書, 이 와나미서점, 1993년)

| 장
- 졸저, 『무로마치의 왕권室町の王權』(중공신서中公新書, 1990년)
- 졸저, 『전국 다이묘와 천황戦國大名と天皇』(복무북스福武ブックス, 1992년)
- 다나카 오사미田中修實, 「중세후기수령명관도의 재지효과中世後期受領名官途の 在地效果」(《법제사연구法制史研究》, 39호)
- 다나카 오사미, 「다카마쓰 씨 수호관국에 있어서 재국·인국수령명 관도의

권위와 구조赤松氏守護管國における在國·隣國受領名官途の権威と構造」(《입명관문학立命館文學》519호)

- 와키타 하루코脇田晴子, 「전국기에 있어서 천황 권위의 부상戰國期における天皇権威の浮上」(《일본사연구日本史研究》, 340·341호)
- 아사오 나오히로朝尾直弘, 「장군 권력의 창출將軍権力の創出」(《역사평론歷史評論》, 241·266·293호)

II장

- 아사오 나오히로, 「도요토미정권론豊臣政権論」(『이와나미강좌 일본역사(구판) 근세 1岩波講座日本歷史』(旧版) 近世 1, 이와나미서점岩波書店, 1963년).
- 가사야 가즈히코笠谷和比古, 「이에야스의 전략-검증·세키가하라의 전투家康の戰略—檢証·関ヶ原の合戰」(《장조의 세계창조의 世界》, 83호)
- 우에지마 다모쓰上島有, 「전하와 장군-봉서와 단지, 절지와 수지殿下と將軍-奉書と檀紙, 折紙と堅紙」(《일본사연구日本史研究》, 343호)
- 고바야시 세이지小林清治, 「히데요시의 서찰秀吉の書札」(《동북학원대학논집역사학·지리학東北學院大學論集歷史學·地理學》, 제24호)
- 이와사와 요시히코岩澤愿彦, 「혼노지의 변 습유本能寺の変拾遺」(《역사지리歷史地理》, 91권 4호)
- 다치바나 교코立花京子, 「노부나가에 대한 삼직 추임에 대하여信長への三職推任について」(《역사평론歷史評論》, 497호)

III장

- 아쓰타 이사오熱田公, 『천하일통天下一統』(《일본의 역사日本の歷史》 11, 집영사集英社, 1992년)
- 후지키 히사시藤木久志, 『도요토미 평화령과 전국사회豊臣平和令と戰國社会』(도쿄대학출판회東京大學出版会, 1985년)
- 나가하라 케이지永原慶二, 「천하인天下人」(『일본의 사회사日本の社会史』 3, 이와나미서점, 1987년)
- 아키자와 시게루秋澤繁, 「천정19년 도요토미 정권에 의한 어전장 징수에 대하여天正十九年豊臣政權による御前帳徵収について」(『논집중세의 창論集中世の窓』, 길천홍문관吉川弘文館, 1997년)
- 아키자와 시게루, 「경장10년 덕천어전장에 대하여(1)慶長年德川御前帳について㈠」(《해남사학海南史學》, 30호)

- 가쓰마타 시즈오勝俣鎭夫, 「인소령에 대하여-도요토미 정권의 국가구상과 관련하여人掃令について-豊臣政権の國家構想と関連して」(도쿄대학교양학부東京大學敎養學部, 《교양학과기요敎養學科紀要》, 91-1)
- 졸고, 「가마쿠라·무로마치막부와 군국의 기구鎌倉·室町幕府と國郡の機構」(『일본의사회사日本の社会史』 3, 이와나미서점, 1987년)
- 하시모토 마사노부橋本政宣, 「고요제이 천황에 대한 히데요시의 청문後陽成天皇に對する秀吉の請文」(《일본역사日本歴史》, 357호)
- 나카노 히토시中野等, 「태합·관백 병립기의 도요토미 정권에 대하여-정치사상 단계설정을 수반하는 하나의 시론太閣·関白並立期の豊臣政権について—政治史上の段階設定を伴う一つの試論」(《역사평론歴史評論》, 507호)

IV장

- 가사야 가즈히코笠谷和比古, 「세키가하라 전투의 정치사적 의의関ヶ原合戦の政治史的意義」「도쿠가와 이에야스의 정이대장군 임관과 경장기의 국제德川家康の征夷大將軍任官と慶長期の國制」(『근세무가사회의 정치구조近世武家社会の政治構造』, 길천홍문관吉川弘文館, 1993년)
- 가토 유조加藤祐三, 「근현대아시아의 왕정近現代アジアの王政」(《월간시니카月刊しにか》, 1993년 1월호)
- 요시무라 도요오吉村豊雄, 「막번제와 천황-다이묘과 수령명幕藩制と天皇-大名と受領名」(『웅본역사연구회회보熊本歴史科學研究会会報』 39호)
- 쓰지 젠노스케辻善之助, 『일본문화사日本文化史』 6 (춘추사春秋社, 1950년)
- 시초륜施超倫, 「에도 초기의 양위 문제와 조막관계江戸初期の「讓位」問題と朝幕関係」(1991년도 독사회 구두보고読史会口頭報告, 교토대학문학부독사회발행京都大學文學部読史会発行, 『국사연구실통신國史研究室通信』 4호에 요지 게재)

V장

- 쓰지 젠노스케, 『일본불교사日本佛教史』 근세편2近世編之二 (이와나미서점, 1953년)
- 나이토 마사토시內藤正敏, 「몽환왕권론-도쇼다이곤겐과 도쿠가와 이에야스, 난코보 덴카이의 관계에 대한 정신의학적 종교민속학적 고찰夢幻王權論——東照大権現と徳川家光, 南光坊天海の関係における精神医学的, 宗教民俗學的考察」(《민속종교民俗宗教》, 제2집, 도쿄도東京堂, 1989년)
- 이토 가쓰미伊藤克己, 「전국기의 사원·교단과 천황칙허의 자격·칭호戦國期の寺院·教団と天皇勅許の資格·称號」(《역사평론歴史評論》, 512호)

- 사쿠라이 가게오桜井景雄, 「선종자의의 문제에 대하여禪院紫衣の問題について」 (『선종문화사의 연구禪宗文化史の硏究』, 사문각출판思文閣出版, 1986년)
- 졸고, 「향촌의 조형미술-신사건축을 중심으로鄕村の造形美術-神社建築を中心として」(《역사수첩歷史手帖》, 4권 4호)
- 후쿠야마 도시오福山敏男, 「이시노마石ノ間」(『건축사建築史』1-2)
- 히라이즈미 기요시平泉澄, 「잘못된 닛코誤られたる日光廟」(《사학잡지史學雜誌》, 32편 1호)

VI장
- 이케다 고엔池田晃淵, 「도호쿠몬인 입내에 대한 고찰東福門院御入內に就ての考」 (《사학잡지史學雜誌》9편 4호)
- 이케다 고엔, 「고미즈노오천황 양위의 고찰後水尾天皇御讓位ノ考」(《사학잡지史學会雜誌》, 8호)
- 쓰지 젠노스케辻善之助, 「에도시대조막관계江戶時代朝幕関係」(동씨 전게서同氏前揭書, 『일본문화사日本文化史』 6)
- 다카노 도시히코高埜利彥, 「근세의 여제 2인近世の女帝二人」(《별책문예別冊文藝》, 「천황제天皇制」, 하출서방신사河出書房新社, 1990년)
- 구마쿠라 이사오熊倉功夫, 『고미즈노오원後水尾院』(『아사히평전선朝日評傳選』 26, 아사히신문사朝日新聞社, 1982년)
- 교토시편京都市編, 『교토의 역사京都の歷史』 5(학예서림學藝書林, 1972년)

종장
- 이노우에 도모카쓰井上智勝, 「관정기의 씨신・유행신과 조정권위寬政期における氏神・流行神と朝廷権威」(《일본사연구日本史研究》, 265호)
- 구보 다카코久保貴子, 「천화・정향기의 조정과 막부天和・貞享期の朝廷と幕府」(조도전대학대학원早稲田大学大学院『문학연구과기요文學研究科紀要』 별책 14집)
- 구보 다카코, 「원록기의 조정元祿期の朝廷」(《일본역사日本歷史》, 520호)
- 구보 다카코, 「보영・정덕기의 조정과 막부寶永・正德期の朝廷と幕府」(《일본역사日本歷史》, 538호)
- 후지타 사토루藤田覚, 「관정기의 조정과 막부寬政期の朝廷と幕府」(《역사학연구歷史學研究》 599호)
- 후나코시 아키오船越昭生, 「신정만국전도(제1차수서본)의 성립新訂萬國全圖(第一次手書本)の成立」(《나라여자대학지리학연구보고奈良女子大學地理學研究報告》IV)

이 책에 등장하는 일본 연호(가나다순)

연호	기간
가영(嘉永, 가에이)	1848~1855년
건무(建武, 겐무)	1334~1336년(남조)·1334~1338년(북조)
경장(慶長, 게이초)	1596~1615년
관영(寬永, 간에이)	1624~1645년
관응(觀應, 간노)	1350~1352년
구수(久壽, 규주)	1154~1156년
명응(明應, 메이오)	1492~1501년
문구(文久, 분큐)	1861~1864년
문귀(文龜, 분키)	1501~1504년
문록(文祿, 분로쿠)	1593~1596년
문정(文政, 분세이)	1818~1831년
문화(文化, 분카)	1804~1818년
승응(承應, 조오)	1652~1655년
연덕(延德, 엔토쿠)	1489~1492년
영록(永祿, 에이로쿠)	1558~1570년
영향(永享, 에이쿄)	1429~1441년
영화(永和, 에이와)	1375~1379년
원귀(元龜, 겐키)	1558~1570년
원록(元祿, 겐로쿠)	1688~1704년
원화(元和, 겐나)	1615~1624년
응덕(應德, 오토쿠)	1084~1087년
응영(應永, 오에이)	1394~1428년
인치(仁治, 닌지)	1240~1243년
정덕(正德, 쇼토쿠)	1711~1716년
정보(正保, 쇼호)	1645~1648년
정향(貞享, 조쿄)	1684~1688년
천문(天文, 덴분)	1532~1555년
천정(天正, 덴쇼)	1573~1593년
향덕(享德, 교토쿠)	1452~1433년

후기

중국 우화에 호랑이가 고양이에게 사냥하는 법을 배웠다는 이야기가 있다. 태초에 고양이는 호랑이의 스승이자 양부모였다. 호랑이는 모든 동물을 포획하는 방법을 터득했다. 그러자 호랑이의 생각이 고양이를 죽이고 나면 자신이 지상 최강자가 될 수 있을 거라는 데 미쳤다. 그래서 호랑이가 고양이에게 달려들었더니 고양이는 폴짝 뛰어 나무 위에 올라가서 높은 우듬지 사이로 호랑이를 내려다보았다. 호랑이는 나무 타는 법은 전혀 배우지 못했다. 이상은 루쉰의 단편집『조화석습朝花夕拾』에 실린 것인데, 천하인과 천황과의 관계를 생각할 때, 왠지 이 우화가 생각난다. 다소 난폭한 비유가 허용된다면, 호랑이가 천하인이고, 고양이는 천황인 셈이다. 나무 타는 법을 모르는 호랑이가 고양이를 당해내지 못하는 것처럼, 최고 권위자에 오르는 수단을 체득하지 못하는 천하인은 천황제도를 초극할 수 없었다. 아시카가 요시미쓰만이 그 방법을 알아채고, 순서를 밟아가며 고양이를 죽이기 직전까지 갔지만 끝내 미수에 그치고 말았다.

고 마쓰모토 세이초松本淸張 씨는 일찍이 《문예춘추》 지상에, 「신격神格 천황의 고독」이라는 논문을 발표하면서, 다음과 같이 기술하였다(1989년 3월호).

천황 가문을 능가하는 실력자는 많이 나타났다. 특히 무력을 가진 무가 집단, 다이라노 기요모리平淸盛, 미나모토노 요리토모源賴朝, 호조北條 씨, 아시카가足利, 도쿠가와德川 씨 등 되고자 하면 언제든지 천황이 될 수 있었다. (중략). 왜 실력자는 천황이 되지 않았을까? 누구나 알고 싶어하는 사안이지만 역사가들은 이를 제대로 설명하지 못한다. 학문적으로 증명할 수 없다는 것이다.

권력자가 왜 천황이 되지 않는가 하는 마쓰모토 씨의 문제 제기에 어떻게든 대답해보려고, '요시미쓰의 황위 찬탈 계획"에 대한 해명으로부터 시작하여, 사료의 바다를 방황한 지 약 3년 만에, 이제 겨우 불충분하기 그지없는 천황 제도사 연구의 여행을 모두 마무리할 시간을 맞이하게 되었다. 이 책의 출판을 계기로, 당분간은 이 주제를 떠나 본래의 무로마치시대사에 관한 연구로 돌아올 생각이다.

책 편집을 맡은 이노우에 가즈오 씨는 사실 8년 전 내 첫 논문집인『무로마치막부 해체과정의 연구』편집을 맡은 바 있다. 그가 사료집 등의 편집을 거쳐 우연히 2년 전에 신서 출간 담당이 되지 않았다면 이 책은 아마 햇빛을 보지 못했을 것이다. 두 번에 걸친 편집 과정에서 끼친 노고에 심심한 사의를 표하고 싶다. 불가사의한 인연의 실에 이끌린 나는 어쨌거나 이 책을 출판하여 독자들에게 비판을 받아보고자 한다.

천황이라는 것이 일본인에게는 골치 아프고 무거운 문제인데다가, 이 책에서 내게는 낯선 근세사의 영역을 파고들어 체급이 다른 시합에 도전하는 무모함을 저지르게 되었다. 하지만 이 책을 펼쳐 든 사람들의 입장은 아마 여러 가지일 것이며, 천황관이나 역사관도 한결같지 않을 것이다. 따라서 이 책에서는 가능한 한 사실의 재현을 첫 번째 취지로 하고 사실과 사실의 연관성을 살피는 것을 그다음으로 하며, 주관적인 평가는 최대한 독자의 판단에 맡기고자 하였다. 그래도 이 책에서 어떤 이데올로기가 향기를 풍긴다면 그것은 전적으로 내 역량 때문이다.

마지막으로, 일본에 체재 중인 중국인 역사가 시초륜 씨로부터 여러 가지 가르침을 받았다. 특별히 기록해서 사의를 표한다.

1993년 4월 우시고메 찻집에서

이마타니 아키라

옮긴이 후기

12세기 말에 가마쿠라막부가 성립되자, 천황이 중심이 된 조정과 장군이 중심인 막부가 병존하는 정치체제가 등장하였다. 천황과 귀족들이 구성하는 조직을 공가公家라고 부르고 장군과 각급 무사들이 결집하여 형성된 조직을 무가武家라고 부른다. 이후 700년 정도 조정과 막부, 즉 공가와 무가가 공존한 사실은 일본사의 중요한 특징 중 하나다.

일본 사회에서 천황 및 천황제는 논란도 많고 이해하기도 힘든 면이 없지 않다. 천황이라는 호칭은 7세기경부터 사용되었고, 현재까지 이어지고 있다. 또한 혈통적으로도 6세기 이후 현재까지 1500년 동안 이어지고 있는 셈이다. 그런 점에서 일본의 천황가는 세계에서 가장 유서가 깊은 왕가라고 할 수 있다. 어떻게 가마쿠라·무로마치·에도시대를 거치는 동안에도, 천황제가 존속할 수 있었는지는 많은 학자가 궁금해하는 문제이기도 하다. 이 책의 저자는 권위와 권력, 성속聖俗에 걸친 서임권, 황위 결정권, 외교권 등의 몇 가지 개념을 통하여 무가 권력과 길항하면서 천황이 존속할 수 있었던 이유를 설명하고 있다. 그러한 내용을 책의 본문을 읽어보면 확인할 수 있을 것이다. 후기에서는 몇 가지 사항을 보완해두고자 한다.

먼저 이 책에서 무로마치시대에 아시카가 요시미쓰가 천황가를 압박하였다는 사실은 언급하고 있지만, 구체적으로 다루지는 않고 있다. 오다 노부나가 이후의 상황과 비교하기 위해서 먼저 요시미쓰와 천황가의 관계를 살펴보고자 한다.

아시카가 요시미쓰, 일본 국왕을 자처하다

다나카 요시나리田中義成나 이 책의 저자인 이마타니 아키라 등은 요시미쓰가 천황의 자리를 찬탈하려는 의도가 있었던 것으로 보는 견해를 주창하였다.

요시미쓰는 자신의 두 번째 부인인 히노 야스코日野康子를 고코마쓰後小松 천황의 준모准母로 세우면서, 여원女院이라는 칭호도 받게 하였다. 여원이란 태황태후, 황태후, 태후 또는 이에 준하는 지위를 가진 여성(준후准后나 내친왕內親王)에게 내리는 칭호로 헤이안시대 중기부터 시작되었다. 야스코가 천황의 준모가 됨으로써 자신도 천황의 준부准父가 된 셈이다.

또한 천황가가 가지고 있던 제사권과 서임권 등의 여러 권력을 스스로 장악하였으며, 궁궐에 들어갈 때나 사사에 참배할 때는 상황上皇 즉 퇴위한 천황과 동등하게 예우하도록 하였다. 대표적인 사례로 요시미쓰가 장군직과 태정대신직을 사임하고 출가한 후에 기타야마다이 北山第를 거처로 사용하였다. 이곳으로 고코마쓰 천황을 맞아들였을 때(1408년), 천황이나 상황이 쓸 수 있는 테두리에 다양한 색채로 장식한 깔개를 사용하였다. 또한 자신의 둘째 아들 요시쓰구義嗣의 성인식을 궁중에서 그것도 친왕親王에 준하는 의식으로 거행하였다.

또한 요시미쓰는 명에서 일본 국왕으로 책봉을 받았으나, 이 또한 명이라는 외압을 이용하여 왕위를 찬탈하려는 의도에서 비롯된 것으로 보는 견해가 있다.

이처럼 무가로서 직접 천황 혹은 상황의 권력을 행사한 사례는 요시미쓰가 유일한데, 이는 백왕설百王說이라는 부르는 종말론과 관련이 있는 것으로 보기도 한다. 천황은 100대로 끝이 나고 일본은 멸망한다는 내용인데,

공교롭게도 고코마쓰 천황이 100대에 해당하는 것으로 볼 수도 있었다. 이러한 종말 사상은 『우관초愚管抄』라는 책에서도 나타난다.

하지만 요시미쓰의 왕위 찬탈 계획은 자신이 천황이 되는 게 아니고, 둘째 아들인 요시쓰구가 천황이 되면 자신은 천황가 가장으로 천황가의 모든 권능을 장악하는 것이었다고 보기도 한다.

그렇다 해도 당시 공가들의 일기 등에 요시미쓰가 왕위를 노리고 있었다는 사실을 확인할 수 있는 내용이 없고, 다른 직접적인 증거도 보이지 않는 점을 들어 요시미쓰의 왕위 찬탈 계획을 부정하는 입장도 있다. 또한 왕위를 찬탈하는 데 걸림돌이 되었을 미히토躬仁 친왕에 대해서도 압박한 흔적이 보이지 않는다. 또한 요시미쓰가 일본 국왕이 되려고 한 것은 천황의 지위를 찬탈하려는 것이 아니라, 중국과의 조공무역을 위한 목적이라고 보는 견해도 있다.

최근 들어 무로마치시대 연구자인 이시하라 히이로石原比位呂는 이 책의 저자인 이마타니 주장을 비판하면서, 요시미쓰는 장군을 임명하는 권한을 가지고 있는 천황의 권위를 회복하기 위하여 조정의 의례를 원리원칙대로 집행해야 한다는 입장을 취한 것으로 보았다. 또한 이 과정에서 요시미쓰는 고엔유後円融 천황과 첨예하게 대립하면서, 고엔유를 퇴위시키고(1382년) 그 권한을 박탈하는 한편, 고코마쓰 천황의 아버지 역할을 하면서, 조정의 정상화를 꾀한 것이라고 해석하였다. 즉 이마타니 주장은 요시미쓰와 고엔유 천황의 개인적인 대립을 공무 관계 전체로 확대해석한 것이라고 비판하였다. 과연 진상은 어느 쪽에 가까운 것일까?

요시미쓰는 1367년 종5위하에 서위되었으며, 같은 해 말에 정5위하 좌마두左馬頭가 되었고, 1369년에 정이대장군征夷大將軍, 1374년에 종4위하 참의參議 및 좌근위중장左近衛中將, 1375년에 종3위, 1378년에 권대납언權大納言, 1379년 종2위, 1380년 종1위, 1381년 내대신內大臣, 1382년 좌대신, 1383년 준삼궁准三宮이라는 지위를 얻게 되었다. 하지만 1388년에 좌대신을 사임하였고, 1394년에 정이대장군 지위도 사임하였다. 정이대장군이라는 지위를 아들인 요시모치義持에게 물려주었다. 이때 태정대신에 임명되었으나, 다음 해에 태정대신 지위도 사임하고 바로 출가하여 승려의 신분이 되었다.

요시미쓰가 이례적으로 빠른 관위 승진을 하게 되면

서, 고엔유 천황과 불편한 관계를 맺게 된다. 아울러 요시미쓰는 조정의 신하를 비롯하여 승직 및 신직神職의 임명에 대해서도 실권을 장악하였다. 또한 고엔유 천황의 허락 없이 고코마쓰 천황의 즉위 의례를 결정하였다. 요시미쓰가 좌대신이 될 무렵 조정 내에는 최고 실력자인 요시미쓰를 추종하는 공경들이 속출하였다.

한편 대외적으로 요시미쓰는 1374년과 1380년에 명에 사신을 파견하였으나, 일본 국왕이 보낸 사자가 아니라는 이유로 받아들여지지 않았다. 요시미쓰가 명에 국왕으로 인정받기 위해서는 천황의 신하라는 지위를 벗어날 필요성이 생긴 것이다. 그래서 장군 및 태정대신을 사임하였고, 이후 요시미쓰는 준삼궁准三宮이라는 명칭을 즐겨 사용하였다. 1401년에 요시미쓰는 '일본준삼궁도의日本准三宮道義'라는 직함으로 명에 대한 통교를 요청하였다. 이에 대해서 명은 그를 '일본국왕원도의日本國王源道義'라고 불렀다. 1403년에는 명의 영락제에게 보내는 표문에서 "일본 국왕 신 원源이 아룁니다"라고 하였다. 이로써 일본이 명의 책봉 체제에 편입되게 된다. 실제로 명의 사신이 와서 요시미쓰를 일본 국왕으로 책봉하는 의례를 치렀다.

고엔유 천황이 퇴위한 이후에 요시미쓰는 섭관攝關에 준하는 지위를 누리고 있었고, 죽은 후에는 장군과 태정대신을 사임하고 법황法皇 즉 출가한 상황처럼 행동하였다. 출가한 이후의 기타야마다이 역시 상황이 거처하는 선동仙洞 어소를 본받은 것으로 생각된다.

1406년에 고코마쓰의 생모가 죽자, 요시미쓰는 천황이 재위 기간 중 상을 두 번이나 치르는 것은 불길하다고 하여, 앞에서 언급한 바와 같이 자신의 처를 고코마쓰의 어머니로 삼게 함으로써 천황이 상을 치르지 못하도록 하였다. 이러한 점으로 미루어보면, 이시하라가 조정의 의례를 원리원칙대로 집행하기 위해서 고엔유와 대립하였다는 견해는 그대로 받아들이기 어렵다.

왕정복고

다음으로 이 책에서 다루지 않은 메이지유신에 의한 왕정복고에 이르는 과정을 이야기하고자 한다. 에도시대에는 천황의 종교적인 권위가 확대되고 있었고, 그 결과 천황이 정치 권력으로 복귀할 수 있었다고 이마타니는 지적하고 있다. 하지만 그러한 주장에 대하여 구체적인 논거를 제시하지 않았다. 실제로 이 책은 도쿠가와 이에 야스의 도쇼구東照宮 조영까지 주로 다루고 있어서 그 이후 시기에 대한 언급은 없다. 물론 천황의 종교적인 권위가 유지되었기 때문에, 왕정복고가 이루어졌다고 볼 수도 있겠지만, 메이지유신 이후 천황의 전국 행차가 빈번히 이루어진 사실도 그렇고, 천황이라는 존재도 교토에서는 알고 있었지만, 그 이외의 지역에서는 있는 줄 몰랐다는 사람들도 많았으므로, 천황이 반드시 그렇게 잘 알려진 존재라고 보기 어려운 면이 있다. 그렇다면, 왕정복고가 가능했던 배경을 좀 더 살펴볼 필요가 있을 것이다.

에도시대에 들어서서 막부는 충과 효를 강조하는 주자학을 관학으로 수용하였고, 에도에 유시마 성당聖堂이라는 공자묘도 조영하였다. 이러한 풍조는 점차 확산되어 각 지역에서는 번교藩校라고 하는 학교가 설립되었고, 이곳에서도 주자학 경전에 대한 교육이 이루어졌다. 사서四書를 중심으로 하는 주자학의 텍스트들은 실제로는 군주에 대한 일방적인 충성을 강요하지 않는다. 『맹자』에 이르면 걸·주와 같은 폭군들은 군주가 아니라 필부匹夫에 불과하다고 하였고, 폭군을 몰아내고 유덕한 사람이 군주가 될 수 있다는 혁명 사상도 주장하고 있다. 또한『맹자』에서 말하는 군신 관계는 군신유의君臣有義이지 군위신강君爲臣綱이 아니다. '군주가 신하의 벼리'라는 발상은 군주에 대한 신하의 충성을 일방적으로 강요하는 것이지만, 군주와 신하 간에는 의로움이 있어야 한다는 『맹자』의 오류는, 의를 중심으로 한 군주와 신하의 상호 관계로 파악하고 있다.

더군다나 군위신강 등의 삼강은 유교 경전에 나오는 내용이 아니라 한나라의 동중서와 반고가 인간관계의 기본으로 제시한 기준에 불과하였다. 이는 진에 이어서 제국이 된 한이 다양한 지역과 민족을 다스리기 위한 일방적인 덕목이었다.

번교에서 주자학의 경전을 배운 무사들은 어떤 생각을 하게 되었을까? 당연히 에도막부의 장군은 과연 군주인가 신하인가 의문을 가졌을 것이다. 막부의 장군은 어디까지나 천황으로부터 장군이라는 지위에 임명되는 존재이므로, 군주는 천황인 셈이다. 그런데 신하인 막부의 장군이 천황을 제치고 일본 전국을 호령하는 일은 과연 의로운 일인가? 물론 에도막부의 권위와 권력이 강고한 상황에서는 큰 문제가 되지 않았겠지만, 대외적인 위기감이 고조되면서 막부와 천황 사이의 애매한 관계는 반막부적인 세력들의 공격 목표가 될 수밖에 없었을 것이다.

평화로운 시대가 지속되면서 대부분의 무사는 에도시대에 점차 각급 행정 실무를 담당하는 관리로 변해갔다. 행정을 위해서는 문자에 대한 지식이 필수적이었고, 그래서 번교에서는 무술과 함께 한문 소양을 갖추기 위한 주자학 텍스트들이 교재로 사용되었다. 에도시대 후기에 무사는 문무를 겸비해야 하는 존재가 되었고, 한편에서는 예로부터 군주였던 천황을 구속하는 장군이 불의를 행하는 것으로 보고 막부에 비판적인 태도를 취하는 경향도 드러났다. 왕정복고는 실력을 갖춘 중하급 무사와 주자학적 혹은 국학적인 소양을 갖춘 지식인(부농·호상)들이 결합하면서 추진된 측면도 무시할 수 없다. 나아가서 메이지유신이 주자학적인 가치관에 입각한 변혁으로 보는 견해도 설득력 있게 제시되고 있다(박훈, 『메이지유신은 어떻게 가능했는가』, 민음사, 2014).

마지막으로 에도시대의 민중들은 천황을 과연 종교적인 권위의 원천으로 인식하고 있었을까? 에도시대에 천황이나 상황이 죽었을 때 에도에서 가옥의 건축이나 가무나 음악을 금지하는 명령을 내린 경우는 네 차례가 확인되는데, 1709년의 히가시야마인東山院, 1762년의 모모

조노인桃園院, 1846년의 닌코仁孝 천황의 경우에는 그 기간이 5일이었다. 그런데 1866년에 급서한 고메이孝明 천황의 경우는 100일에 이르렀다. 이는 장군이 죽은 경우보다 긴 기간이었기 때문에, 이때가 되면, 에도 민중들이 대부분 '주상主上'이라는 존재를 알게 되었을 것이지만, 교토와 에도를 제외한 다른 지역의 상황은 어떠하였는지 분명히 알 수 없다(나쿠라 데쓰조奈倉哲三, 「막말의 민중과 천황幕末の民衆と天皇」, 『천황·천황제를 읽다天皇·天皇制を讀む』, 도쿄대학출판회東京大學出版會, 2008, 182~184쪽). 따라서 천황을 종교적 권위를 가진 존재로 존숭하였다는 가설은 현재로서는 논란의 여지가 있다.

이상에서 살펴본 바와 같이 이 책은 무가와 천황의 관계를 관련 사료를 구체적으로 제시하면서 개관하였고, 아울러 도요토미 히데요시와 도쿠가와 이에야스가 천황과의 관계에서는 전혀 다른 길을 걸었다는 관점에서 설명하고 있다. 특히 노부나가 등 무가 정권과 천황·조정이 강한 긴장 관계에 있었다는 견해를 밝히고 있었다. 한편으로는 무로마치시대에는 공가와 무가가 협력하여 권력을 행사하는 공무통일정권으로 보는 견해나, 에도시대의 막번제 국가론 등과 같이 무가와 공가가 어우러져 국가를 구성하는 것으로 보기도 한다.

그런데 저자 이마타니는 노부나가와 오기마치 천황 사이에 심각한 대립이 있었다는 관점에서 파악하고 있다. 하지만 당시에는 천황의 자리에서 물러나서 상황의 자격으로 정치 권력을 행사하는 것이 일반적인데, 오기마치 천황은 쉰일곱 살에 이르러 종종 질병에 시달리기도 하여, 조정 전체가 양위를 바라고 있었다고 한다. 따라서 노부나가 시대에만 천황의 양위를 피할 이유가 없었던 셈이다. 노부나가가 과연 진정으로 장군에 임명되기를 바란 것인지도 의심스럽다. 그래서 결국 노부나가와 천황 사이에는 국가 지배와 관련하여 근본적인 대립은 없었다고 보는 견해도 있다. 이 책과 다른 관점들도 존재한다는 사실을 염두에 두고 읽는다면, 일본의 천황 및 천황제에 대한 많은 시사점을 발견할 수 있을 것이다.

오다 노부나가와 도요토미 히데요시 시대의 무가와 천황 관계에 관한 이 책의 관점에 대하여, 박수철은 「도요토미 정권의 추이와 천황」(『오다·도요토미 정권의 사사 지배와 천황』, 서울대출판부, 2012, 320~325쪽)에서 다른 연구자들의 관점과 비교하면서, 그 문제점을 잘 지적하고 있다. 예를 들어 천황의 제사 권능 중 하나인 기도권祈禱權에 대해서도 천황이 세속적인 정치 권력으로서는 몰락하였지만, 주술적인 제사 왕권으로서는 존속하고 있었다는 견해, 근세 천황의 권위는 무가라는 통일 권력의 보증에서 나온 것이라고 보고 율령제적 관직 계층제가 천황 존속의 주요 토대로 보는 견해, 천황은 제사왕이 아니며 세속 권력이라는 측면에서 장군 권위의 몰락과 귀족문화의 확산을 전국시대의 천황 권위 부활·상승의 기반으로 이해하는 견해들이 대립하고 있는 상황이다(같은 책, 338쪽). 중요 신사에 대한 기도권은 천황에게 있었다. 22사로 대표되는 중요 신사에 관한 통제와 기도권은 조정 측이 가지고 있었다. 전승 기도나 질병 기도의 권한도 천황 측이 장악하고 있었다. 무가는 불교와 지방 신사는 장악했지만, 22사로 대표되는 조정 측에 속하는 신사의 기도권을 장악하지 못했다, 무가 권력이 온전한 권력을 행사하려면, 천황이 가지고 있는 종교적 권위를 장악할 필요가 있었다. 그래서 히데요시가 새로운 팔번보살八幡菩薩이 되려고 했고, 이에야스가 도쇼다이곤겐東照大權現이 되려고 한 것으로 박수철은 파악하고 있다.

IWANAMI 071

무가와 천황
—일본의 이중구조를 이해하는 두 가지 방법—

초판 1쇄 인쇄 2022년 1월 10일
초판 1쇄 발행 2022년 1월 15일

저자 : 이마타니 아키라
번역 : 이근우

펴낸이 : 이동섭
편집 : 이민규
책임편집 : 조세진
내지디자인 : 조세연
표지 디자인 : 공중정원
영업 · 마케팅 : 송정환, 조정훈
e-BOOK : 홍인표, 최정수, 서찬웅, 김은혜, 이홍비, 김영은
관리 : 이윤미

㈜에이케이커뮤니케이션즈
등록 1996년 7월 9일(제302-1996-00026호)
주소 : 04002 서울 마포구 동교로 17안길 28, 2층
TEL : 02-702-7963~5 FAX : 02-702-7988
http://www.amusementkorea.co.kr

ISBN 979-11-274-5004-5 04910
ISBN 979-11-7024-600-8 04080 (세트)

BUKE TO TENNO : OKEN O MEGURU SOKOKU
by Akira Imatani
Copyright © 1993 by Akira Imatani
Originally published in 1993 by Iwanami Shoten, Publishers, Tokyo.
This Korean print edition published 2022
by AK Communications, Inc., Seoul
by arrangement with Iwanami Shoten, Publishers, Tokyo

지성과 양심 이와나미岩波 시리즈